格差は「見かけ上」か

所得分布の統計解析

木村和範

日本経済評論社

刊行にあたって

　所得格差が拡大しつつある．この現象は，所得格差が大きい高齢者層の増加に由来するものであって，それは人口構成の高齢化という人口動態効果の現われであり，「見かけ上」にすぎない．——このような見解の世論支持率は小さくない．

　この「見かけ上」の格差拡大を検出するために，平均対数偏差（mean logarithmic deviation: MLD）や対数分散（logarithmic variance）が用いられる．平均対数偏差による「見かけ上」の格差を検出する手順の概略は以下のとおりである．基準時点(0)と比較時点(t)の平均対数偏差を^0MLD，^tMLDとおき，級内変動を$^0\sum V_1$, $^t\sum V_1$，級間変動を$^0\sum V_2$, $^t\sum V_2$とおくと，

$$\text{基準時点：}{}^0MLD = {}^0\textstyle\sum V_1 + {}^0\sum V_2 \tag{1}$$

$$\text{比較時点：}{}^tMLD = {}^t\textstyle\sum V_1 + {}^t\sum V_2 \tag{2}$$

になる．ここで和記号を用いたのは，級内変動と級間変動が，数個の年齢階級に区分された階級別変動の総和としてあたえられることによる．平均対数偏差を2つの変動に分解した上の(1)式と(2)式のいずれにおいても「見かけ上」の格差をもたらすとされる人口動態効果は検出されない．基準時点と比較時点における平均対数偏差はいずれも実体のある実質的格差を計測している．

　しかしながら，2つの時点にかんする平均対数偏差の差を次のように整理すれば，「見かけ上」の格差が検出されると言われる．

$$\varDelta MLD = {}^tMLD - {}^0MLD \tag{3}$$

$$= ({}^t\textstyle\sum V_1 + {}^t\textstyle\sum V_2) - ({}^0\textstyle\sum V_1 + {}^0\textstyle\sum V_2) \quad ((1)式,(2)式による)$$

$$= ({}^t\textstyle\sum V_1 - {}^0\textstyle\sum V_1) + ({}^t\textstyle\sum V_2 - {}^0\textstyle\sum V_2) \tag{4}$$

$$= \textstyle\sum U_1 + \textstyle\sum U_2 + \textstyle\sum U_3 \tag{5}$$

　(3)式から誘導した(4)式は，平均対数偏差の差 $\varDelta MLD$ が級内変動の寄与分 (${}^t\sum V_1 - {}^0\sum V_1$) と (広義の) 級間変動の寄与分 (${}^t\sum V_2 - {}^0\sum V_2$) に分解されることを示す．この2つの変動は，そのどれをとっても実質的な変動を反映している．そこには，「見かけ上」の格差は存在しない．このことは(1)式と(2)式が実質的格差を計測していることに照応している．

　次に，(4)式から(5)式を誘導すると，(4)式は $\sum U_1$ （級内変動の寄与分），$\sum U_2$ （狭義の級間変動の寄与分），$\sum U_3$ （人口動態効果）の3つに分解される．(5)式右辺第3項 $\sum U_3$ は，人口シェアの変動効果の寄与分を計測する．ここまでに問題はない．しかし，$\sum U_3$ によって計測される寄与分は「見かけ上」の格差拡大を検出する指標として機能を果たすと言われると，疑問が生ずる．(3)式から(4)式を誘導するときには，計測される変動は実質的であるにもかかわらず，(4)式から(5)式を誘導するや，「見かけ上」の格差拡大が計測されることになるからである．(5)式右辺の第1項 $\sum U_1$ と第2項 $\sum U_2$ は実質的格差を示し，第3項 $\sum U_3$ は「見かけ上」の格差を示すのであろうか．(5)式の淵源をなす(3)式は実質的格差を計測しているにもかかわらず，(5)式の右辺第3項が計測する「見かけ上」の格差とは何か．

　このような疑問に端を発して，「見かけ上」の格差の統計的計測をめぐる考察をみずからの課題として措定したことが，本書の刊行へと導いた．本書で取り上げたイシューは，計測指標たる平均対数偏差の有効性にかんする検討，およびそれに代わる代替指標による年齢階級別人口動態効果と全年齢階級による総合的人口動態効果の検出である．考察の力点を，代替指標の有効性にかんする方法論的検討に置いた．「見かけ上」の格差拡大をめぐる方法論的な考察が，幾分なりとも，具体的に行えたとすれば，それは，半世紀ぶりの統計法改正により，従来では考えることができないほどに匿名個票デー

タ（ミクロデータ）の利用環境が整い，（独）統計センターのサテライト機関である法政大学日本統計研究所から全国消費実態調査の匿名個票データの提供を受けたことによる．データの利用にあたってお手を煩わせた森博美法政大学日本統計研究所長（同大学経済学部教授）には，この場を借りて御礼申し上げる．

　本書はこれまでに書きためた関連論文に若干の手を加えた旧稿からなる．旧稿執筆の過程では，坂田幸繁中央大学経済学部教授，水野谷武志北海学園大学経済学部教授から懇切なご示唆とご教示を賜った．また，小田清北海学園大学経済学部教授は，本書をシリーズの１冊として刊行するに際してご尽力くださった．その名を記して，深甚の謝意を表する．また，日本経済評論社にあって本書を担当した清達二さん，そして校正に協力してくださった野口敏夫さん（北海学園大学大学院経済学研究科博士（後期）課程在学）にも御礼申し上げる．

2013 年 3 月 10 日

木 村 和 範

目次

刊行にあたって　　　　　　　　　　　　　　　　　　　　　iii
付表一覧　　　　　　　　　　　　　　　　　　　　　　　　x
付図一覧　　　　　　　　　　　　　　　　　　　　　　　　xvii

第1章　平均対数偏差と「見かけ上」の格差　　　　　　　　1

　はじめに　　　　　　　　　　　　　　　　　　　　　　　1
　1.　ペイグリンの問題提起　　　　　　　　　　　　　　　2
　　(1)　ローレンツ-ジニ型の参照線　2
　　(2)　ペイグリンの参照線とジニ係数の補正　3
　2.　ジニ係数の分解　　　　　　　　　　　　　　　　　　7
　　(1)　擬ジニ係数とラオの分解　7
　　(2)　ムッカジーとショロックスの分解　9
　3.　平均対数偏差　　　　　　　　　　　　　　　　　　　14
　　(1)　平均対数偏差とその分解　14
　　(2)　平均対数偏差の増減とその分解　15
　おわりに　　　　　　　　　　　　　　　　　　　　　　　17

第2章　所得分布の要因分解式とその応用可能性　　　　　　21

　はじめに　　　　　　　　　　　　　　　　　　　　　　　21
　1.　対数変換と平均対数偏差　　　　　　　　　　　　　　23
　　(1)　平均偏差と平均対数偏差　23
　　(2)　対数変換　26
　　(3)　ミクロデータ（全国消費実態調査結果）の対数変換　28

2. 標準偏差と擬似標準偏差　32
    (1) 年齢階級別標準偏差　32
    (2) 年齢階級別擬似標準偏差　33
  3. 単一時点における総変動の要因分解　34
    (1) 年齢階級別要因分解式（その1：級内変動と級間変動への分解前）　34
    (2) 年齢階級別要因分解式（その2：級内変動と級間変動への分解後）　37
  4. 2時点間にかんする総変動の差の要因分解　38
    (1) 総変動の差の要因分解（その1：級内変動と級間変動への分解前）　38
    (2) 総変動の差の要因分解（その2：級内変動と級間変動への分解後）　39
  5. 人口動態効果の計測指標　42
    (1) 年齢階級別人口シェアの変動と総変動の差にたいする年齢階級別寄与分　42
    (2) 余弦関数と人口動態効果　46
    (3) 年齢階級別人口シェアの変動と総変動の差にたいする年齢階級別寄与分との間の数学的関係　49
  おわりに　54

第3章　年齢階級別所得分布特性と要因分解　59

  はじめに　59
  1. 相加平均，標準偏差，擬似標準偏差　60
    (1) 相加平均　60
    (2) 標準偏差　61
    (3) 擬似標準偏差　62
  2. ジニ係数，平均差　63

(1) ジニ係数　63

(2) 平均差　65

3. 相加平均にたいする年齢階級別の寄与　　　　　　　　　66

(1) 年齢階級別の寄与分・寄与率　66

(2) 年齢階級別の仮想的寄与分・寄与率　69

4. 総変動にたいする年齢階級別の寄与（その1：級内変動と級間変動への分解前）　　　　　　　　　72

(1) 年齢階級別の寄与分・寄与率　73

(2) 年齢階級別の仮想的寄与分・寄与率　75

5. 総変動にたいする年齢階級別の寄与（その2：級内変動と級間変動への分解後）　　　　　　　　　76

(1) 概況　76

(2) 年齢階級別要因分解（その1：世帯類型別・調査年別）　76

(3) 年齢階級別要因分解（その2：級内変動と級間変動の経年変化）　78

(4) 年齢階級別要因分解（その3：仮想的寄与分・寄与率）　83

(5) 年齢階級別要因分解（その4：現実的寄与率と仮想的寄与率の差）　84

おわりに　　　　　　　　　　　　　　　　　　　　　　89

第4章　所得格差変動の年齢階級別要因分解　　　　　　93

はじめに　　　　　　　　　　　　　　　　　　　　　　93

1. 総変動の差の要因分解　　　　　　　　　　　　　　95

(1) 概況　95

(2) 年齢階級別の要因分解（その1：総変動）　97

(3) 年齢階級別の要因分解（その2：総級内変動）　102

(4) 年齢階級別の要因分解（その3：総級間変動）　108

2. 総変動の差の仮想的要因分解　　　　　　　　　　　113

(1)　概況　113
　　(2)　年齢階級別の仮想的要因分解（その1：総変動（1））　114
　　(3)　年齢階級別の仮想的要因分解（その1：総変動（2））　118
　　(4)　年齢階級別の仮想的要因分解（その2：総級内変動）　124
　　(5)　年齢階級別の仮想的要因分解（その3：総級間変動）　125
　おわりに　131

第5章　所得変動と人口動態効果　135

　はじめに　135
　1.　調査年別・年齢階級別の人口シェアと総変動への年齢階級別寄与分　135
　　(1)　人口シェア（ΔP）　135
　　(2)　年齢階級別寄与分（ΔC）　137
　2.　人口シェアの変動と年齢階級別寄与分の関係　139
　　(1)　2変量グラフ　139
　　(2)　相関係数と回帰係数　143
　　(3)　調査期間別変動分析　150
　おわりに　158

付表　161
付図　219
あとがき　229
初出一覧　236

付表一覧

付表1(a) 人口シェア（1a）（二人以上世帯，1989年～2004年）
付表1(b) 人口シェア（1b）（単身世帯，1989年～2004年）
付表2(a) 年間収入の分布の相加平均（二人以上世帯，1989年～2004年）
付表2(b) 年間収入の分布の相加平均（単身世帯，1989年～2004年）
付表3(a) 年間収入の分布の標準偏差（二人以上世帯，1989年～2004年）
付表3(b) 年間収入の分布の標準偏差（単身世帯，1989年～2004年）
付表4(a) 年間収入の分布の擬似標準偏差（二人以上世帯，1989年～2004年）
付表4(b) 年間収入の分布の擬似標準偏差（単身世帯，1989年～2004年）
付表5(a) ジニ係数（二人以上世帯，1989年～2004年）
付表5(b) ジニ係数（単身世帯，1989年～2004年）
付表6(a) 平均差（二人以上世帯，1989年～2004年）
付表6(b) 平均差（単身世帯，1989年～2004年）
付表7(a) 総平均にたいする年齢階級別寄与分（二人以上世帯，1989年～2004年）
付表7(b) 総平均にたいする年齢階級別寄与分（単身世帯，1989年～2004年）
付表8(a) 総平均にたいする年齢階級別寄与率（二人以上世帯，1989年～2004年）
付表8(b) 総平均にたいする年齢階級別寄与率（単身世帯，1989年～2004年）
付表9(a) 総平均にたいする年齢階級別の仮想的寄与分（二人以上世帯，1989年～2004年）
付表9(b) 総平均にたいする年齢階級別の仮想的寄与分（単身世帯，1989年～2004年）
付表10(a) 総平均にたいする年齢階級別の仮想的寄与率（二人以上世帯，1989年～2004年）
付表10(b) 総平均にたいする年齢階級別の仮想的寄与率（単身世帯，1989年～2004年）
付表11(a) 総変動（全年齢階級の標準偏差）にたいする年齢階級別寄与分（二人以上世帯，1989年～2004年）
付表11(b) 総変動（全年齢階級の標準偏差）にたいする年齢階級別寄与分（単身世帯，1989年～2004年）
付表12(a) 総変動にたいする年齢階級別寄与率（二人以上世帯，1989年～2004年，全年齢階級＝100）
付表12(b) 総変動にたいする年齢階級別寄与率（単身世帯，1989年～2004年，全年

齢階級＝100）
付表13(a)　総変動にたいする2つの年齢階級別寄与分（二人以上世帯，2004年）
付表13(b)　総変動にたいする2つの年齢階級別寄与分（単身世帯，2004年）
付表14(a)　総変動にたいする2つの年齢階級別寄与率（二人以上世帯，2004年）
付表14(b)　総変動にたいする2つの年齢階級別寄与率（単身世帯，2004年）
付表15(a)　総級内変動（全年齢階級の級内変動）にかんする年齢階級別寄与分（二人以上世帯，1989年〜2004年）
付表15(b)　総級内変動（全年齢階級の級内変動）にかんする年齢階級別寄与分（単身世帯，1989年〜2004年）
付表16(a)　総級間変動（全年齢階級の級間変動）にかんする年齢階級別寄与分（二人以上世帯，1989年〜2004年）
付表16(b)　総級間変動（全年齢階級の級間変動）にかんする年齢階級別寄与分（単身世帯，1989年〜2004年）
付表17(a)　総変動の要因分解（1a）（二人以上世帯）
付表17(b)　総変動の要因分解（1b）（単身世帯）
付表18(a)　総変動にたいする級内変動の年齢階級別寄与率（二人以上世帯，1989年〜2004年）
付表18(b)　総変動にたいする級内変動の年齢階級別寄与率（単身世帯，1989年〜2004年）
付表19(a)　総変動にたいする級間変動の年齢階級別寄与率（二人以上世帯，1989年〜2004年）
付表19(b)　総変動にたいする級間変動の年齢階級別寄与率（単身世帯，1989年〜2004年）
付表20(a)　総変動の要因分解（2a）（二人以上世帯）
付表20(b)　総変動の要因分解（2b）（単身世帯）
付表21(a)　総変動の年別要因分解（1a）（二人以上世帯，1989年（現実値））
付表21(b)　総変動の年別要因分解（1b）（単身世帯，1989年（現実値））
付表22(a)　総変動の年別要因分解（2a）（二人以上世帯，1994年：1989年基準）
付表22(b)　総変動の年別要因分解（2b）（単身世帯，1994年：1989年基準）
付表23(a)　総変動の年別要因分解（3a）（二人以上世帯，1999年：1989年基準）
付表23(b)　総変動の年別要因分解（3b）（単身世帯，1999年：1989年基準）
付表24(a)　総変動の年別要因分解（4a）（二人以上世帯，2004年：1989年基準）
付表24(b)　総変動の年別要因分解（4b）（単身世帯，2004年：1989年基準）
付表25(a)　総級内変動にたいする年齢階級別寄与分（二人以上世帯，1989年〜2004年：1989年基準）
付表25(b)　総級内変動にたいする年齢階級別寄与分（単身世帯，1989年〜2004年：1989年基準）
付表26(a)　総級間変動にたいする年齢階級別寄与分（二人以上世帯，1989年〜2004

年：1989 年基準）
付表 26(b) 総級間変動にたいする年齢階級別寄与分（単身世帯，1989 年～2004 年：1989 年基準）
付表 27(a) 総変動にたいする年齢階級別級内変動寄与率（二人以上世帯，1989 年～2004 年：1989 年基準）
付表 27(b) 総変動にたいする年齢階級別級内変動寄与率（単身世帯，1989 年～2004 年：1989 年基準）
付表 28(a) 総変動にたいする年齢階級別級間変動寄与率（二人以上世帯，1989 年～2004 年：1989 年基準）
付表 28(b) 総変動にたいする年齢階級別級間変動寄与率（単身世帯，1989 年～2004 年：1989 年基準）
付表 29(a) 総変動にたいする年齢階級別級内変動寄与率の差（二人以上世帯，1994 年～2004 年：1989 年基準）
付表 29(b) 総変動にたいする年齢階級別級内変動寄与率の差（単身世帯，1994 年～2004 年：1989 年基準）
付表 30(a) 総変動にたいする年齢階級別級間変動寄与率の差（二人以上世帯，1994 年～2004 年：1989 年基準）
付表 30(b) 総変動にたいする年齢階級別級間変動寄与率の差（単身世帯，1994 年～2004 年：1989 年基準）
付表 31(a) 総変動の差にかんする年齢階級別要因分解（1a）（二人以上世帯，1989 年～2004 年，寄与分）
付表 31(b) 総変動の差にかんする年齢階級別要因分解（1b）（単身世帯，1989 年～2004 年，寄与分）
付表 32(a) 総変動の差にかんする年齢階級別要因分解（2a）（二人以上世帯，1989 年～2004 年，寄与率，総変動の差＝100）
付表 32(b) 総変動の差にかんする年齢階級別要因分解（2b）（単身世帯，1989 年～2004 年，寄与率，総変動の差＝100）
付表 33(a) 総級内変動の差にかんする年齢階級別要因分解（1a）（二人以上世帯，1989 年～2004 年，寄与分）
付表 33(b) 総級内変動の差にかんする年齢階級別要因分解（1b）（単身世帯，1989 年～2004 年，寄与分）
付表 34(a) 総級内変動の差にかんする年齢階級別要因分解（2a）（二人以上世帯，1989年～2004 年，寄与率，その１：総変動の差＝100）
付表 34(b) 総級内変動の差にかんする年齢階級別要因分解（2b）（単身世帯，1989 年～2004 年，寄与率，その１：総変動の差＝100）
付表 35(a) 総級内変動の差にかんする年齢階級別要因分解（3a）（二人以上世帯，1989 年～2004 年，寄与率，その２：総級内変動の差＝100）
付表 35(b) 総級内変動の差にかんする年齢階級別要因分解（3b）（単身世帯，1989

年～2004 年，寄与率，その 2：総級内変動の差＝100）

付表 36（a） 総級間変動の差にかんする年齢階級別要因分解（1a）（二人以上世帯，1989 年～2004 年，寄与分）

付表 36（b） 総級間変動の差にかんする年齢階級別要因分解（1b）（単身世帯，1989 年～2004 年，寄与分）

付表 37（a） 総級間変動の差にかんする年齢階級別要因分解（2a）（二人以上世帯，1989 年～2004 年，寄与率，その 1：総変動の差＝100）

付表 37（b） 総級間変動の差にかんする年齢階級別要因分解（2b）（単身世帯，1989 年～2004 年，寄与率，その 1：総変動の差＝100）

付表 38（a） 総級間変動の差にかんする年齢階級別要因分解（3a）（二人以上世帯，1989 年～2004 年，寄与率，その 2：総級間変動の差＝100）

付表 38（b） 総級間変動の差にかんする年齢階級別要因分解（3b）（単身世帯，1989 年～2004 年，寄与率，その 2：総級間変動の差＝100）

付表 39（a） 総変動の差にかんする年齢階級別仮想的要因分解（二人以上世帯，1989 年～2004 年，仮想的寄与分）

付表 39（b） 総変動の差にかんする年齢階級別仮想的要因分解（単身世帯，1989 年～2004 年，仮想的寄与分）

付表 40（a） 総級内変動の差にかんする年齢階級別仮想的要因分解（1a）（二人以上世帯，1989 年～2004 年，仮想的寄与率，総変動の差（仮想値）＝100）

付表 40（b） 総級内変動の差にかんする年齢階級別仮想的要因分解（1b）（単身世帯，1989 年～2004 年，仮想的寄与率，総変動の差（仮想値）＝100）

付表 41（a） 総級内変動の差にかんする年齢階級別仮想的要因分解（2a）（二人以上世帯，1989 年～2004 年，仮想的寄与分）

付表 41（b） 総級内変動の差にかんする年齢階級別仮想的要因分解（2b）（単身世帯，1989 年～2004 年，仮想的寄与分）

付表 42（a） 総級内変動の差にかんする年齢階級別仮想的要因分解（3a）（二人以上世帯，1989 年～2004 年，仮想的寄与率，その 1：総変動の差（仮想値）＝100）

付表 42（b） 総級内変動の差にかんする年齢階級別仮想的要因分解（3b）（単身世帯，1989 年～2004 年，仮想的寄与率，その 1：総変動の差（仮想値）＝100）

付表 43（a） 総級内変動の差にかんする年齢階級別仮想的要因分解（4a）（二人以上世帯，1989 年～2004 年，仮想的寄与率，その 2：総級内変動の差（仮想値）＝100）

付表 43（b） 総級内変動の差にかんする年齢階級別仮想的要因分解（4b）（単身世帯，1989 年～2004 年，仮想的寄与率，その 2：総級内変動の差（仮想値）＝100）

付表 44（a） 総級間変動の差にかんする年齢階級別仮想的要因分解（1a）（二人以上世帯，1989 年～2004 年，仮想的寄与分）

付表44(b)　総級間変動の差にかんする年齢階級別仮想的要因分解（1b）（単身世帯，1989年～2004年，仮想的寄与分）
付表45(a)　総級間変動の差にかんする年齢階級別仮想的要因分解（2a）（二人以上世帯，1989年～2004年，仮想的寄与率，その1：総変動の差（仮想値）＝100）
付表45(b)　総級間変動の差にかんする年齢階級別仮想的要因分解（2b）（単身世帯，1989年～2004年，仮想的寄与率，その1：総変動の差（仮想値）＝100）
付表46(a)　総級間変動の差にかんする年齢階級別仮想的要因分解（3a）（二人以上世帯，1989年～2004年，仮想的寄与率，その2：総級間変動の差（仮想値）＝100）
付表46(b)　総級間変動の差にかんする年齢階級別仮想的要因分解（3b）（単身世帯，1989年～2004年，仮想的寄与率，その2：総級間変動の差（仮想値）＝100）
付表47(a)　総変動の差にかんする年齢階級別寄与率の乖離（二人以上世帯）
付表47(b)　総変動の差にかんする年齢階級別寄与率の乖離（単身世帯）
付表48(a)　総級内変動の差にかんする年齢階級別寄与率の乖離（1a）（二人以上世帯，その1：総変動の差＝100）
付表48(b)　総級内変動の差にかんする年齢階級別寄与率の乖離（1b）（単身世帯，その1：総変動の差＝100）
付表49(a)　総級内変動の差にかんする年齢階級別寄与率の乖離（2a）（二人以上世帯，その2：総級内変動の差＝100）
付表49(b)　総級内変動の差にかんする年齢階級別寄与率の乖離（2b）（単身世帯，その2：総級内変動の差＝100）
付表50(a)　総級間変動の差にかんする年齢階級別寄与率の乖離（1a）（二人以上世帯，その1：総変動の差＝100）
付表50(b)　総級間変動の差にかんする年齢階級別寄与率の乖離（1b）（単身世帯，その1：総変動の差＝100）
付表51(a)　総級間変動の差にかんする年齢階級別寄与率の乖離（2a）（二人以上世帯，その2：総級間変動の差＝100）
付表51(b)　総級間変動の差にかんする年齢階級別寄与率の乖離（2b）（単身世帯，その2：総級間変動の差＝100）
付表52(a)　人口シェア（2a）（二人以上世帯，1989年～2004年）
付表52(b)　人口シェア（2b）（単身世帯，1989年～2004年）
付表53(a)　人口シェアの差（二人以上世帯，1989年～2004年）
付表53(b)　人口シェアの差（単身世帯，1989年～2004年）
付表54(a)　2時点間における人口シェアの変動と総変動の差への年齢階級別寄与分の変動（1a）（二人以上世帯，1989年～2004年）
付表54(b)　2時点間における人口シェアの変動と総変動の差への年齢階級別寄与分の

付表一覧　　　xv

付表55(a)　2時点間における人口シェアの変動と総変動の差への年齢階級別寄与分の変動（2a）（二人以上世帯，1989年～1994年）
付表55(b)　2時点間における人口シェアの変動と総変動の差への年齢階級別寄与分の変動（2b）（単身世帯，1989年～1994年）
付表56(a)　2時点間における人口シェアの変動と総変動の差への年齢階級別寄与分の変動（3a）（二人以上世帯，1994年～1999年）
付表56(b)　2時点間における人口シェアの変動と総変動の差への年齢階級別寄与分の変動（3b）（単身世帯，1994年～1999年）
付表57(a)　2時点間における人口シェアの変動と総変動の差への年齢階級別寄与分の変動（4a）（二人以上世帯，1999年～2004年）
付表57(b)　2時点間における人口シェアの変動と総変動の差への年齢階級別寄与分の変動（4b）（単身世帯，1999年～2004年）
付表58(a)　人口シェアの変動（ΔP）と総変動の差への年齢階級別寄与分の変動（ΔC）（1a）（二人以上世帯，全年齢）
付表58(b)　人口シェアの変動（ΔP）と総変動の差への年齢階級別寄与分の変動（ΔC）（1b）（単身世帯，全年齢）
付表59(a)　人口シェアの変動（ΔP）と総変動の差への年齢階級別寄与分の変動（ΔC）（2a）（二人以上世帯，24歳以下）
付表59(b)　人口シェアの変動（ΔP）と総変動の差への年齢階級別寄与分の変動（ΔC）（2b）（単身世帯，24歳以下）
付表60(a)　人口シェアの変動（ΔP）と総変動の差への年齢階級別寄与分の変動（ΔC）（3a）（二人以上世帯，25～29歳）
付表60(b)　人口シェアの変動（ΔP）と総変動の差への年齢階級別寄与分の変動（ΔC）（3b）（単身世帯，25～29歳）
付表61(a)　人口シェアの変動（ΔP）と総変動の差への年齢階級別寄与分の変動（ΔC）（4a）（二人以上世帯，30～34歳）
付表61(b)　人口シェアの変動（ΔP）と総変動の差への年齢階級別寄与分の変動（ΔC）（4b）（単身世帯，30～34歳）
付表62(a)　人口シェアの変動（ΔP）と総変動の差への年齢階級別寄与分の変動（ΔC）（5a）（二人以上世帯，35～39歳）
付表62(b)　人口シェアの変動（ΔP）と総変動の差への年齢階級別寄与分の変動（ΔC）（5b）（単身世帯，35～39歳）
付表63(a)　人口シェアの変動（ΔP）と総変動の差への年齢階級別寄与分の変動（ΔC）（6a）（二人以上世帯，40～44歳）
付表63(b)　人口シェアの変動（ΔP）と総変動の差への年齢階級別寄与分の変動（ΔC）（6b）（単身世帯，40～44歳）
付表64(a)　人口シェアの変動（ΔP）と総変動の差への年齢階級別寄与分の変動

	（$\varDelta C$）（7a）（二人以上世帯，45～49歳）
付表64(b)	人口シェアの変動（$\varDelta P$）と総変動の差への年齢階級別寄与分の変動（$\varDelta C$）（7b）（単身世帯，45～49歳）
付表65(a)	人口シェアの変動（$\varDelta P$）と総変動の差への年齢階級別寄与分の変動（$\varDelta C$）（8a）（二人以上世帯，50～54歳）
付表65(b)	人口シェアの変動（$\varDelta P$）と総変動の差への年齢階級別寄与分の変動（$\varDelta C$）（8b）（単身世帯，50～54歳）
付表66(a)	人口シェアの変動（$\varDelta P$）と総変動の差への年齢階級別寄与分の変動（$\varDelta C$）（9a）（二人以上世帯，55～59歳）
付表66(b)	人口シェアの変動（$\varDelta P$）と総変動の差への年齢階級別寄与分の変動（$\varDelta C$）（9b）（単身世帯，55～59歳）
付表67(a)	人口シェアの変動（$\varDelta P$）と総変動の差への年齢階級別寄与分の変動（$\varDelta C$）（10a）（二人以上世帯，60～64歳）
付表67(b)	人口シェアの変動（$\varDelta P$）と総変動の差への年齢階級別寄与分の変動（$\varDelta C$）（10b）（単身世帯，60～64歳）
付表68(a)	人口シェアの変動（$\varDelta P$）と総変動の差への年齢階級別寄与分の変動（$\varDelta C$）（11a）（二人以上世帯，65歳以上）
付表68(b)	人口シェアの変動（$\varDelta P$）と総変動の差への年齢階級別寄与分の変動（$\varDelta C$）（11b）（単身世帯，65歳以上）

付図一覧

付図 1（a）　24 歳以下年齢階級（二人以上世帯）
付図 1（b）　24 歳以下年齢階級（単身世帯）
付図 2（a）　25〜29 歳年齢階級（二人以上世帯）
付図 2（b）　25〜29 歳年齢階級（単身世帯）
付図 3（a）　30〜34 歳年齢階級（二人以上世帯）
付図 3（b）　30〜34 歳年齢階級（単身世帯）
付図 4（a）　35〜39 歳年齢階級（二人以上世帯）
付図 4（b）　35〜39 歳年齢階級（単身世帯）
付図 5（a）　40〜44 歳年齢階級（二人以上世帯）
付図 5（b）　40〜44 歳年齢階級（単身世帯）
付図 6（a）　45〜49 歳年齢階級（二人以上世帯）
付図 6（b）　45〜49 歳年齢階級（単身世帯）
付図 7（a）　50〜54 歳年齢階級（二人以上世帯）
付図 7（b）　50〜54 歳年齢階級（単身世帯）
付図 8（a）　55〜59 歳年齢階級（二人以上世帯）
付図 8（b）　55〜59 歳年齢階級（単身世帯）
付図 9（a）　60〜64 歳年齢階級（二人以上世帯）
付図 9（b）　60〜64 歳年齢階級（単身世帯）
付図 10（a）　65 歳以上年齢階級（二人以上世帯）
付図 10（b）　65 歳以上年齢階級（単身世帯）

第1章
平均対数偏差と「見かけ上」の格差

　　はじめに

　2006年度版の『経済財政白書』(内閣府)は，所得格差が事実として存在していることを統計によって明らかにしている．『白書』が閣議決定を経た政府の公式見解であることを想起するとき，事態の深刻さをうかがい知ることができる．

　他方で，同『白書』には人口高齢化の影響による「見かけ上」の格差があり，実態としての格差は数値で示されるほどには大きくないとも叙述されている．本章は，この「見かけ上」の格差を検出するために『白書』が使用する尺度（「平均対数偏差」）を取り上げ，その数理的意味を考察する．そして，平均対数偏差は，特定の年齢階級（たとえば高齢者層）が所得格差の拡大に果たすとされる寄与を計測しうるかどうか，また，平均対数偏差は「見かけ上」の寄与とそうではない実質的寄与に分けて，格差拡大の寄与分を検出するかどうかを検討する．

　ところで，平均対数偏差はジニ係数の限界を克服する代替指標として構想された．そこで，本章ではジニ係数の有効性をめぐる論議から検討する．

1. ペイグリンの問題提起[1]

(1) ローレンツ-ジニ型の参照線

　伝統的な所得分析にあっては，すべての世帯の所得にかんする均等性を基準にして，そこからローレンツ曲線が乖離すればするほど，所得分布の不平等性（所得分布の集中）が強まったとみなされている．この意味で，所得均等直線（45度線）は所得分布の集中・拡散を判断するための「参照線（reference line）」である．しかしながら，どの世帯の所得も均等であることが理想であろうか．年を経るにつれて世帯の構成員数が変化したり，子どもへの教育費支出が増加（減少）したりすることを勘案すれば，どの世帯も同額の所得を得るのが理想的であるとは考えにくい．

　モートン・ペイグリンはこのことを問題にして，新たな参照線を考案した．彼によれば，所得分布の平等性を判断するための参照線は次頁の図における曲線 AB で示される（図1-1）．世帯主の加齢とともにその世帯に必要とされる所得額が異なると考えたペイグリンは，年齢階級ごとの平均的所得をもって，その年齢階級に属す世帯主が稼得すべき標準的所得とみなし，その所得を結んで単峰形の曲線 AB を描き，これを参照線とした[2]．

　この参照線 AB をローレンツ-ジニ型の図で表わすために，ペイグリンは，所得分布を世帯主の年齢階級別に集計し直した．次に，その年齢階級ごとに所得総額を世帯数で割って，年齢階級別に世帯平均所得をもとめた．そして，年齢階級別平均所得の昇順に世帯の累積百分率と所得の累積百分率を並べ替え，それにもとづいてローレンツ曲線を描いた．彼によれば，この曲線が世帯主の様々な年齢に配慮した均等分布の参照線である．これをペイグリンは「P 参照線（P-reference line）」と名づけた（図1-2）．この P 参照線は，世

---

1) Morton Paglin, "The Measurement and Trend of Inequality: A Basic Revision," *The American Economic Review*, Vol. 65, 1975, p. 599 [Paglin (1975)].
2) Paglin (1975), p. 599.

第1章 平均対数偏差と「見かけ上」の格差　　　3

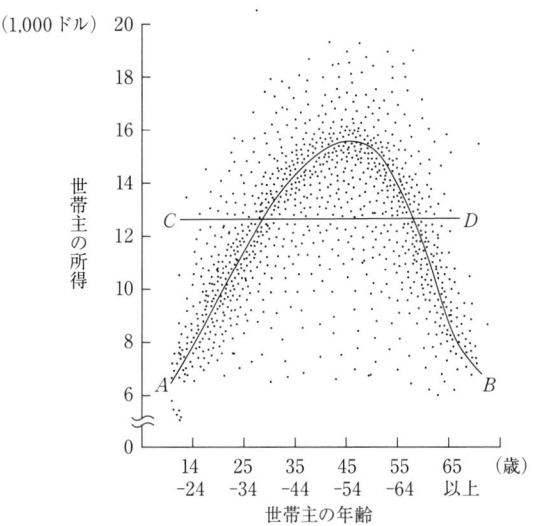

図1-1　2本の参照線

原注：「打点は分布イメージにすぎない.」
訳注：1)　原図のタイトルは「1972年の年齢・所得プロファイル」(1972 Average Age-Income Profile) である.
　　　2)　ローレンツ-ジニ型の所得分布論では，年齢階級の違いに考慮することなく，どの年齢階級でも同一の所得であることが平等性の基準とみなされているので，年齢階級にかかわらず，一定の所得が参照所得となり，図では直線 CD で示されることになる．この直線 CD がローレンツ図では45度線（対角線）となって均等分布を示している．
出所：Morton Paglin, "The Measurement and Trend of Inequality: A Basic Revision," *The American Economic Review*, Vol. 65, 1975, p. 599.

帯主の年齢階級ごとに所得が異なっている現実を反映し，そのために所得分布の平等性を判定するときの基準になると彼は主張した．そして，P 参照線とローレンツ-ジニ型の所得分布図における所得均等直線とで作られる三日月形（図1-2 でハッチを施した部分）の面積からもとめられるジニ係数を「年齢階級別ジニ比（age-Gini ratio）」と名づけた．

(2)　ペイグリンの参照線とジニ係数の補正

　ペイグリンによれば，所得分布の集中・拡散を判定するための参照線はローレンツやジニが考えるような所得均等直線ではなくて P 参照線である．

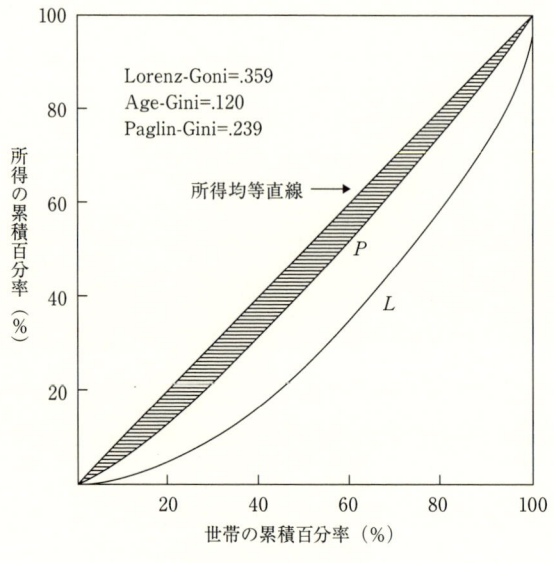

図 1-2　様々なジニ比

訳注：1)　P：P 参照線
　　　2)　L：ローレンツ-ジニ曲線
　　　3)　▰：年齢階級別ジニ比を与える集中面積
出所：図 1-1 に同じ（p. 599）．

　この P 参照線があたえるジニ係数を年齢階級別ジニ比ということはすでに述べた．これにたいして，所得階級を一定の分位にグループ分けし，それにもとづいて計算される，伝統的な意味での（曲線 L があたえる）ジニ係数を，ペイグリンは「ローレンツ-ジニ比（Lorenz-Gini ratio）」と名づけている．ペイグリンの参照線は曲線 P であるから，ローレンツ-ジニ比は上述の年齢階級別ジニ比の分だけ，所得格差を過大に示していることになる．このため，ペイグリンは「ローレンツ-ジニ比」から「年齢階級別ジニ比」を引くことによって真の不平等度がもとめられると述べ，この差を「ペイグリン-ジニ比（Paglin-Gini ratio）」と名づけた．彼は，「ローレンツ-ジニ尺度の中には大量の砂利（a large mount of ballast）が含まれている」[3]と述べたが，

---

3)　Paglin (1975), p. 601.

この「砂利」の分量が（P 参照線にもとづく）年齢階級別ジニ比によって計測されると考えたのである．このように，ペイグリンは均等分布直線に代わる参照線として曲線 P を描き，これにもとづいて従来のローレンツ-ジニ型の所得分布から計算されるジニ係数（ローレンツ-ジニ比）を補正しようと試みた．そして，たとえば 1972 年の所得データによれば，ローレンツ-ジニ比は 0.359，年齢階級別ジニ比は 0.120 であることから，ペイグリン-ジニ比が 0.239（$=0.359-0.120$）となって，伝統的なジニ係数は格差の規模を実勢より約 50% 大きく示していると指摘した．

ペイグリンの問題提起を受けて論争が起こった[4]．その論点は 1 つだけではなかった．ここでは，ペイグリンの新しい参照線が論議の発端であることに着目し，P 参照線に限定してペイグリン批判の一端を述べるにとどめる．ペイグリンが世帯主の年齢だけに着目したことを批判したのは，シェルドン・ダンツィガー他である[5]．彼らは，ペイグリンと同様に世帯主の年齢階級別に所得データをとりまとめれば，上に引用した図 1-1 の年齢階級別所得プロファイル（曲線 AB）で示されることを認めている．しかし，年齢階級ごとに平均所得が異なるとしても，その変動を規定する要因は様々である．たとえば，①肉体的・精神的な労働能力，②就労経験，③就労以前に受けた教育や職業訓練，④所得移転，⑤世帯員数などの要因が年齢階級別の所得を規定する．参照線は上述の様々な要因による所得水準の偏倚を反映すべきであり，ペイグリンの P 参照線は世帯主の年齢に着目しただけであって，単純にすぎるとダンツィガー他は批判した．

新しい参照線を提起したペイグリンによれば，ローレンツ-ジニ型の所得

---

[4] 一連の論文は *The American Economic Review*, Vol. 67, 1977 に掲載された．そのタイトルはすべて "The Measurement and Trend of Inequality: Comment" であり，執筆者は William R. Johnson (pp. 502ff.), Sheldon Danziger, Robert Haveman, and Eugene Smolensky (pp. 505ff.) [Danziger et al. (1977)], Joseph J. Minarik (pp. 513ff.), C. John Kurien (pp. 517ff.) である．これらにたいしては M. Paglin, "The Measurement and Trend of Inequality: Reply", *op. cit*., pp. 520ff. がある．

[5] Danziger et al. (1977), p. 508.

分析ではどの世帯も同一の所得水準であるべきとする規範がその根底にあり，そのことこそが問題であるとされている．ペイグリンが指摘し，その批判者たちも同意するように，年齢階級別に所得水準は異なっているし，また異なっていなければ日々の生活が成り行かないことも事実である．同居親族のために様々な支出を必要とする世帯がある一方で，さほどではない世帯もある．単身世帯もあれば，複数の稼得者が同居し共同で生計を維持している世帯もある．このように世帯には様々な形態がある．ローレンツ–ジニ型の分析では世帯の種差が捨象され，45度線が参照線とみなされている．ペイグリンはこのことを問題視した．ローレンツ–ジニ型の分析が暗黙の前提とする事柄を検討の俎上においたという意味で，その問題提起は意義深い[6]．

---

6) このこともあり，「等価尺度」によって世帯所得が1人あたりの所得（調整値）に換算されて，ジニ係数をはじめとする各種の所得分布尺度の数値がもとめられるようになった（① F. A. E. Coulter, F. A. Cowell and S. P. Jenkins, "Equivalence Scale Relativities and the Extent of Inequality and Poverty," *The Economic Journal*, Vol. 102, 1992; ② D. Slesnick, "Gaining Ground: Poverty in the Postwar United States," *Journal of Political Economy*, Vol. 101, 1993; ③ A. B. Atkinson, L. Rainwater and T. M. Smeeding, *Income Distribution in OECD Countries*, Social Policy Studies No. 18, OECD, 1995 [Atkinson *et al*. (1995)]；④浜田浩児「SNA家計勘定の分布統計――国民経済計算ベースの所得・資産分布」『経済分析』（内閣府経済社会総合研究所）167号，2003年［浜田（2003）］，113頁；⑤同「1990年代におけるSNAベースの所得・資産分布」『季刊　国民経済計算』131号，2005年［浜田（2005）］，174頁）．
そのとき用いられるのは

$$\text{等価尺度による調整値} = \frac{\text{世帯所得}}{\text{世帯人員}^{(\text{等価弾性値})}} \quad (*)$$

である．（*）式の右辺分母の「べき」を等価弾性値と言い，実勢に近い所得水準をあたえる値として0.5がよく使われている（「世帯人員別の所得や消費支出をE［等価弾性値］＝0.5で変換してみると，概ね一定となり，一般的でもあることからここでは主にE＝0.5を用いる」（総務省統計局『平成11年　全国消費実態調査　第7巻　その1　家計の解説（分析表）』2002年，23頁）．
欧米諸国の等価弾性値を調査したアトキンソン他によれば，多くの国では無調整（E＝1）であったが，調査主体によって様々な値の等価弾性値が使用されていた．その最小値は0.12，最大値は0.91であり，54件のうち14件ではその範囲が0.4〜0.59であった．このこともあって，E＝0.5という値の等価弾性値は，単純に世帯構成員1人あたりの所得に換算するE＝1と世帯所得の世帯員調整をしないE＝0との「良好な対比」を示すとアトキンソン他は述べた．そして，等価弾性値として0.5を採用し

このペイグリンの問題提起を受けた論争では，基本的な解決策が見出されることなく一応の終息を見た．世帯主の年齢構成とジニ係数の関連性にかんする問題は残されたままであった．しかし，ペイグリンの問題提起は後にディリップ・ムッカジーとアンソニー・ショロックスを触発し，世帯主の年齢構成が所得分布に与える影響を考察するように仕向けた[7]．その結果，彼らはジニ係数の分解によっては問題とされた年齢構成の影響を不十分にしか検出できないことを確認し，ジニ係数に代わる尺度を提案した．この尺度が「平均対数偏差 (mean logarithmic deviation: *MLD*)」である．この点については後に述べるが，それに先立って項を改め，ジニ係数の分解に言及する．

2. ジニ係数の分解

(1) 擬ジニ係数とラオの分解

所得 y が

$$y_1 \leqq y_2 \leqq \cdots \leqq y_n \tag{1}$$

のとき，ジニ係数 G は

$$G = \frac{1}{2n^2\mu}\sum_i\sum_j|y_i - y_j| \tag{2}$$

ただし，μ は y の平均

ている (Atkinson *et al.* (1995), p. 21)．しかし，言うところの「実勢」が果たしてどのようになっているのかが明証的でないとすれば，この調整値によって再計算されたジニ係数を用いても，そのことだけでは，1人あたりの所得（調整値）の均等性を示す45度線が参照線といえるのか，さらには，そのような調整値にもとづいてもとめられたジニ係数が真の意味での平等からの乖離を示すものであるのかというペイグリンの提起した問題に答えたことにはならない．その意味で，ペイグリンの指摘は現在においてもなお検討すべき問題提起となっている．

7) Dilip Mookherjee and Anthony Shorrocks, "A Decomposition Analysis of the Trend in UK Income Inequality," *The Economic Journal*, Vol. 92, 1982 [Mookherjee and Shorrocks (1982)].

であたえられる[8]. ここで, 所得 y が k 個の要因 (要素) に分解されるとすれば, 所得の系列は

$$\begin{cases} y_1 = {}^1x_1 + {}^2x_1 + \cdots + {}^kx_1 \\ y_2 = {}^1x_2 + {}^2x_2 + \cdots + {}^kx_2 \\ \vdots \\ \vdots \\ y_n = {}^1x_n + {}^2x_n + \cdots + {}^kx_n \end{cases}$$

となる. このとき, k 個の要因ごとに所得の構成要素をまとめれば, 次のようになる.

第 1 要因：${}^1x_1,\ {}^1x_2,\ \cdots,\ {}^1x_n$
第 2 要因：${}^2x_1,\ {}^2x_2,\ \cdots,\ {}^2x_n$
・
・
・
第 k 要因：${}^kx_1,\ {}^kx_2,\ \cdots,\ {}^kx_n$

要因別の所得要素 ${}^jx_i$ を昇順に並べるとき, たとえば第 j 要因については ${}^jx_2 < {}^jx_1 < {}^jx_5 < \cdots\cdots < {}^jx_{n-3} < {}^jx_n < {}^jx_{n-1}$ となることがありうる. このように, その系列は分解以前の所得 y の大小と同一の順になるとは限らない. しかし, それでも要因別のそれぞれの系列についてジニ係数の算式を適用することができる. このときに得られたジニ係数 ${}^jG$ を「擬ジニ係数 (pseudo Gini coefficient)」と言う. ここで, 所得総額を A_n, 第 j 要因の所得総額を ${}^jA$ とおくと, 要因分解する前の所得分布にかんするジニ係数 G は, 要因ごとの所得総額が総所得に占める割合をウェイトとする擬ジニ係数の和に等し

---

[8] 厳密には n^2 ではなくて $n(n-1)$ であるが, 十分大きな n については $n^2 = n(n-1)$ が成立する. cf. Corrado Gini, "Sulla misura della concentrazione e delle variabilità dei carrattteri," *Atti del Reale Istituto di Science, Lettre ed Arti*, Tomo LXVIII, Parte seconda, Anno accademico 1913-14, p. 1237 (木村和範『ジニ係数の形成』北海道大学出版会, 2008 年, 第 8 章参照).

いこと，すなわち

$$G = \sum_{j=1}^{k}\left(\frac{{}^jA_n}{A_n} \cdot {}^jG\right)$$

となることが V.M. ラオによって証明されている[9]．

(2) ムッカジーとショロックスの分解

　所得系列が年齢階級別にグループ分けされている場合には，ラオの分解（ジニ係数 G を，グループ別に計算されるジニ係数とそのウェイトとの積和に分解すること）は不可能である．このことは N. バッタチャルヤと B. マハラノビスによって証明されている[10]．バッタチャルヤ他の論文の主たる目的がこの証明におかれてはいなかったために，その叙述は分かりにくい．むしろ，その趣旨においてバッタチャルヤ他の論文と同様であるムッカジーとショロックスの論文[11]のほうが主張は明快である．ペイグリンが提起した問題（上述）を解こうとして執筆されたこの論文を読むと，当初は彼らもペイグリンと同様にジニ係数によってその解決の糸口を見いだそうと考えたことが分かる．しかし，検討の結果，ジニ係数の分解によっては年齢階級間格差を不十分にしか析出できないことが明らかになり，またこのことはバッタチャルヤ他の先行研究によってすでに解明されていたために，ムッカジーとショロックスは，ジニ係数とは別の尺度（平均対数偏差）を構想するに至った．以下ではこのことについて述べる．

　ムッカジーとショロックスの叙述を理解する目的で，設例を単純化する．原系列が2つのグループに分解され，そのグループの間には同一の大きさを

---

9) V. M. Rao, "Two Decomposition of Concentration Ratio," *JRSS*, Ser. A, Vol. 132, 1969 [Rao (1969)]．なお，関彌三郎『寄与度・寄与率——増加率の寄与度分解法』産業統計研究社，1992 年（第 7 章），はラオの要因分解を 2 つのジニ係数の差（たとえば 2 時点間のジニ係数の増減）の分解に拡張した．

10) N. Bhattacharya and B. Mahalanobis, "Regional Disparities in Household Consumption in India," *The Journal of the American Statistical Association* [*JASA*], Vol. 62, 1967.

11) Mookherjee and Shorrocks (1982).

もつ個体が存在しないものとする．すなわち，個体の数量的規定性の大小関係は，基本的には上に掲げた(1)式と同様であるが，n 個の個体が次のように2つの階級にグループ分けされている場合（これをケースⅠとする）を考えることにする．ふつうは $n_1 \neq n_2$ であるが，ここでは単純化のために $n_1 = n_2$ とする（$n = n_1 + n_2$）．

$$\underbrace{{}^1y_1 < {}^1y_2 < {}^1y_3 < \cdots < {}^1y_{n_1}}_{n_1 \text{個（第1グループ）}} < \underbrace{{}^2y_1 < {}^2y_2 < {}^2y_3 < \cdots < {}^2y_{n_2}}_{n_2 \text{個（第2グループ）}} \qquad (3)$$

上の系列（ケースⅠ）にかんするジニ係数 ${}_1G$ は(2)式により

$$_1G = \frac{1}{2n^2\mu}\sum_i\sum_j|y_i - y_j| \qquad (4)$$

である．(4)式は，ジニ係数が所得差 $|y_i - y_j|$ の相加平均（平均差）Δ を y の総平均 μ の2倍で除したときの商であることを表わしている．このことに着目して，(4)式をグループ別の所得差に分解する．そして，所得差を①

$$_1G\left\{\begin{array}{l}
\left.\begin{array}{l}
|{}^1y_1 - {}^1y_1| |{}^1y_2 - {}^1y_1| \cdots\cdots |{}^1y_{n_1} - {}^1y_1| \\
|{}^1y_1 - {}^1y_2| |{}^1y_2 - {}^1y_2| \cdots\cdots |{}^1y_{n_1} - {}^1y_2| \\
\vdots \\
\vdots \\
|{}^1y_1 - {}^1y_{n_1}| |{}^1y_2 - {}^1y_{n_1}| \cdots\cdots |{}^1y_{n_1} - {}^1y_{n_1}|
\end{array}\right\}G_1 \\
\left.\begin{array}{l}
|{}^2y_1 - {}^1y_1| |{}^2y_2 - {}^1y_1| \cdots\cdots |{}^2y_{n_2} - {}^1y_1| \\
|{}^2y_1 - {}^1y_2| |{}^2y_2 - {}^1y_2| \cdots\cdots |{}^2y_{n_2} - {}^1y_2| \\
\vdots \\
\vdots \\
|{}^2y_1 - {}^1y_{n_1}| |{}^2y_2 - {}^1y_{n_1}| \cdots\cdots |{}^2y_{n_2} - {}^1y_{n_1}|
\end{array}\right\}\sum_{i\in Nk}\sum_{j\in Nh}|y_i - y_j| \\
\left.\begin{array}{l}
|{}^2y_1 - {}^2y_1| |{}^2y_2 - {}^2y_1| \cdots\cdots |{}^2y_{n_1} - {}^2y_1| \\
|{}^2y_1 - {}^2y_2| |{}^2y_2 - {}^2y_2| \cdots\cdots |{}^2y_{n_1} - {}^2y_2| \\
\vdots \\
\vdots \\
|{}^2y_1 - {}^2y_{n_2}| |{}^2y_2 - {}^2y_{n_2}| \cdots\cdots |{}^2y_{n_2} - {}^2y_{n_2}|
\end{array}\right\}G_2
\end{array}\right. \qquad (5)$$

第1章　平均対数偏差と「見かけ上」の格差　　　　　　　　　　11

グループ別のジニ係数に関連しているものと②そうでない所得差に分ければ，前頁の(5)式のようにまとめることができる．ただし，第1グループの系列 $^1y_1 < {}^1y_2 < {}^1y_3 < \cdots < {}^1y_{n_1}$ にかんするジニ係数を G_1，第2グループ $^2y_1 < {}^2y_2 < {}^2y_3 < \cdots < {}^2y_{n_2}$ については G_2 とする．

(5)式より，ケースIにかんするジニ係数 ${}_IG$ は，一般に

$$\begin{aligned}{}_IG &= \frac{1}{2n^2\mu}\sum_i\sum_j|y_i-y_j| \\ &= \sum_k\left(\frac{n_k}{n}\right)^2\frac{\mu_k}{\mu}G_k + \frac{1}{2n^2\mu}\sum_k\sum_{i\in Nk}\sum_{j\in Nh}|y_i-y_j| \quad (6) \\ &= \sum_k\left(\frac{n_k}{n}\right)^2\frac{\mu_k}{\mu}G_k + \frac{1}{2n^2\mu}\sum_k\sum_h n_kn_h|\mu_k-\mu_h| \quad (6)'\end{aligned}$$

に分解される（$n_1 \neq n_2$ のときにも(6)式は成立する）．

ここで(6)′式右辺の第2項

$$\frac{1}{2n^2\mu}\sum_k\sum_h n_kn_h|\mu_k-\mu_h| \quad (7)$$

に着目する．この(7)式は，2つのグループのそれぞれに帰属する世帯所得が当該グループの平均所得に等しいとみなしたときのジニ係数の計算式である．このことは(7)式と(4)式との間の形式的類似性から分かる．また，(7)式があたえるジニ係数はグループ間格差の指標であることも明らかである．以上から，ジニ係数 ${}_IG$ の分解式（(6)′式）の数理的意味が明確になる．すなわち，${}_IG$ は群内変動（第1項）と群間変動（第2項）とに分解可能である．

ムッカジーとショロックスは(6)′式で与えられるジニ係数の分解式を，年齢階級別にグループ分けされた所得分布に適用して，(6)′式右辺の第2項（群間変動）があたえる数値を「年齢効果（age effect）」の指標とみなしている．そして，1965年から1980年までのイギリスの所得分布について年齢効果を計算した．

しかし，年齢階級別に分類された所得分布に(6)式を適用するときには，次の点に注意しなければならない．もとの所得分布の系列が2つの年齢階級にグループ分けされている場合（これをケースIIとする）には，ケースIが示す系列（(3)式）とは異なって，次のようになっていると考えられる（一般には $n'_1 \neq n'_2$ であるが，ここでも単純化のために $n'_1 = n'_2$ とする）．

$$\underbrace{{}^1y_1 < {}^1y_2 < {}^1y_3 < \cdots < {}^1y_{n'_1}}_{n'_1 \text{個（第1グループ）}}, \quad \underbrace{{}^2y_1 < {}^2y_2 < {}^2y_3 < \cdots < {}^2y_{n'_2}}_{n'_2 \text{個（第2グループ）}} \tag{8}$$

$$\text{ただし，} n = n'_1 + n'_2 \quad \text{かつ} \quad {}^1y \lesseqgtr {}^2y$$

このケースIIでは，グループが異なっていても，一方のグループに属す世帯所得と同額の所得を有する世帯が他方のグループにも存在することを否定できない（たとえば，${}^1y_i = {}^2y_j$）．このために，ケースIでは(6)式右辺においては，いつでも $|{}^1y_i - {}^2y_j| \neq 0$ が成立するが，ケースIIでは $|{}^1y_i - {}^2y_j| = 0$ となる場合もある．このことに注目する．そして，ケースIの(6)′式右辺の第2項を

$${}^{\mathrm{I}}\left(\frac{1}{2n^2\mu}\sum_k\sum_h n_k n_h |\mu_k - \mu_h|\right)$$

とおき，ケースIIについてこれに対応する項を

$${}^{\mathrm{II}}\left(\frac{1}{2n^2\mu}\sum_k\sum_h n_k n_h |\mu_k - \mu_h|\right)$$

とおけば，両者の大小関係は，

$$ {}^{\mathrm{I}}\left(\frac{1}{2n^2\mu}\sum_k\sum_h n_k n_h |\mu_k - \mu_h|\right) > {}^{\mathrm{II}}\left(\frac{1}{2n^2\mu}\sum_k\sum_h n_k n_h |\mu_k - \mu_h|\right)$$

となる．この両辺の差を E とおく．そうすると，同一の y にかんする系列であっても，それを所得階級別のように所得の昇順に並べている場合（ケースI）と系列を年齢階級別に編成し直した場合（ケースII）とでは，

$${}^{\mathrm{I}}\left(\frac{1}{2n^2\mu}\sum_k\sum_h n_k n_h |\mu_k - \mu_h|\right)$$

第1章 平均対数偏差と「見かけ上」の格差

をあたえるケースⅠのほうが，ケースⅡにかんする

$$\mathrm{II}\left(\frac{1}{2n^2\mu}\sum_k\sum_h n_k n_h |\mu_k-\mu_h|\right)$$

よりも $E(>0)$ だけ大きくなる．なお，図1-2において，ローレンツ-ジニ比が年齢階級別ジニ比よりも大きくなることも，上記の叙述で説明できる．図1-2における P 参照線のジニ係数（年齢階級別ジニ比）はケースⅡのような場合に該当し，ローレンツ-ジニ曲線 L のジニ係数（ローレンツ-ジニ比）はケースⅠに該当するからである．

これまでの考察は以下のように要約することができる．ある系列についてその全体にかんするジニ係数（「総合ジニ係数（aggregate Gini coefficient）」）G を計算したとする．他方で，同一の系列を所得階級別にグループ分けした場合（ケースⅠ）と年齢階級別にグループ分けした場合（ケースⅡ）に編成し直す．そして，それぞれの系列に分解式（(6)′式）を適用してジニ係数 G を計算する．このときには，ケースⅠのジニ係数 $_\mathrm{I}G$ は G に等しいが（$G=_\mathrm{I}G$），ケースⅡのジニ係数 $_\mathrm{II}G$ は $_\mathrm{I}G$ よりも E だけ小さい値をあたえる（$_\mathrm{I}G=_\mathrm{II}G+E$）．この E のことをムッカジーとショロックスは「相互効果（interaction-effect）」と名づけている[12]．全系列が年齢階級別にグループ分けされた場合（ケースⅡ）には，この相互効果が作用して，分解式（(6)′式）ではジニ係数 G を復元することができない．このために，ムッカジーとショロックスは，年齢階級別にグループ分けしたときに得られる相互効果の数値を年齢効果の参考値として掲げるにとどめている．そして，年齢効果を検出するための計測指標として，ジニ係数の代わりにタイル尺度，平方変動係数，平均対数偏差を推奨した．

---

12) Mookherjee and Shorrocks (1982), p. 888. これについては次も参照．① N. Bhattacharya and B. Mahalanobis, "Regional Disparities in Household Consumption in India," *JASA*, Vol. 62; ② Rao (1969); ③ G. Pyatt, "On the Interpretation and Disaggregation of Gini Coefficients," *The Economic Journal*, Vol. 86, 1976.

3. 平均対数偏差

(1) 平均対数偏差とその分解

ジニ係数の分解にかんする検討を通じて提起された代替指標としての平均対数偏差は『経済財政白書』(2006年版) でも用いられている．このことに鑑みて，以下では平均対数偏差を取り上げる．すでに述べたように，ムッカジーとショロックスは，所得分布の変動に果たす年齢構成の影響を「年齢効果」と名づけ，それは，年齢階級間所得格差（級間変動）を示すと考えた．この概念に対応する対概念は年齢階級内所得格差（級内変動）である．この2種類の変動は特定時点において計測された分布尺度の値を分解することによって析出することができる．平均対数偏差はこの分解が可能である．それだけでなく，2つの時点について算出された平均対数偏差の差の要因分解も可能である．はじめに特定時点において計測される平均対数偏差の分解について述べる．

平均対数偏差 MLD は

$$MLD = \frac{1}{n} \sum_{i=1}^{n} (\log \bar{y} - \log y_i)$$

$$= \frac{1}{n} \sum_{i=1}^{n} \left(\log \frac{\bar{y}}{y_i} \right)$$

$$= \log \bar{y} - \frac{1}{n} \sum_{i=1}^{n} \frac{1}{\log y_i}$$

ただし，n は世帯数，y は世帯所得，$\bar{y}$ は平均を示す．

である[13]．完全平等の場合には，常に $\bar{y} = y_i$ が成立して，$\log(\bar{y}/y_i) =$

---

[13] MLD の計算において $y_i = 0$ となる場合には，$\frac{1}{n} \sum_{i=1}^{n} (\log \bar{y} - \log y_i)$ は計算不能である．このため，OECD 方式では $\bar{y}$ の1%以内の y_i については $\bar{y}$ の1%とみなすことになっている（西崎文平・山田泰・安藤栄祐『日本の所得格差——国際比較の視点から』経済企画庁経済研究所, 1998年, 54頁 ［西崎他(1998)］).

$\log 1=0$ となり，MLD はゼロである．

この平均対数偏差をムッカジーとショロックスは次のように分解した[14]．

$$MLD = \sum_k \nu_k MLD_k + \sum_k \nu_k \log\frac{1}{\lambda_k} \qquad (9)$$

ただし，ν_k は第 k グループ（部分集団）が全体に占める人口（世帯）構成比（n_k/n），MLD_k は第 k グループの MLD，λ_k は第 k グループの平均所得 μ_k と全年齢階級の所得の総平均 μ との比率 μ_k/μ．

ここに，(9)式右辺の第1項は年齢階級内所得格差（級内変動）を示し，第2項は年齢階級間所得格差（級間変動，いわゆる「年齢効果」）を示す．ムッカジーとショロックスの論文では，統計データから計算された平均対数偏差についてその「総合指標の値（aggregate inequality）」（(9)式左辺があたえる MLD の値）とともに，(9)式右辺第1項の「年齢グループ内成分（within age group component）」（年齢階級内所得格差）と同第2項の「年齢効果」（年齢階級間所得格差）の値が，それぞれ別々に表章されている[15]．

(2) 平均対数偏差の増減とその分解

平均対数偏差が2つの異なる時点において計測される場合には，その差をとり，増減を調べることができる．この差を $\varDelta MLD$ と表わす．基準時点を0，比較時点を t とおくと，

$$\varDelta MLD = {}^t MLD - {}^0 MLD$$
$$= {}^t\left(\sum_k \nu_k MLD_k + \sum_k \nu_k \log\frac{1}{\lambda_k}\right) - {}^0\left(\sum_k \nu_k MLD_k + \sum_k \nu_k \log\frac{1}{\lambda_k}\right)$$

---

14) Mookherjee and Shorrocks (1982), p. 889. なお，小塩隆士『社会保障の経済学（第3版）』日本評論社，2005年，74頁以下，同「所得格差の推移と再分配政策の効果――「所得再分配調査」からみた1980-90年代の日本」小塩隆士・田近栄治・府川哲夫『日本の所得分配――格差拡大と政策の役割』東京大学出版会，2006年，第1章（小塩（2006）），16頁も参照．

15) Mookherjee and Shorrocks (1982), p. 891.

$$= \left({}^t\sum_k \nu_k MLD_k - {}^0\sum_k \nu_k MLD_k\right) + \left({}^t\sum_k \nu_k \log\frac{1}{\lambda_k} - {}^0\sum_k \nu_k \log\frac{1}{\lambda_k}\right)$$

$$= \varDelta\left(\sum_k \nu_k MLD_k\right) + \varDelta\left(\sum_k \nu_k \log\frac{1}{\lambda_k}\right)$$

となる[16]. ムッカジーとショロックスは上式から

$$\varDelta MLD = \sum_k \bar{\nu}_k \varDelta MLD_k$$
$$+ \sum_k \overline{MLD_k}\varDelta\nu_k + \sum_k (\bar{\lambda}_k - \overline{\log \lambda_k})\varDelta\nu_k$$
$$+ \sum_k (\bar{\theta}_k - \bar{\nu}_k)\varDelta\log\mu_h \qquad (10)$$

ただし, $\theta_k = \nu_k \lambda_k$ は第 k 部分集団における所得占有率を示す.

を誘導した. 平均対数偏差の変動 $\varDelta MLD$ を分解する(10)式右辺の各項は次のような「効果」を意味する[17].

$\sum_k \bar{\nu}_k \varDelta MLD_k$ ：年齢階級内所得格差の変動効果

$\begin{cases} \sum_k \overline{MLD_k}\varDelta\nu_k \\ \sum_k (\bar{\lambda}_k - \overline{\log\lambda_k})\varDelta\nu_k \end{cases}$ ：年齢階級の人口占有率の変動効果

$\sum_k (\bar{\theta}_k - \bar{\nu}_k)\varDelta\log\mu_k$ ：年齢階級間所得格差の変動効果

上式から次のことが分かる. すなわち, 平均対数偏差の増減を規定する(10)式第1項では ν_k (第 k グループ(部分集団)が全体に占める構成比) が一定と見なされて, 年齢階級内所得格差の変動が計測されている. 第2項と第3項においては, それぞれ MLD と λ が一定であるとみなされ, ν_k だけで年齢階級の人口シェアの変動効果が計測されている. 第4項では ν_k と

---

16) Mookherjee and Shorrocks (1982), p. 889.
17) Mookherjee and Shorrocks (1982), p. 897. $\varDelta MLD$ の変動に寄与するこれら3つ効果のことを彼らは,「年齢群内不平等 (within age group inequality)」「人口シェア (population share)」「年齢群平均所得 (mean age group incomes)」と名づけている.

$\theta_k = \nu_k \lambda_k$（第 k 部分集団における所得占有率）が一定と見なされて，年齢階級間所得格差の変動が計測されている．こうして，(10)式の各項が示す効果は，いずれも他の変動要因の効果が一定であると前提して計測されていることが分かる．このことからムッカジーとショロックスは，3種類の寄与のいずれもが ceteris paribus（他の事情にして変わらざるとき）という条件のもとで計測されていると結論づけている[18]．

彼らは，平均対数偏差の変動 ΔMLD を(10)式のように要因分解し，この分解式を 1965～1980 年におけるイギリスの所得統計に適用した．そして，ΔMLD に寄与した要因が年齢階級内所得格差と年齢階級間所得格差の拡大であり，人口シェアの変動の寄与は無視しうるほど小さいと主張した[19]．その計算によれば，ΔMLD の増大に寄与したのは，なかでも年齢階級間所得格差の拡大である．このことは，若年者層と高齢者層における相対的平均所得 $\left(\frac{\mu_k}{\mu}\right)$ の低下傾向が，これらの年齢層の人口シェアの上昇傾向と同時的に進行していることとは矛盾しないと，彼らは述べている．さらにまた，このことが，ΔMLD ではなく MLD で計測した年齢階級内所得格差の相対的安定性とも両立すると主張した．

おわりに

『経済財政白書』(2006 年版) によれば，「ジニ係数で表される所得格差の長期的な上昇傾向については，人口構造の高齢化の進展により見かけ上所得格差が拡大している可能性もある」[20]．この叙述を受けて，同『白書』で

---

18) このことはとくに第 1 項について言及されているが，他の項へも拡張適用可能である（Mookherjee and Shorrocks (1982), p. 898）．
19) Mookherjee and Shorrocks (1982), p. 898.
20) 内閣府『2006 年版 経済財政白書』国立印刷局，2006 年，262 頁．以下に引用するように，『2007 年版 経済財政白書』でも同趣旨の叙述が見られる．「……少子高齢化が進むと，一般的にジニ係数が高い高齢者の割合が高まり，世代内及び世代間の格差に大きな変化がなくても，人口動態要因によって，一国のジニ係数が見かけ上，上昇することが考えられる．我が国の近年の趨勢的な所得格差の拡大は，高齢化という人

は平均対数偏差によって所得格差の拡大傾向の要因を解明している．そして，細部の点で異なってはいるものの，『白書』はムッカジーとショロックスの式に類似した分解式[21]を用いて，人口構成の変化による寄与（これを『白書』は「人口動態効果」と言う）が $\varDelta MLD$ を押し上げた主因であり，年齢階級内所得格差と年齢階級間所得格差はむしろ $\varDelta MLD$ を押し下げている，と述べている[22]．

　ここでは，このことに関連して次のことを指摘しておく．ムッカジーとショロックスによって分解された $\varDelta MLD$ の3要因のいずれについても，その数値はその増減に寄与した年齢階級を特定することがない．人口動態効果と言っても，どの年齢階級がどの程度の寄与をなしたかは，人口動態効果を示す数値だけからでは分からない．人口動態効果の主因を高齢者（世帯）の増加とするに足りる数値的な根拠は $\varDelta MLD$ の分解からでは，明らかにならない．人口動態効果を年齢階級別に計測しなければ，人口動態効果の主因とされる年齢階級を特定することはできない．このことは，他の2つの要因（年齢階級内格差と年齢階級間格差）についても指摘できることであり，たとえそれらが $\varDelta MLD$ の押し上げ（または押し下げ）要因であると言えたとしても，どの年齢階級が変動の主因であるかを単独で特定することはできない．人口構成の変動が果たす所得分布への寄与を考察するには，ムッカジーとショロックスが，①人口シェア，②年齢階級別相対的平均，③年齢階級内所得格差，④年齢階級間所得格差などを組み合わせて総合的に判断したことが参考になるであろう．

　$\varDelta MLD$ の要因分解は「見かけ上」の格差を検出するための指標として用いられているので，最後に「見かけ上」の格差について触れておく．第1に，

　　口動態の変化が主な要因と考えられる」（233頁）．
21)　MLD の分解についてはその後も検討が重ねられている．たとえば次を参照．①西崎他（1998），55頁；②小塩隆士『人口減少時代の社会保障改革』日本経済新聞社，2005年，248頁以下（小塩（2005））；③小塩（2006），22頁．
22)　「趨勢的な所得格差の上昇は，高齢化世帯比率の上昇という高齢化が主な要因であったことを示している」（『2006年版 経済財政白書』，262頁）．

『白書』で「見かけ上」の格差が論じられるとき，様々な指標で計測された特定時点における格差そのものによって時系列を構成し，その変動傾向を検出しているのではない．異なる2時点で計測された尺度の数値どうしの差（格差の異時点間差分）にもとづいた考察によることに注意したい．

第2に，「見かけ上」の格差を考察するときには，本章で取り上げたペイグリンの主張に留意したい．ペイグリンは，世帯所得の均一性を示す所得均等直線（45度線）を参照線とする従来のローレンツ-ジニ型の分析では，曲線 P にもとづく年齢階級別ジニ比の分だけ格差が過大に表わされるので，年齢階級別の調整所得を基準とした曲線 P を参照線としてローレンツ-ジニ比（ジニ係数）を補正しなければならないと考えた．そして，彼は，年齢階級別ジニ比が「見かけ上」の格差を示す「砂利（バラス）」であり，これを除去すべしと主張した．巷間に言われる「見かけ上」という言葉の意味には不明の点もあるが，$\varDelta MLD$ の要因分解によって検出される人口動態効果がペイグリンの意味で「見かけ上」の格差を示すとすれば，この寄与分は真の格差から差し引かねばならないことになる．結果の正否をおくとしても，ペイグリンは通常のジニ係数で計測される格差の規模を「補正」した．しかし，平均対数偏差の要因分解式によって検出された寄与分はいずれも真の格差の増減を反映するものとして，その実体は疑うべくもない．このことは，西崎文平他の要因分解式[23]

$$\varDelta MLD = \underbrace{\sum_x \bar{\alpha}_x \varDelta MLD}_{\text{純粋なグループ内効果}} + \underbrace{\left[\sum_x \overline{MLD_x} \varDelta \alpha_x + \sum_x \overline{\ln\left(\frac{\mu}{\mu_x}\right)} \varDelta \alpha_x\right]}_{\text{構造的効果}} + \underbrace{\sum_x \bar{\alpha}_x \varDelta\left(\frac{\mu}{\mu_x}\right)}_{\text{純粋なグループ間効果}}$$

ただし，α_x は全体における属性 x の構成比，MLD_x は属性 x 内の MLD，μ_x は属性 x の平均可処分所得．バーはそれぞれの平均を示す．

からも明らかである．

---

[23] 西崎他 (1998), 55頁.

上式の3つの効果は，左から順にそれぞれ小塩隆士[24]の①「年齢階層内効果＝年齢構成比を固定した上で，年齢階層「内」の格差の二時点間における変化部分を年齢構成比で加重平均した値」，②「人口構成効果＝年齢階層「内」および年齢階層「間」の格差を固定し，各年齢構成比の変化分だけで説明できる部分」，③「年齢階層間効果＝年齢構成比を固定した上で，年齢階層「間」の格差の二時点間における変化部分を年齢構成比で加重平均した値」に対応している．

「構造的効果」（西崎他），「人口構成効果」（小塩）がいわゆる人口動態効果である．この人口動態効果が $\varDelta MLD$ の変動を規定するということは，人口動態効果が「見かけ上」の格差をもたらすということと結びつくのであろうか．ムッカジーとショロックスや西崎他の要因分解式は，$\varDelta MLD$ が群内変動と群間変動だけでなく，系列を構成する項数の変動によっても影響を受けるということを意味している．$\varDelta MLD$ の変動を規定する3つの要因のどれをとっても，客観的実在性を欠いた仮象（「見かけ」）ではなく，そのそれぞれが $\varDelta MLD$ に対して加法的に固有の寄与をなすというのが，$\varDelta MLD$ の要因分解式の本旨である．人口動態効果が，格差を増幅して真の格差（実体）から遊離させる「砂利」（ペイグリン）と見るには無理がある．

---

24) 小塩（2005），249 頁．同著では対数分散も同様に分解されるとの指摘がある（同上箇所）．なお，対数分散による格差分析については，大竹文雄『日本の不平等——格差社会の幻想と未来』日本経済新聞社，2005 年，第1章，第3章参照．

第2章
所得分布の要因分解式とその応用可能性

はじめに

ムッカジーとショロックスは，平均対数偏差[1] (mean logarithmic deviation: MLD)

$$MLD = \frac{1}{n}\sum_h (\log \mu - \log x_i) \tag{1}$$

ここに，μ は所得 x_i の相加平均，n は x_i の総数．

を

$$MLD = 年齢階級内変動 + 年齢階級間変動$$

と要因分解した．そして，異なる時点間の平均対数偏差の変化分 (ΔMLD) を

$$\Delta MLD = 年齢階級内変動の寄与分$$
$$+ 年齢階級間変動の寄与分$$
$$+ 年齢効果の寄与分$$

と要因分解した[2]．彼らは，ΔMLD についてのこの要因分解式を用いて人

---

1) Mookherjee, D. and Shorrocks, A., "A DecompositionAnalysis of the Trend in UK IncomeInequality," *The Economic Journal*, Vol. 92, 1982 [Mookherjee and Shorrocks (1982)]．これについては，本書第1章3参照．
2) 上式右辺の第3項が「年齢効果 (age effect)」の寄与分を示すと言われるのは，そ

表 2-1 平均対数偏差の差の要因分解（内閣府による特別集計の結果）

変化時点	$\mathit{\Delta}MLD$	うち年齢階層内効果	うち年齢階層間効果	うち人口動態効果
1989 → 2004	0.0116	−0.0195	−0.0042	0.0353
1989 → 1994	0.0125	−0.0037	0.0038	0.0124
1994 → 1999	0.0041	−0.0074	−0.0009	0.0125
1999 → 2004	−0.0050	−0.0077	−0.0067	0.0095

出所：内閣府編『平成18年版経済財政白書』（独）国立印刷局，2006年，353頁．「全国消費実態調査」（1989年，1994年，1999年，2004年の総世帯）の個票を独自集計した結果数字．表題は引用者による．ただし，この集計に用いた原データについての記述は見当たらない．

口の年齢構成変化がもたらす格差への寄与（人口動態効果）を計測した．

『経済財政白書』（2006年版）[3] は，数式の詳細では異なるが，ムッカジーとショロックスの構想に依拠して，全国消費実態調査結果に平均対数偏差ならびにその差の要因分解式を適用した．その独自集計の結果は表2-1のとおりである．

表2-1における「人口動態効果」はムッカジーとショロックスの「年齢効果（age effect）」に当たる．この独自集計にもとづいて『白書』は，近年の所得格差拡大が人口動態効果（人口構成の高齢化）によると述べ，さらにこの格差を「見かけ上」とした[4]．

れが年齢階級別人口（世帯）の構成変化を反映するからである（Mookherjee and Shorrocks (1982), p.890）．確かに年齢による階級区分を前提にすれば，第3項があたえる寄与分はそのように命名することができる．しかし，平均対数偏差がつねに年齢階級別のグループ分けを前提するわけではない．「年齢効果」と言われる要因は（度数分布における）年齢階級別人口シェア（構成比）の変化を反映すると見なすことができるので，一般には構造的変化という名称がふさわしい．

3) 内閣府編『平成18年版経済財政白書』（独）国立印刷局，2006年，262頁以下，352頁以下．

4) 『白書』は「ジニ係数で表される所得格差の長期的な上昇傾向については，人口構造の高齢化の進展により見かけ上所得格差が拡大している可能性もある」と述べ，それに続けて，表1にもとづいて次のように述べている．

「そこで，この高齢化といった人口動態の変化の要因がどの程度あるかを確認するために，平均対数偏差（MLD）の要因分解を行う．具体的には，格差の変化分について年齢構成比率の変化による人口動態効果による格差の変化分とそれ以外の変化の部分に分解することが可能となる（後者はさらに『同一年齢階層内部の格差の変化』と『異なる年齢階層間の格差の変化』に分解できる）……．

このように，平均対数偏差は「見かけ上」の格差を検出するための指標として枢要な位置にある．ところが，平均対数偏差の方法論的特質についての解明やその計測手法の有効性にかんする検討は，寡聞にして見当たらない．平均対数偏差の数理的意味を考察した結果，この計測指標には看過できない難点があるとの結論にいたった．この国のように高齢化が進行している格差社会にあって，格差拡大にたいする高齢者層の寄与にかんする考察は小さくない意義がある．このことに鑑みて，本章では，平均対数偏差の有効性を検討し，次いでそれに代わる指標を提示する．その代替指標を全国消費実態調査結果に応用し，上述の方法論的検討をより具体的に考察した結果は後に示す（第3章～第5章）．

1. 対数変換と平均対数偏差

(1) 平均偏差と平均対数偏差

実数 x_i の系列について，その相加平均を

$$\mu = \frac{1}{n}\sum_{i=1}^{n} x_i$$

とすると，偏差 $(\mu - x_i)$ の相加平均 MD（平均偏差）は

これをみると，89年以降の平均対数偏差からみた所得格差の上昇分の多くが人口動態効果により説明できることが分かる．5年おきの寄与をみると，89年から94年，94年から99年にかけては，他の2つの効果の合計ではジニ係数を下げる要因となる一方，人口動態効果がその合計を上回り，全体のジニ係数を上昇させていることが分かる．他方，99年から2004年にかけては，人口動態効果が他の2つの効果の合計を下回り，全体のジニ係数が低下した．ここで示している効果を示す数値については，年齢区分の方法などによって変わり得るため，幅をもってみる必要がある．しかしながらこうした結果は，趨勢的な所得格差の上昇は，高齢者世帯比率の上昇という高齢化が主な要因であったことを示している」（同上『白書』，262頁以下）．

この見解は，『2007年版経済財政白書』においても次のように踏襲されている．「……少子高齢化が進むと，一般にジニ係数が高い高齢者の割合が高まり，世代内及び世代間の格差に大きな変化がなくても，人口動態要因によって，一国のジニ係数が見かけ上，上昇することが考えられる．我が国の近年の趨勢的な所得格差の拡大は，高齢化という人口動態の変化が主な要因と考えられる」（233頁）．

$$MD = \frac{1}{n}\sum_{i=1}^{n}(\mu - x_i)$$
$$= \frac{1}{n} \cdot n\mu - \frac{1}{n}\sum_{i=1}^{n}x_i$$
$$= \mu - \mu$$
$$= 0$$

となる．このように，MD はつねにゼロとなって，異なる系列の分布を比較する指標としては不適切である．このこともあって，分散（偏差 $(\mu - x_i)$ の二乗の相加平均）やその平方根としての標準偏差が考案されたことは多言を要さない．

系列の構成要素 x_i を対数変換すれば，MD のこのような難点を回避することができる．x_i の相加平均を上と同様に μ とおき，そのことを説明する．

平均対数偏差 MLD

$$MLD = \frac{1}{n}\sum_{i=1}^{n}(\log \mu - \log x_i) \qquad (1)[再掲]$$

を整理すれば，次式を得る．

$$MLD = \frac{1}{n}\sum_{i=1}^{n}\log \frac{\mu}{x_i} \qquad (2)$$

ここで，$z_i = \frac{\mu}{x_i}$ とおけば，上式は

$$MLD = \frac{1}{n}\sum_{i=1}^{n}z_i \neq const.$$

となる．相加平均は異なった系列について同一の値となることもあるが，偏差 $(\mu - x_1)$ の相加平均 MD のように，どの系列にあってもつねに同一の値をとるとは限らないことを上式は示す．平均対数偏差 MLD と平均偏差 MD との相違点はこの点にある．このために，MD とは異なって MLD は系列の分布にかんする計測指標としての機能を果たすと期待できる[5]．

---

5) $MLD' = \frac{1}{n}\sum_{i=1}^{n}(\log x_i - \log \mu)$ としても，MLD と同様の機能を期待することができ

第2章 所得分布の要因分解式とその応用可能性

平均対数偏差が用いられる理由はそれだけではない．本章の冒頭で述べたように，異なる時点における2つの MLD の差 ΔMLD を要因分解することによって，構造的変化の寄与分を検出できると言われている．本書で取り扱う構造的変化は年齢階級別人口シェアの変動によってもたらされる格差の変動を意味するので，この後は構造的変化のことをムッカジーとショロックスにならって「年齢効果」と言ったり，あるいは『経済財政白書』にならって「人口動態効果」と言うことにする．

ムッカジーとショロックスは ΔMLD を

$$\Delta MLD \fallingdotseq \sum_k \bar{v}_h \Delta MLD_k$$
$$+ \sum_k (\bar{\theta}_k - \bar{v}_k) \Delta \log \mu_k$$
$$+ \sum_k \overline{MLD}_k \Delta v_k$$
$$+ \sum_k (\bar{\lambda}_k - \overline{\log \lambda_k}) \Delta v_k \tag{3}$$

ただし，MLD_k は年齢階級別平均対数偏差，v_k は年齢階級別人口（世帯数）シェア $\left(\dfrac{n_k}{n}\right)$，$\mu_k$ は年齢階級別平均所得，$\lambda_k = \dfrac{\mu_k}{\mu}$ （μ は所得の総平均），$\theta_k = v_k \mu_k$ （年齢階級別所得シェア），Δ は時点 t から $(t+u)$ までの期間における増分．

と要因分解した．(3)式右辺第1項は級内変動，第2項は級間変動，第3項と第4項は人口動態効果（年齢効果）[6]を示す．この年齢効果の規模を検出

る．その理由は以下のとおりである．
$$MLD' = \frac{1}{n}\sum_{i=1}^{n}(\log x_i - \log \mu)$$
$$MLD' = -\frac{1}{n}\sum_{i=1}^{n}(\log \mu - \log x_i) = -MLD$$

よって，MLD' は，MLD があたえる数値とその符号が反対の値をあたえるだけであって，
$$|MLD| = |MLD'|$$
となる．

6) 「見かけ上」の格差は，ΔMLD の分解式があたえる人口動態効果の計測によって検出

できることが平均対数偏差を用いる理由の1つとなっている．『白書』でも$\varDelta MLD$は人口動態効果を計測するために使用されている．

(2) 対数変換

平均対数偏差の算出に用いられる対数は常用対数（ムッカジーとショロックス）か自然対数（『経済財政白書』）かのいずれかである．常用対数と自然対数のどちらにも妥当する普遍的な結論を得るには，底aが1を超えるときを取り上げて，対数変換が原系列の分布をどのように変容させるかを一般的に検討すればよい．そこで，底aが1より大きいときに，対数$\log_a x$とその真数xの大小関係を調べてみる．

$$a^x = X \tag{4}$$

ただし，$a>1$，xとXは実数（$x>0$とする）

とおく．指数関数と対数関数の間の数学的関係により，(4)式は

$$x = \log_a X \tag{4}'$$

と同値である．$a>1$のとき，(4)式においては

$$x < X \tag{5}$$

が成立している．

ここで，

$$x > 0 \tag{6}$$

されると言われている．この要因の寄与分$\sum_k \overline{MLD_k} \varDelta v_k + \sum_k (\bar{\lambda}_k - \overline{\log \lambda_k}) \varDelta v_k$は，$\overline{MLD_k}$と$(\bar{\lambda}_k - \overline{\log \lambda_k})$という2つをウェイトとした年齢階級別人口シェアの変化分$\varDelta v_k$であたえられている．すなわち，人口動態効果の規模は，実質的な格差と人口シェアの変動との合成としてあたえられる．このために，人口動態効果がもたらしたとされる所得格差は「見かけ上」ではなく，事実として（実体として）検出された社会の姿を反映している．

であることを想起する．このとき，(5)式と(6)式から

$$0 < x < X$$

となり，

$$\frac{X}{x} > 1 \tag{7}$$

となる．

以上の準備をしておいて(4)′式を用いれば，$x - \log_a x > 0$ を次のように証明することができる．

$$x - \log_a x = \log_a X - \log_a x$$
$$= \log_a \frac{X}{x}$$

(7)式から

$$\log_a \frac{X}{x} > 0$$

となる．ゆえに，

$$x - \log_a x > 0$$

右のグラフ（図2-1）は常用対数（$\log x$）と自然対数（$\ln x$）の場合について，上述内容を図示している．この図からは，$\log x$ と $\ln x$ のいずれにおいても真数 x が大きくなるに従って，x の対数は似たような大きさの値となることが分かる．また，つねに $\log x$ と $\ln x$ はその真数 x よりも小さ

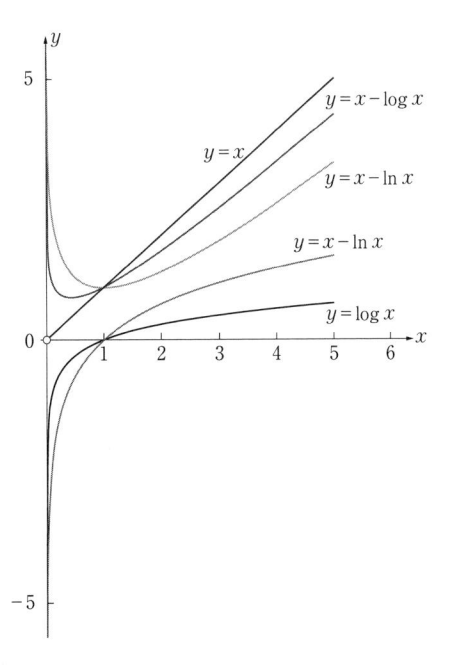

図2-1 常用対数と自然対数

く，しかも，x と $\log x$ の乖離および x と $\ln x$ の乖離は，x の増大に伴って大きくなることも分かる．このような性質は，対数変換前と変換後で現実の年間収入の分布をどのように変化させるのであろうか．このことを次項で取り上げる．

(3) ミクロデータ（全国消費実態調査結果）の対数変換

新統計法（2007 年）の施行により，全国消費実態調査の匿名個票データ（ミクロデータ）の提供を受けることが可能となった[7]．ただし，提供される個票は全体の 80％（リサンプリング・データ）であり，年間収入[8]についてはトップコーディング処理が施されている（二人以上世帯（普通世帯）については，2500 万円以上，単身世帯については 1000 万円以上）[9]．『白書』は自然対数を採用しているので，年間収入を自然対数に変換する．二人以上世帯に限定して，その結果を変換前の分布とともに図示する（図 2-2(a) (b)）．これによって対数変換の特質を明らかにする．

---

7) 独立行政法人統計センターからサテライト（法政大学日本統計研究所）経由で「匿名データの提供依頼の申出にたいする承諾通知書」（2010 年 6 月 28 日づけ情管第 64 号）が筆者に交付され，ミクロデータが提供された．同通知書に記載されたデータ利用条件（抜粋）は以下のとおりである．
 1 提供を行う匿名データの名称，年次及びファイル数：全国消費実態調査，1989（平成元）年，1994（平成 6）年，1999（平成 11）年，2004（平成 16）年，各 1 ファイル
 2 匿名データを用いて行う学術研究の名称：年齢階級別所得格差の要因分解にかんする研究
 3 利用期間：2010 年 8 月 10 日〜2011 年 7 月 31 日（後日，延長利用が承認された．）
8) ①「年間収入」は「勤め先収入（E）」，「移転収入等（利子，配当金，個人年金，仕送り金，非経常収入）（K）」，「事業・内職収入（農林漁業収入，農林漁業以外の事業収入，家賃，地代，内職収入）（SE）」，「公的年金・恩給給付（TR）」の合計である．類似の標識として②「移転支出調整前年間収入」と③「移転支出調整後年間収入」がある．②は①「年間収入」から TR を引いた年間収入であり，「年間収入（公的年金・恩給給付を含まない）」とも言われる．また，③は①から「非消費支出（TA）」を引いた年間収入であり，「年間可処分所得」とも言われている（『2004 年全国消費実態調査報告』第 9 巻，837 頁）．なお，全国消費実態調査の調査項目としての年間収入にかんする調査票（2004 年調査）を資料として本章末尾に掲げた．

第 2 章　所得分布の要因分解式とその応用可能性　　29

　図 2-2(a) の横軸は所得階級番号，縦軸は所得階級別の相対度数（％）を示している．ヒストグラムの左から順に第 1 階級（上限は 100 万円），第 2 階級（上限は 200 万円），…，第 25 階級（上限は 2500 万円）の相対度数が描かれている（表 2-2(a)）．メディアン階級は第 6 階級（500 万円〜600 万円）である．

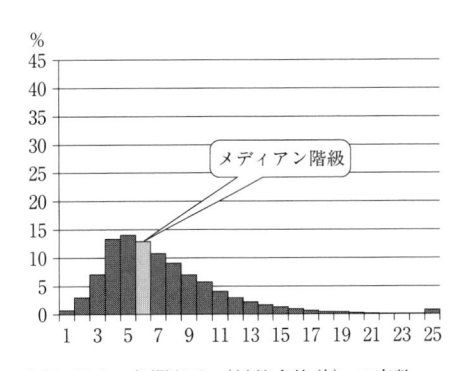

図 2-2(a)　年間収入（対数変換前）の度数分布図（2004 年，二人以上世帯）
出所：全国消費実態調査の匿名個票データにもとづく独自集計による．

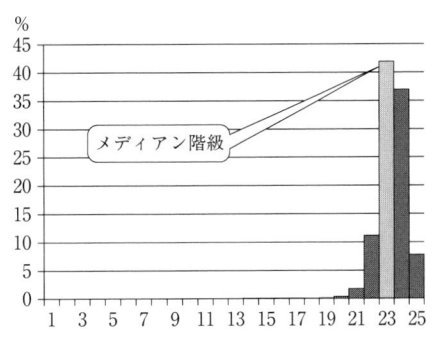

図 2-2(b)　年間収入（対数変換後）の度数分布図（2004 年，二人以上世帯）
出所：全国消費実態調査の匿名個票データにもとづく独自集計による．

---

9)　リサンプリングとトップコーディングのために，匿名データによる集計値は公表値と異なることについて注意が喚起されている．本書で取り扱った集計項目（年間収入，2004 年）については，次のようになっている．

表　匿名データの集計結果と公表値（年間収入，2004 年）
（千円）

		二人以上世帯	単身世帯
匿名データ	全 世 帯	**6,819**	**3,335**
	勤労者世帯	7,376	4,181
公表値	全 世 帯	6,925	3,368
	勤労者世帯	7,401	4,244

出所：匿名データとともに手交された「参考 1 平成 16 年全国消費実態調査な項目についての匿名データによる集計結果（一例）及び公表値（参考 2「全国消費実態調査匿名データの集計方法の一例について」に基づく集計結果—全国）」にもとづく．強調は引用者による．
注：全世帯（二人以上世帯と単身世帯）の匿名データにもとづく年間収入（平均）については，同一の値が得られた（付表 2(a)(b)）．研究対象を限定したため，全世帯についてのみ，数値の対応を確認した．

表 2-2(a)　階級番号と上限

階級番号	1	2	3	4	5	6	7	8	9	10	11	12
上限値	100	200	300	400	500	600	700	800	900	1,000	1,100	1,200

注記：上限値の単位は万円．メディアンは第 6 階級（強調）に落ちる．

表 2-2(b)　階級番号と上限

階級番号	1	2	3	4	5	6	7	8	9	10	11	12
上限値	0.68	1.36	2.04	2.73	3.41	4.08	4.77	5.45	6.13	6.81	7.50	8.18

注記：最高額 2500 万円の自然対数（17.0344）を第 25 階級の上限値とし，それを 25 で割り，階級間隔

　図 2-2(a) との比較のために，年間収入を自然対数に変換したときのヒストグラム（図 2-2(b)）の横軸も，図 2-2(a) と同じく 25 個の階級からなるようにしたい．そのためにはトップコーディングの下限 2500 万円の自然対数 17.0344 を 25 で割り，その値 0.6814 を階級間隔とすればよい（表 2-2(b)）．対数変換後の分布のメディアン階級は第 23 階級である．

　図 2-2(a) と図 2-2(b) を比較すれば，対数変換の前と後では，同様に 25 個に階級区分された分布であっても，その形状が異なっていることは明らかである．対数変換前では分布の裾が右に伸びているのにたいして，変換後は，左に伸びている．図 2-2(b) では，高額所得者層を構成する世帯の年間収入は対数変換前（図 2-2(a)）ほどに散らばることがなく，少数の階級に密集している．メディアン階級も変換後には右方に移動し，分布は上位に集中するようになる．メディアン階級を含みそれよりも上位の所得階級は，対数変換前には第 6 階級から第 25 階級までの 20 個の階級に落ちている．それが，対数変換後には，第 23 階級から第 25 階級のわずか 3 つの階級に集中するようになる．この集中については，第 25 階級（最上位階級）が対数変換の前後でどのように変わるかを調べてみても分かる．対数変換後の第 25 階級の下限は 16.35，上限は 17.03 である．この両端の値（対数）を元の値に戻せば，この階級は 1620 万円～2500 万円になる．このことは，対数変換前の第 17 階級の一部から第 25 階級までの 9 個の階級が，対数変換後には 1 つの階級

値（対数変換前）

13	14	15	16	17	18	19	20	21	22	23	24	25
1,300	1,400	1,500	1,600	1,700	1,800	1,900	2,000	2,100	2,200	2,300	2,400	2,500

値（対数変換後）

13	14	15	16	17	18	19	20	21	22	**23**	24	25
8.89	9.54	10.22	10.90	11.58	12.26	12.95	13.63	14.31	14.99	15.67	16.35	17.03

(0.6814) をもとめた．メディアンは第 23 階級（強調）に落ちる．

（第 25 階級）に統合されることを意味する．対数変換後の第 25 階級には変換前の同じ階級に落ちる世帯数に較べてより多くの世帯が落ちている．

　アマルティア・センは，対数変換が低所得階層の所得変化に鋭敏であるものの，高額所得者層の所得変化にたいしては感度に欠けるとして，所得分布の統計的計測における対数変換について注意を促している[10]．本節 (1) で見たように，平均対数偏差は分布尺度としての機能を果たすと期待できる．しかし，平均対数偏差は原系列にたいする対数変換を前提とする分布尺度であり，対数変換によって分布の形状が変容してしまう．分布の形状を変容させて，センが懸念するような事態に遭遇してもなお，平均対数偏差を応用しなければならないのであろうか．分布の形状を変容させる対数変換を回避して，年間収入のような所得分布を統計的に計測するために，平均対数偏差と同様の機能を期待できる尺度はないのであろうか．原系列を対数変換しなくても要因分解を可能とする分解式があれば，その応用が望ましいのではないか．

---

10) Sen, Amartya, *On Economic Inequality*, Expanded Edn., with James E. Foster, Oxford, 1997（鈴村興太郎・須賀晃一訳『不平等の経済学』東洋経済新報社，2000 年，36 頁以下）．このことは図 2-1（27 頁）からも明らかである．

2. 標準偏差と擬似標準偏差

　対数変換を施さずに，平均対数偏差と類似の機能を果たす要因分解式としては，分散と標準偏差にかんする分解式がある[11]．分散は原系列を構成する個別値とその分布の相加平均との乖離（偏差）の二乗の相加平均であり，平均から個別値までの乖離を特有の形式で変換して，散布度を計測する．これにたいして，標準偏差は分散の平方根である．この標準偏差は個別値と平均との偏差の絶対値にかんする相加平均と一致しない．しかし，それに近い値があたえられる．また，標準偏差とその差の要因分解式は，いずれも対数変換を必要としない．元のデータをそのまま用いるので，標準偏差はその対象反映性が分かりやすい．この理由から本書では標準偏差を採用する．

(1) 年齢階級別標準偏差

　第 i 年齢階級における所得分布の不偏標準偏差は σ_i は，次式で定義される不偏分散 σ_i^2 の平方根 $\sqrt{\sigma_i^2}$ としてあたえられる[12]．

---

[11] 2時点にかんする標準偏差の差については，少なくとも3種類の要因分解式が誘導される．本書で採用しなかった他の2種類の要因分解式においては，

$$ {}^t\sigma^2 - {}^0\sigma^2 \equiv ({}^t\sigma + {}^0\sigma)({}^t\sigma - {}^0\sigma) $$

$$ \therefore\ {}^t\sigma - {}^0\sigma = \frac{1}{{}^t\sigma + {}^0\sigma}({}^t\sigma^2 - {}^0\sigma^2) $$

$$ = \frac{1}{{}^t\sigma + {}^0\sigma} \Delta\sigma^2 $$

という関係式が用いられている．分散の差を要因分解し，そのついでに標準偏差の差の要因分解を試みようとするとき，上の関係式を使用することができるが，この方式では，全年齢階級の総変動，総級内変動，総級間変動などがもとめられるにすぎず，年齢階級ごとの要因別寄与分をもとめることはできない．したがって，上の関係式の活用が試算的な意味をもつことは否定できないが，年齢階級別の寄与分の計測が直接的な目的である場合には，(18)式（39頁）または(23)式（41頁）によるのが望ましいであろう（①木村和範「分散と標準偏差の分解」『開発論集』（北海学園大学）第83号，2009年3月［木村（2009a）］；②同「分散と標準偏差の分解にかんする再考察」同第84号，2009年9月［木村（2009b）］；③同「分散と標準偏差にかんするさまざまな分解式」『経済論集』（北海学園大学），第58巻第2号，2010年9月［木村（2010）］）．

$$\sigma_i{}^2 = \frac{1}{k_i-1}\sum_{j=1}^{k_i}({}^ix_j-\bar{x}_i)^2$$

${}^ix_j$ ：第 i 年齢階級に落ちる世帯の所得
k_i ：第 i 年齢階級を構成する世帯数
$\bar{x}_i$ ：第 i 年齢階級に落ちる世帯所得の相加平均

すなわち，不偏標準偏差は次式であたえられる．

$$\begin{aligned}\sigma_i &= \sqrt{\sigma_i{}^2}\\ &= \sqrt{\frac{1}{k_i-1}\sum_{j=1}^{k_i}({}^ix_j-\bar{x}_i)^2}\end{aligned} \quad (8)$$

これにもとづけば，年齢階級別の所得格差が計測される．しかし，これは特定の年齢階級だけを1つのグループにまとめたデータ系列にかんする分布の計測指標であるから，全年齢階級の標準偏差（総変動）にたいする特定の年齢階級の寄与を計測するものではない．(8)式はあくまでも年齢階級別の分布尺度としての機能を果たすに過ぎない．この(8)式は，それぞれの年齢階級ごとの所得分布の相加平均を基準にして，当該年齢階級の所得格差を計測しているからである．

(2) 年齢階級別擬似標準偏差

各々の年齢階級の所得分布をすべて統一的基準によって計測することができれば，少なくとも(8)式によるよりは，年齢階級ごとの所得格差が比較可能になると期待される．この目的のために，「擬似標準偏差（pseudo-standard deviation）」を構想した．これは，全年齢階級の所得分布の相加平均（総平均）$\bar{X}$ を基準にして，それと個々の世帯所得との偏差を計測し，その偏差二乗和の（有限修正項による）相加平均（すなわち，次式で定義される「擬似分散（pseudo-variance）」${}^p\sigma_i{}^2$）の平方根である．年齢階級別擬似

---

12) 以下では，この不偏標準偏差を標準偏差と表記する．ミクロデータのようにレコード数が十分大きいときには，有限修正項を使用せずに k_i で割ってもとめた標準偏差でも同様の値が得られると期待できる．

分散は次式であたえられる．

$$^p\sigma_i^2 = \frac{1}{k_i-1}\sum_{j=1}^{k_i}(^ix_j-\bar{X})^2$$

したがって，年齢階級別擬似標準偏差は次式で定義される．

$$^p\sigma_i = \sqrt{^p\sigma_i^2}$$
$$= \sqrt{\frac{1}{k_i-1}\sum_{j=1}^{k_i}(^ix_j-\bar{X})^2} \tag{9}$$

(9)式を用いれば，年齢階級別の所得分布が統一的基準によって計測することができる．しかし，この(9)式によっても，全年齢階級の所得分布総体にかんする標準偏差にたいする年齢階級別の寄与を計測することはできない．次項で取り上げる年齢階級別要因分解式による必要がある．

3. 単一時点における総変動の要因分解

(1) 年齢階級別要因分解式（その1：級内変動と級間変動への分解前）

全年齢階級の標準偏差（以下，総変動と言う）σ の要因分解式は以下のように誘導される．

$$\sigma = \sigma \cdot \frac{N}{N}$$
$$= \frac{\sigma}{N}\cdot\sum_{i=1}^{m}k_i$$
$$= \sum_{i=1}^{m}\frac{\sigma}{N}\cdot k_i$$
$$= \sum_{i=1}^{m}\frac{k_i}{N}\cdot\sigma \tag{10}$$

σ：全年齢階級の標準偏差（総変動）
σ_i：第 i 年齢階級の所得分布の標準偏差
k_i：第 i 年齢階級の世帯数

第 2 章　所得分布の要因分解式とその応用可能性　　　　　　　　　　35

m：年齢階級の個数

N：世帯総数 $\left(N = \sum_{i=1}^{m} k_i\right)$

　(10)式右辺の $\dfrac{k_i}{N}$ は総世帯に占める第 i 年齢階級の割合（人口シェア）であるから，(10)式は，総変動 σ が年齢階級別人口シェアをウェイトとする σ の積和に分解されることを示す[13]．

　ここで，基準時点を 0，比較時点を t とおくと，時点別の総変動の分解式は以下のようになる．

$$\text{基準時点}: {}^0\sigma = \sum_{i=1}^{m} \frac{{}^0 k_i}{{}^0 N} \cdot {}^0\sigma \tag{11}$$

---

[13] 総変動の要因分解式（(10)式）を誘導したときと同様にすれば，分布の相加平均 $\bar{x}$（総平均）を次のように年齢階級別に要因分解できる．
　あらかじめ，全年齢階級の相加平均 $\bar{x}$ と第 j 階級の相加平均 $\bar{x}_j$ を定義しておく．
　総平均 $\bar{x}$ は

$$\bar{x} = \frac{1}{N}\sum_{i=1}^{N} x_i \qquad ①$$

であり，第 j 階級の相加平均 $\bar{x}_j$ は

$$\bar{x}_j = \frac{1}{k_j}\sum_{j=1}^{k_j} x_j \qquad ②$$

である．
　②式より

$$k_j \bar{x}_j = \sum_{j=1}^{k_j} x_j \qquad ③$$

総和 $\sum_{i=1}^{N} x_i$ は階級別の x_i の和 $\sum_{j=1}^{k_j} x_j$ の総和であるから，

$$\sum_{i=1}^{N} x_i = \sum_{j=1}^{k_1} x_j + \sum_{j=1}^{k_2} x_j + \cdots + \sum_{j=1}^{k_m} x_j \qquad ④$$

④式に③式を代入すると，

$$\sum_{i=1}^{N} \bar{x}_i = k_1 \bar{x}_1 + k_2 \bar{x}_2 + \cdots + k_m \bar{x}_m$$

$$= \sum_{i=1}^{m} k_i \bar{x}_i \qquad ⑤$$

⑤式を①式に代入すると

$$\bar{x} = \frac{1}{N}\sum_{i=1}^{m} k_i \bar{x}_i$$

$$= \sum_{i=1}^{m} \frac{k_i}{N} \bar{x}_i \qquad ⑥$$

を得る．この分解式は年齢階級別の所得格差分析への応用可能性を内包している．

比較時点：$\displaystyle {}^t\sigma = \sum_{i=1}^{m} \frac{{}^tk_i}{{}^tN} \cdot {}^t\sigma$ \hfill (12)

この(12)式の $\frac{{}^tk_i}{{}^tN}$（比較時点の人口シェア）の代わりに，基準時点の人口シェア $\frac{{}^0k_i}{{}^0N}$ の値を代入し，比較時点における第 i 年齢階級の仮想的な寄与分は

$$\frac{{}^0k_i}{{}^0N} \cdot {}^t\sigma \hspace{5em} (13)$$

であたえられる．(13)式を(12)式に代入すれば，比較時点における全年齢階級の仮想的な総変動 ${}^t\sigma'$ は

$$ {}^t\sigma' = \sum_{i=1}^{m} \frac{{}^0k_i}{{}^0N} \cdot {}^t\sigma \hspace{3em} (14)$$

となる．このとき，比較時点における実際の総変動 ${}^t\sigma$ と仮想的な総変動 ${}^t\sigma'$ の間で

$$ {}^t\sigma = {}^t\sigma' \hspace{5em} (15)$$

が成立する可能性は否定できない．他方で，つねに(15)式が成立することは期待できない．すなわち，一般に(14)式は，(12)式の値にかんする復元力があるとは言い難い．

しかしながら，比較時点から比較時点までの人口シェアが $\frac{{}^0k_i}{{}^0N}$ から $\frac{{}^tk_i}{{}^tN}$ へと変化したときに，あえて「人口シェアが基準時点と同一である」（時点を通じて $\frac{{}^0k_i}{{}^0N}$ のままである）と仮定して(13)式を応用すれば，比較時点における第 i 年齢階級にかんする仮想的な寄与分をもとめることができる（表 2-3）．この手法は次に取り上げる変動別の年齢階級別要因分解にも適用できる．

表 2-3 年齢階級別寄与分（現実値と仮想値）（その 1）

	基準時点（現実値）	比較時点（現実値）	比較時点（仮想値）
第 i 年齢階級の寄与分	$\frac{{}^0k_i}{{}^0N} \cdot {}^0\sigma$	$\frac{{}^tk_i}{{}^tN} \cdot {}^t\sigma$	$\frac{{}^0k_i}{{}^0N} \cdot {}^t\sigma$

(2) 年齢階級別要因分解式（その2：級内変動と級間変動への分解後）

総変動 σ は次式のようにも分解される[14]．

$$\begin{aligned}
\sigma &\equiv \sigma \\
&= \sigma + \sum_{i=1}^{m} \frac{k_i}{N}\sigma_i - \sum_{i=1}^{m} \frac{k_i}{N}\sigma_i \\
&= \sigma \cdot \frac{1}{N} \cdot N + \sum_{i=1}^{m} \frac{k_i}{N}\sigma_i - \sum_{i=1}^{m} \frac{k_i}{N}\sigma_i \\
&= \sigma \cdot \frac{1}{N} \cdot \sum_{i=1}^{m} k_i + \sum_{i=1}^{m} \frac{k_i}{N}\sigma_i - \sum_{i=1}^{m} \frac{k_i}{N}\sigma_i \\
&= \sum_{i=1}^{m} \frac{k_i}{N}\sigma_i + \sum_{i=1}^{m} \frac{k_i}{N}\sigma - \sum_{i=1}^{m} \frac{k_i}{N}\sigma_i \\
&= \sum_{i=1}^{m} \frac{k_i}{N}\sigma_i + \sum_{i=1}^{m} \frac{k_i}{N}(\sigma - \sigma_i) \quad (16)
\end{aligned}$$

この(16)式右辺の第1項は年齢階級別人口シェア $\frac{k_i}{N}$（ウェイト）と年齢階級別標準偏差 σ_i の積和であり，級内変動の寄与分を示す．また，第2項は総変動 σ と年齢階級別標準偏差 σ_i の差と年齢階級別人口シェア（ウェイト）の積和であり，級間変動の寄与分を示す．ウェイト $\left(\frac{k_i}{N}\right)$ は非負なので，$\sigma - \sigma_i > 0$ となる年齢階級（総変動が階級別標準偏差よりも大きい年齢階級）が級間変動を押し上げ，$\sigma - \sigma_i < 0$ となる年齢階級は級間変動を引き下げる．

ここで，人口シェアを基準時点に固定して，総変動 σ にたいする年齢階級別の2つの変動（級内変動と級間変動）の寄与分にかんする仮想値を現実値と比較するために，表2-3と同様の表を作成する（表2-4）．

表2-4　年齢階級別寄与分（現実値と仮想値）（その2）

	基準時点（現実値）	比較時点（現実値）	比較時点（仮想値）
級内変動	$\frac{^{0}k_i}{^{0}N}\,^{0}\sigma_i$	$\frac{^{t}k_i}{^{t}N}\,^{t}\sigma_i$	$\frac{^{0}k_i}{^{0}N}\,^{t}\sigma_i$
級間変動	$\frac{^{0}k_i}{^{0}N}(^{0}\sigma - {}^{0}\sigma_i)$	$\frac{^{t}k_i}{^{t}N}(^{t}\sigma - {}^{t}\sigma_i)$	$\frac{^{0}k_i}{^{0}N}(^{t}\sigma - {}^{t}\sigma_i)$

---

14) 木村（2009b）．

級内変動にあっては比較時点の現実値 $\frac{{}^tk_i}{{}^tN}{}^t\sigma_i$ と仮想値 $\frac{{}^0k_i}{{}^0N}{}^t\sigma_i$ を比較し、また級間変動にあっても同様に、現実値 $\frac{{}^tk_i}{{}^tN}({}^t\sigma-{}^t\sigma_i)$ と仮想値 $\frac{{}^0k_i}{{}^0N_i}({}^t\sigma-{}^t\sigma_i)$ を比較する。このことによって、比較時点の人口シェアが基準時点と同一であると想定したときの人口構成の変動効果（人口動態効果、年齢効果）を計測することができる。

以上、（単一）時点別所得分布（全年齢階級）の総変動を年齢階級別に要因分解し、総変動にたいする年齢階級ごとの寄与を計測する尺度を取り上げて、人口動態効果の計測指標を考察してきた。

しかし、年齢階級別の寄与は、単一時点の所得分布においてしか見られないというものではない。基準時点(0)の総変動を ${}^0\sigma$、比較時点(t)の総変動を ${}^t\sigma$ としたときに、その差 $\Delta\sigma(={}^t\sigma-{}^0\sigma)$ にたいして果たす年齢階級別の寄与もあって、それは別途考察することが必要である。次に節を改めて、$\Delta\sigma$ にたいするこの寄与を媒介として、総変動の差（増減）で計測される格差の拡大もしくは縮小にたいする人口動態効果を検出するための計測指標を考察する。

4. 2時点間にかんする総変動の差の要因分解

(1) 総変動の差の要因分解（その1：級内変動と級間変動への分解前）

すでに述べたように基準時点を 0、比較時点を t とおくと、総変動の要因分解式

$$\sigma = \sum_{i=1}^{m} \frac{k_i}{N} \cdot \sigma \qquad (10)[再掲]$$

は、時点別に次のように表すことができる。

$$基準時点：{}^0\sigma = \sum_{i=1}^{m} \frac{{}^0k_i}{{}^0N} \cdot {}^0\sigma \qquad (11)[再掲]$$

$$比較時点：{}^t\sigma = \sum_{i=1}^{m} \frac{{}^tk_i}{{}^tN} \cdot {}^t\sigma \qquad (12)[再掲]$$

表 2-5　年齢階級別標準偏差（比較時点）にかんする2つの寄与分

現　実　値	仮　想　値
$\Delta\sigma_i = \dfrac{{}^t k_i}{{}^t N}{}^t\sigma - \dfrac{{}^0 k_i}{{}^0 N}{}^0\sigma$	$\Delta\sigma_i' = \dfrac{{}^0 k_i}{{}^0 N}{}^t\sigma - \dfrac{{}^0 k_i}{{}^0 N}{}^0\sigma$

注記：$\Delta\sigma = {}^t\sigma - {}^0\sigma = \sum_{i=1}^{m}\Delta\sigma_i$

総変動の差 $\Delta\sigma$ は

$$\Delta\sigma = {}^t\sigma - {}^0\sigma \tag{17}$$

である．ここで，(17)式に(11)式と(12)式を代入すれば，

$$\begin{aligned}\Delta\sigma &= {}^t\sigma - {}^0\sigma \\ &= \sum_{i=1}^{m}\frac{{}^t k_i}{{}^t N}\cdot{}^t\sigma - \sum_{i=1}^{m}\frac{{}^0 k_i}{{}^0 N}\cdot{}^0\sigma\end{aligned} \tag{18}$$

となる．このために，総変動の差 $\Delta\sigma$ にたいする第 i 年齢階級の寄与 $\Delta\sigma_i$ は，

$$\Delta\sigma_i = \frac{{}^t k_i}{{}^t N}\cdot{}^t\sigma - \frac{{}^0 k_i}{{}^0 N}\cdot{}^0\sigma \tag{19}$$

で計測される．

なお，人口シェアを基準時点に固定すれば，比較時点における総変動の差にかんする第 i 年齢階級の仮想的寄与分 $\Delta\sigma_i'$ は

$$\Delta\sigma_i' = \frac{{}^0 k_i}{{}^0 N}\cdot{}^t\sigma - \frac{{}^0 k_i}{{}^0 N}\cdot{}^0\sigma \tag{20}$$

であたえられる．この仮想値 $\Delta\sigma_i'$ と現実値 $\Delta\sigma_i$ を比較することによって，人口動態効果を計測することができる（表2-5）．

(2)　総変動の差の要因分解（その2：級内変動と級間変動への分解後）

すでに誘導したように，総変動 σ は次式のようにも要因分解される．

$$\sigma = \sum_{i=1}^{m}\frac{k_i}{N}\sigma_i + \sum_{i=1}^{m}\frac{k_i}{N}(\sigma - \sigma_i) \tag{16}[再掲]$$

ここで，比較時点を t，基準時点を 0 で表わせば，(16)式により時点別の総変動を次のように表わすことができる．

比較時点：$$^t\sigma = \sum_{i=1}^{m} \frac{^tk_i}{^tN}{}^t\sigma_i + \sum_{i=1}^{m} \frac{^tk_i}{^tN}(^t\sigma_i - {}^t\sigma_i) \tag{21}$$

基準時点：$$^0\sigma = \sum_{i=1}^{m} \frac{^0k_i}{^0N}{}^0\sigma_i + \sum_{i=1}^{m} \frac{^0k_i}{^0N}(^0\sigma_i - {}^0\sigma_i) \tag{22}$$

(21)式と(22)式により2時点間の総変動の差 $\varDelta\sigma$ にかんする要因分解式としては，次式が誘導される[15]．

$$\varDelta\sigma = {}^t\sigma - {}^0\sigma$$

---

[15] 旧稿（木村（2009b），木村（2009c），木村（2010））では(23)式を
$$\varDelta\sigma = \sum_{i=1}^{m}\left(\frac{^tk_i}{^tN_i}{}^t\sigma_i - \frac{^0k_i}{^0N}{}^0\sigma_i\right)$$
$$+ \sum_{i=1}^{m}\{(^t\sigma - {}^t\sigma_i) - (^0\sigma - {}^0\sigma_i)\}\left(\frac{\frac{^tk_i}{^tN} + \frac{^0k_i}{^0N}}{2}\right)$$
$$+ \sum_{i=1}^{m}\left(\frac{^tk_i}{^tN} - \frac{^0k_i}{^0N}\right)\left\{\frac{(^t\sigma - {}^t\sigma_i) + (^0\sigma - {}^0\sigma_i)}{2}\right\} \tag{*}$$

と要因分解して，上式右辺の第1項が級内変動を，第2項が級間変動を，そして，第3項が構造的変化を反映すると述べた．

しかし，第2項については次の点に注意しなければならない．すなわち，ある年齢階級で $(^t\sigma - {}^t\sigma_i) - (^0\sigma - {}^0\sigma_i) > 0$ が成立するのは，①$(^t\sigma - {}^t\sigma_i) > (^0\sigma - {}^0\sigma_i) > 0$ のとき，②$0 > (^t\sigma - {}^t\sigma_i) > (^0\sigma - {}^0\sigma_i)$ のとき，③$(^t\sigma - {}^t\sigma_i) > 0, (^0\sigma - {}^0\sigma_i) < 0$ のときの3通りである．

②の場合には，
$$|{}^t\sigma - {}^t\sigma_i| < |{}^0\sigma - {}^0\sigma_i|$$
になる．これは，比較時点の級間変動の幅のほうが，基準時点よりも小̇さ̇い̇ことを意味する．そうであるにもかかわらず，
$$\left(\frac{\frac{^tk_i}{^tN} + \frac{^0k_i}{^0N}}{2}\right) > 0$$
であるから，このときは
$$\sum_{i=1}^{m}\{(^t\sigma - {}^t\sigma_i) - (^0\sigma - {}^0\sigma_i)\}\left(\frac{\frac{^tk_i}{^tN} + \frac{^0k_i}{^0N}}{2}\right)$$
が押し上げられる．このことは，(*)式右辺第2項では，級間変動の押し上げ効果を計測できない場合があることを意味する．

また，(*)式第3項については，次のことを指摘しておく．それは，人口シェアの

$$= \left\{\sum_{i=1}^{m} \frac{{}^t k_i}{{}^t N}{}^t\sigma_i + \sum_{i=1}^{m} \frac{{}^t k_i}{{}^t N}({}^t\sigma_i - {}^t\sigma_i)\right\} - \left\{\sum_{i=1}^{m} \frac{{}^0 k_i}{{}^0 N}{}^0\sigma_i + \sum_{i=1}^{m} \frac{{}^0 k_i}{{}^0 N}({}^0\sigma_i - {}^0\sigma_i)\right\}$$

$$= \sum_{i=1}^{m}\left(\frac{{}^t k_i}{{}^t N}{}^t\sigma_i - \frac{{}^0 k_i}{{}^0 N}{}^0\sigma_i\right) + \sum_{i=1}^{m}\left\{\frac{{}^t k_i}{{}^t N}({}^t\sigma - {}^t\sigma_i) - \frac{{}^0 k_i}{{}^0 N}({}^0\sigma - {}^0\sigma_i)\right\} \quad (23)$$

(23)式第1項は級内変動を示し,第2項は級間変動を示すから,

$$\frac{{}^t k_i}{{}^t N}{}^t\sigma_i - \frac{{}^0 k_i}{{}^0 N}\sigma_i > 0$$

となる年齢階級は級内変動の差を押し上げ,

$$\frac{{}^t k_i}{{}^t N}{}^t\sigma_i - \frac{{}^0 k_i}{{}^0 N}\sigma_i < 0$$

となる階級は引き下げることが分かる.そして,

変化 $\frac{{}^t k_i}{{}^t N} - \frac{{}^0 k_i}{{}^0 N}$ がプラスであろうとも,そのことが,(∗)式右辺第3項に示した総和 $\sum_{i=1}^{m}\left(\frac{{}^t k_i}{{}^t N} - \frac{{}^0 k_i}{{}^0 N}\right)\left\{\frac{({}^t\sigma - {}^t\sigma_i) + ({}^0\sigma - {}^0\sigma_i)}{2}\right\}$ を必ずしも押し上げることにはならないということである.これを敷衍すれば,年齢階級別に見た場合,(∗)式第3項を押し上げるのは,ⓐ $\frac{{}^t k_i}{{}^t N} - \frac{{}^0 k_i}{{}^0 N} > 0$ と $\frac{({}^t\sigma - {}^t\sigma_i) + ({}^0\sigma - {}^0\sigma_i)}{2} > 0 \left(\therefore \frac{{}^t\sigma + {}^0\sigma}{2} > \frac{{}^t\sigma_i + {}^0\sigma_i}{2}\right)$ が同時に成立するとき,およびⓑ $\frac{{}^t k_i}{{}^t N} - \frac{{}^0 k_i}{{}^0 N} < 0$ と $\frac{({}^t\sigma - {}^t\sigma_i) + ({}^0\sigma - {}^0\sigma_i)}{2} < 0 \left(\therefore \frac{{}^t\sigma + {}^0\sigma}{2} < \frac{{}^t\sigma_i + {}^0\sigma_i}{2}\right)$ が同時に成立するときである.このため,総変動(全年齢階級の標準偏差)の相加平均よりも階級別標準偏差の相加平均が大きいときには,シェアがマイナスの変化を示しても,総和 $\sum_{i=1}^{m}\left(\frac{{}^t k_i}{{}^t N} + \frac{{}^0 k_i}{{}^0 N}\right)\left\{\frac{({}^t\sigma - {}^t\sigma_i) + ({}^0\sigma - {}^0\sigma_i)}{2}\right\}$ は押し上げられる.

これとは逆に,ⓒ $\frac{{}^t k_i}{{}^t N} - \frac{{}^0 k_i}{{}^0 N} > 0$ と $\frac{({}^t\sigma - {}^t\sigma_i) + ({}^0\sigma - {}^0\sigma_i)}{2} < 0 \left(\therefore \frac{{}^t\sigma + {}^0\sigma}{2} < \frac{{}^t\sigma_i + {}^0\sigma_i}{2}\right)$ が同時に成立するとき,およびⓓ $\frac{{}^t k_i}{{}^t N} - \frac{{}^0 k_i}{{}^0 N} < 0$ と $\frac{({}^t\sigma - {}^t\sigma_i) + ({}^0\sigma - {}^0\sigma_i)}{2} > 0$ $\left(\therefore \frac{{}^t\sigma + {}^0\sigma}{2} > \frac{{}^t\sigma_i + {}^0\sigma_i}{2}\right)$ が同時に成立するときには,総和は引き下げられる.

このように,(∗)式右辺第3項はシェアの正負の増減と同じ方向で変化しない場合もあり,構造的変化の計測指標としての機能をつねに果たすとは限らない.

以上により,(9)式から誘導される要因分解式がその機能を果たし,級間変動の差にたいする寄与分と構造的変化の差の寄与分を計測することができるのは,限られた系列についてだけである.このために,本書では(∗)式を採用しないことにした.

表 2-6　総変動の差にたいする第 i 年齢階級の変動別寄与分

級内変動	$\frac{{}^t k_i}{{}^t N} {}^t \sigma_i - \frac{{}^0 k_i}{{}^0 N} {}^0 \sigma_i$
級間変動	$\frac{{}^t k_i}{{}^t N}({}^t \sigma - {}^t \sigma_i) - \frac{{}^0 k_i}{{}^0 N}({}^0 \sigma - {}^0 \sigma_i)$

表 2-7　級内変動と級間変動の年齢階級別仮想値

級内変動	$\frac{{}^0 k_i}{{}^0 N} {}^t \sigma_i - \frac{{}^0 k_i}{{}^0 N} {}^0 \sigma_i$
級間変動	$\frac{{}^0 k_i}{{}^0 N}({}^t \sigma_i - {}^t \sigma_i) - \frac{{}^0 k_i}{{}^0 N}({}^0 \sigma - {}^0 \sigma_i)$

$$\frac{{}^t k_i}{{}^t N}({}^t \sigma_i - {}^t \sigma_i) - \frac{{}^0 k_i}{{}^0 N}({}^0 \sigma - {}^0 \sigma_i) > 0$$

となる年齢階級（比較時点の級間変動の寄与分が基準時点よりも大きい年齢階級）は級間変動の差を押し上げ，

$$\frac{{}^t k_i}{{}^t N}({}^t \sigma_i - {}^t \sigma_i) - \frac{{}^0 k_i}{{}^0 N}({}^0 \sigma - {}^0 \sigma_i) < 0$$

となる階級は引き下げる（表 2-6）．

　総変動を級内変動と級間変動に分解する場合にもそれぞれの変動にかんしては上の表 2-7 に示す計算式によって仮想値を算出し，これを現実値（表 2-6）と比較することによって人口動態効果（年齢効果）を計測することができる．

5.　人口動態効果の計測指標

(1)　年齢階級別人口シェアの変動と総変動の差にたいする年齢階級別寄与分

　前2節で示した現実値と仮想値を比較する仕方・様式では，採用された数式のなかには，年齢階級別人口シェア $\frac{k_i}{N}$ が内在化している．人口シェアの変動がそのものとして陽表的に取扱われているとは言い難い．そこで，総変

第2章　所得分布の要因分解式とその応用可能性　　　43

動の差 $\Delta\sigma$ にたいする年齢階級別寄与分と年齢階級別人口シェアの変動とを直接的に対応させて，人口動態効果を計測するための指標を新たに考察することにする．

総世帯数を N，第 i 年齢階級に落ちる世帯数を k_i とおき，基準時点を 0，比較時点を t とおけば，2時点間の年齢階級別人口シェア p_i の差 Δp_i は下の表のようになる（表2-8）．

この年齢階級別人口シェアの差

$$\Delta p_i = {}^t p_i - {}^0 p_i$$
$$= \frac{{}^t k_i}{{}^t N} - \frac{{}^0 k_i}{{}^0 N} \tag{24}$$

に対応する $\Delta\sigma_i$（総変動の差にたいする年齢階級別寄与分）は，次式であたえられる．

$$\Delta\sigma_i = \frac{{}^t k_i}{{}^t N} \cdot {}^t\sigma - \frac{{}^0 k_i}{{}^0 N} \cdot {}^0\sigma \tag{19}[再掲]$$

さしあたり，この2つの変数のうち，Δp_i を横軸に，$\Delta\sigma_i$ を縦軸にとり，年齢階級別のデータをデカルト直交座標で表わすことにする．人口シェアと総変動の差にたいする年齢階級別寄与分のいずれもが2時点で変動していない場合には，データは原点 O$(0,0)$ に打点される（図2-3）．

図2-3の点Aと点Bを比較すると，点Aでは年齢階級別人口シェアの変動は小さいが，総変動の差にたいする年齢階級別寄与分の変動は大きい．点Bと点Cとでは，2つの変動の関係がそれとは逆である．この関係を利用すれば，点 $(\Delta p_i, \Delta\sigma_i)$ の特質を図示することができると期待される．ところが，

表2-8　第 i 年齢階級の人口シェア

人口シェア		人口シェアの差
基準時点	比較時点	
${}^0 p_i = \frac{{}^0 k_i}{{}^0 N}$	${}^t p_i = \frac{{}^t k_i}{{}^t N}$	$\Delta p_i = {}^t p_i - {}^0 p_i = \frac{{}^t k_i}{{}^t N} - \frac{{}^0 k_i}{{}^0 N}$

図 2-3 のような表示方法を現実のデータに適用しようとするとき，横軸にとった人口シェアの変動は，微小な値となる[16]．このために，人口シェアの変動はどの年齢階級にとってもほぼ同一となり，その値はゼロと見なしても構わないことになる．理念的には，図 2-3 のような表示方法が妥当と考えられるが，デカルト直交座標表示を用いるとき，人口シェアの変動が横軸の座標の違いとなって表わされ，年齢階級別のデータが陽表的に識別されるように打点するには，Δp_i を 100 倍して（$\Delta p_i' = 100 \Delta p_i$），パーセント・ポイントに変換しなければならない．

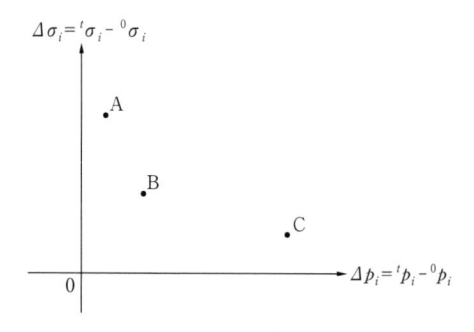

図 2-3 人口シェアの変動と標準偏差の変動（年齢階級別）

人口動態効果は年齢階級別人口シェアの変動と年齢階級別標準偏差の変動の合成であるので，両者の変動の合成を示す尺度としては，原点からの距離 r がふさわしいと考えることもができる．直前で，年齢階級別標準偏差の変動を 100 倍してパーセント・ポイントに変換する必要性を述べたが，距離 r を採用しようとする場合にも，パーセント・ポイントへの変換は妥当であることが明らかになる．デカルト直交座標で表示した原点 $O(0,0)$ から任意の点 $P(x, y)$ までの距離 r は，三平方の定理により，

$$r = \sqrt{x^2 + y^2}$$

である．このとき，横軸の値 x が十分小さければ（$x \to 0$），距離 r は

$$r = \sqrt{y^2}$$

---

[16] 付表 1(a)(b)，付表 2(a)(b) にもとづいて，人口シェアの差を計算すれば，このことは明らかになる．

第2章 所得分布の要因分解式とその応用可能性　　　　　　　　　　45

$$= |y|$$

となる．このために，距離 r は年齢階級別標準偏差の差で一意的に定まり，すべてのデータが縦軸上に打点されて，年齢階級別人口シェアの変動は反映されることがない．このことから，人口シェアの変動は比率の差ではなくて，それをしかるべく増幅する変換を経て計測し直す必要性が生ずる．人口シェアの変動をパーセント・ポイントに変換する理由はここにもある．

しかしながら，人口動態効果の計測指標としては，人口シェアの差をパーセント・ポイントに変換して打点した点から原点までの距離 r をもってしてもその機能を果たすことはできない．

図 2-4 には，原点 $O(0,0)$ を中心に半径 $r=5$ の円が描かれている．したがって，第1象限の点 A と点 A′ について原点からの距離を測ると，そのいずれもが 5 である．しかし，点 A と点 A′ を比較すると，点 A の方が x 座標の値は大きい．このことを所得分布に適用すれば，点 A の方が人口シェアの変動は大きいことを意味する．原点からの距離 5 はこのような点 A と点 A′ の違いを表現しない．このことは他の象限に打点されるデータについても妥当する．

そこで次に，図 2-4 の第1象限の点 A，第2象限の点 B，第3象限の点 C，第4象限の点 D を取り上げる．これらの点のどれをとっても，原点からの距離はすべて 5 である．すなわち，それぞれの点が示す座標の値は，x 軸方向の変化（人口シェアの変動）と y 軸方向の変化（標準偏差の変動）が異なっているにもかかわらず，原点からの距離 r がすべて同一になる．これ

図2-4 x と y の変動と原点からの距離 r

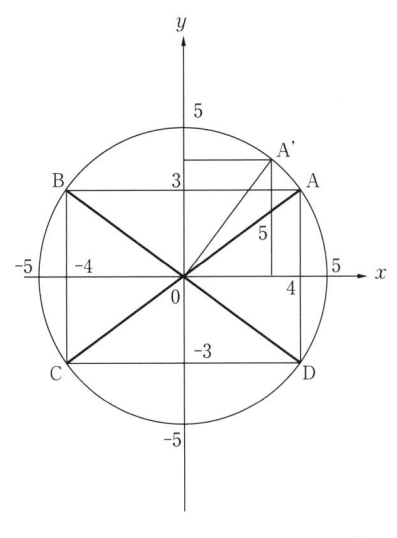

では，距離 r は，人口シェアの変動によってもたらされた格差の変動を計測する指標たり得ない．

(2) 余弦関数と人口動態効果

原点からの距離 r が人口シェアの変動にかんする計測指標として機能を果たしえないので，別の計測指標を構築する必要がある．ここで，横軸の正の部分を基線とし，原点と任意の点を結ぶ直線とその基線がなす角度 θ に注目する．単純化のために，図2-5の第1象限に限定して考察する（$\theta=\theta_1$ の場合）．そこでは，直線 OP の距離 r が同一の場合，角度 θ が小さいほど，横座標の値 x が大きくなり，逆に，θ が大きいほど，横座標の値 x が小さくなっている．横座標の値は人口シェアの変動規模を示すので，角度 θ を人口シェアの変動指標と見なすことができる．

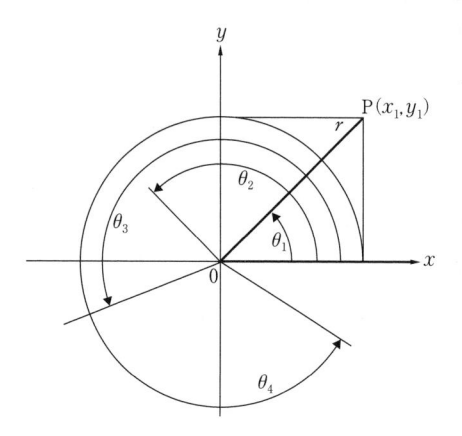

図 2-5 基線からの角度 (θ) と原点からの距離 (r)

そこで，角度 θ が小さいほど，

---

17) 正弦関数（サイン・カーブ）は第1象限では正の値をとる．原点からの距離が同一の場合，Δp_i で示される年齢階級別人口シェアの変動幅（その100倍が横軸の値）が大きくなるとともに，縦軸の値，すなわち年齢階級別標準偏差の寄与分の変動幅（$\Delta \sigma_i$）は小さくなる．このとき余弦関数の値は大きい値を返す．これは，Δp_i の動きと同方向である．これにたいして，正弦関数はシェアの増加に伴って，小さい値を返す．余弦関数も正弦関数もゼロから1までの値をとるので，比較の基準としてふさわしいと考えられるが，横軸の変動の大小との対応関係を勘案して，余弦関数を採用することにした．なお，正接関数（タンジェント・カーブ）の値は，第1象限では上限が無限大となる．他の象限でも，上限と下限が正負の無限大となり，比較の尺度としてはふさわしくない．要するに，人口動態効果の尺度は，第1にシェアと同方向の変化を示すこと，第2には，上限と下限の値が定まっていること，これらの理由から余弦関数を人口動態効果の計測尺度と措定して，考察を進めることにした（表参照）．

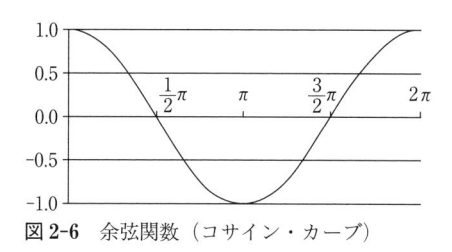

第 2 章　所得分布の要因分解式とその応用可能性　　　　　　　　　　47

図 2-6　余弦関数（コサイン・カーブ） 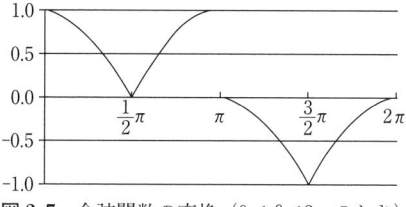　　**図 2-7**　余弦関数の変換（$0<\theta<2\pi$ のとき）

それに対応して大きい値を返す変量があれば，その変量によって人口シェアの変動規模が直接的に計測可能になると期待できる．このような変量として余弦関数（コサイン・カーブ）に着目する[17]（図 2-6）．

第 1 象限では角度 θ が $0<\theta<\frac{1}{2}\pi$ であるから（$\theta=\theta_1$，図 2-5 参照），余弦関数の値は，人口シェアの増減（Δp_i）と同方向に変化していることが認められる（図 2-6）．しかも，第 1 象限では年齢階級別標準偏差の変動（縦軸の値）が正であり，余弦関数の値の符号と同じである．このことから，余弦関数の値をもって，いわゆる人口動態効果の計測指標と見なしうると期待できる．

ところが，第 2 象限 $\left(\frac{1}{2}\pi<\theta<\pi\right)$ では年齢階級別標準偏差の変動が正の値をとるにもかかわらず，人口動態効果の指標と期待された余弦関数の値が負となる（$\theta=\theta_2$，図 2-5，図 2-6 参照）．

第 3 象限 $\left(\pi<\theta<\frac{3}{2}\pi\right)$ については，年齢階級別標準偏差の変動と人口シェアの変動を示す値の符号がいずれも負であるから，増減の変動方向と符号の間には齟齬がない．しかし，第 3 象限においては，角度 θ が大きくなるにつれて，人口シェアの変動規模が小さくなるにもかかわらず，余弦関数の

表　三角関数とその値

	第 1 象限	第 2 象限	第 3 象限	第 4 象限
	$0<\theta<\frac{1}{2}\pi$	$\frac{1}{2}\pi<\theta<\pi$	$\pi<\theta<\frac{3}{2}\pi$	$\frac{3}{2}\pi<\theta<2\pi$
正弦関数	$0<\sin\theta<1$	$1>\sin\theta>0$	$0<\sin\theta<-1$	$-1>\sin\theta>0$
余弦関数	$1>\cos\theta>0$	$0>\cos\theta>-1$	$-1<\cos\theta<0$	$0<\cos\theta<1$
正接関数	$0<\tan\theta<+\infty$	$-\infty<\tan\theta<0$	$0<\tan\theta<+\infty$	$-\infty<\tan\theta<0$

値は大きくなる．すなわち，余弦関数の変動と人口動態効果の増減とは同方向ではない（$\theta=\theta_3$，図2-5，図2-6参照）．

第4象限$\left(\frac{3}{2}\pi<\theta<2\pi\right)$では人口シェアの変動が正であるが，年齢階級別標準偏差の変動は負になる．このことと余弦関数の変化を対照すると，余弦関数の変動と標準偏差の変動との間に齟齬のあることが分かる（$\theta=\theta_4$，図2-5，図2-6参照）．

以上から，第1象限にかんしては余弦関数が人口動態効果の指標として期待されたが，第2象限〜第4象限については期待どおりの機能を果たし得ないことが明らかになった．

そこで，この困難を回避する目的で人口シェアの変動と標準偏差の符号との対応関係が反映されるように，余弦関数を変換する．第2象限については，横軸（$\cos\theta=0$）にかんして対称移動する．第3象限と第4象限については，第1象限と第2象限にかんする曲線を正の方向にπだけ平行移動し，さらに縦軸のマイナス方向に1だけ平行移動する．この変換によって，図2-7が描かれる．

ここで，次のように仮定する．すなわち，①比較時点における総変動が基準時点よりも大きくなるとき（${}^t\sigma>{}^0\sigma$），x座標（人口シェアの変動）の値とy座標の値（年齢階級別標準偏差の変動）の組(x,y)が第1象限と第3象限だけにプロットされる（図2-8(a)）．②他方で，比較時点における総変動が基準時点よりも小さくなるとき（${}^t\sigma<{}^0\sigma$），x座標の値とy座標の値の組(x,y)が第2象限と第4象限だけにプロットされる（図2-8(b)）．

このような仮定のもとでは，図2-7から関連する象限に対応する曲線を抜き出す．そして，${}^t\sigma>{}^0\sigma$のときには$0<\theta<\frac{1}{2}\pi$（第1象限）と$\pi<\theta<\frac{3}{2}\pi$（第3象限）に対応する曲線を抽出し（図2-9(a)），${}^t\sigma<{}^0\sigma$のときには$\frac{1}{2}\pi<\theta<\pi$（第2象限）と$\frac{3}{2}\pi<\theta<2\pi$（第4象限）に対応する曲線を抽出すれば（図2-9(b)），それぞれの曲線は${}^t\sigma>{}^0\sigma$と${}^t\sigma<{}^0\sigma$という2通りの場合における人口動態効果の計測指標として活用することができると期待される．

そこで，基準時点における総変動（当該時点における全年齢階級にかんす

図 2-8(a)　$^t\sigma > {}^0\sigma$ のとき　　　　図 2-8(b)　$^t\sigma < {}^0\sigma$ のとき

図 2-9(a)　余弦関数の変換（1）　　　図 2-9(b)　余弦関数の変換（2）
$\left(0<\theta<\frac{1}{2}\pi \text{ および } \pi<\theta<\frac{3}{2}\pi \text{ のとき}\right)$　$\left(\frac{1}{2}\pi<\theta<\pi \text{ および } \frac{3}{2}\pi<\theta<2\pi \text{ のとき}\right)$

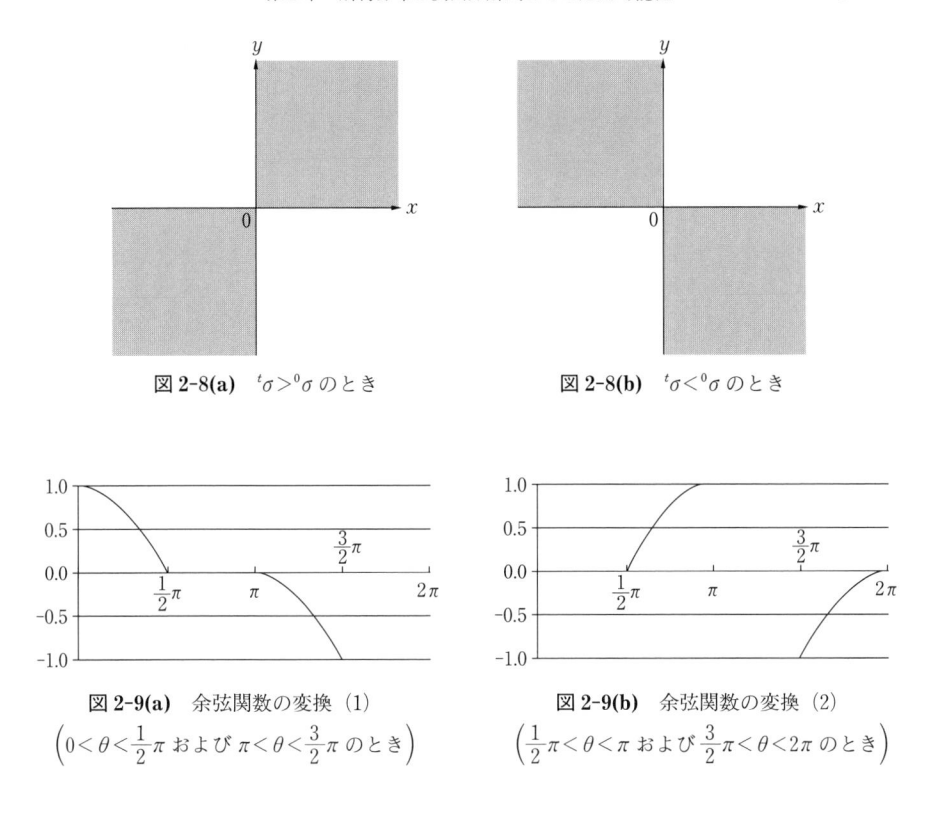

る標準偏差）と比較時点における総変動（当該時点における全年齢階級にかんする標準偏差）の大小関係に応じて，横軸の値（人口シェアの変動規模：$(\varDelta p_i = {}^t p_i - {}^0 p_i)$ の 100 倍）と縦軸の値（年齢階級別標準偏差の変動規模：$\varDelta \sigma_i = {}^t \sigma_i - {}^0 \sigma_i$）が如上の仮定どおりに散布するかどうかを数学的に検討する．

(3) 年齢階級別人口シェアの変動と総変動の差にたいする年齢階級別寄与分との間の数学的関係

① $^t\sigma > {}^0\sigma$ の場合

(a) $\varDelta p_i' = \left(\dfrac{{}^t k_i}{{}^t N} - \dfrac{{}^0 k_i}{{}^0 N}\right) \times 100 > 0$ のとき，$\dfrac{{}^t k_i}{{}^t N} > \dfrac{{}^0 k_i}{{}^0 N}$ なので

$$\Delta\sigma_i = \frac{{}^tk_i}{{}^tN}{}^t\sigma - \frac{{}^0k_i}{{}^0N}{}^0\sigma > 0$$

よって $\Delta\sigma_i$ は第1象限に落ちる.

(b) $\Delta p_i' = \left(\frac{{}^tk_i}{{}^tN} - \frac{{}^0k_i}{{}^0N}\right) \times 100 = 0$ のとき, $\frac{{}^tk_i}{{}^tN} = \frac{{}^0k_i}{{}^0N} = p_c$ なので

$$\Delta\sigma_i = \frac{{}^tk_i}{{}^tN}{}^t\sigma - \frac{{}^0k_i}{{}^0N}{}^0\sigma$$

$$= p_c({}^t\sigma - {}^0\sigma) \geqq 0$$

よって $\Delta\sigma_i$ は y 軸上の非負の値になる.

(c) $\Delta p_i' = \left(\frac{{}^tk_i}{{}^tN} - \frac{{}^0k_i}{{}^0N}\right) \times 100 < 0$ のとき, $\frac{{}^tk_i}{{}^tN} < \frac{{}^0k_i}{{}^0N}$ なので

$$\Delta\sigma_i = \frac{{}^tk_i}{{}^tN}{}^t\sigma - \frac{{}^0k_i}{{}^0N}{}^0\sigma \leqq 0$$

よって $\Delta\sigma_i$ は第2象限, 第3象限に落ちる (境界線を含む).

② ${}^t\sigma < {}^0\sigma$ の場合

(a) $\Delta p_i' = \left(\frac{{}^tk_i}{{}^tN} - \frac{{}^0k_i}{{}^0N}\right) \times 100 > 0$ のとき, $\frac{{}^tk_i}{{}^tN} > \frac{{}^0k_i}{{}^0N}$ なので

$$\Delta\sigma_i = \frac{{}^tk_i}{{}^tN}{}^t\sigma - \frac{{}^0k_i}{{}^0N}{}^0\sigma \leqq 0$$

よって $\Delta\sigma_i$ は第1象限, 第4象限に落ちる (境界線を含む).

(b) $\Delta p_i' = \left(\frac{{}^tk_i}{{}^tN} - \frac{{}^0k_i}{{}^0N}\right) \times 100 = 0$ のとき, $\frac{{}^tk_i}{{}^tN} = \frac{{}^0k_i}{{}^0N} = p_c$ なので

$$\Delta\sigma_i = \frac{{}^tk_i}{{}^tN}{}^t\sigma - \frac{{}^0k_i}{{}^0N}{}^0\sigma$$

$$= p_c({}^t\sigma - {}^0\sigma) \leqq 0$$

よって $\Delta\sigma_i$ は y 軸上の非正の値になる.

(c) $\Delta p_i' = \left(\frac{{}^tk_i}{{}^tN} - \frac{{}^0k_i}{{}^0N}\right) \times 100 < 0$ のとき, $\frac{{}^tk_i}{{}^tN} < \frac{{}^0k_i}{{}^0N}$ なので

$$\Delta\sigma_i = \frac{{}^tk_i}{{}^tN}{}^t\sigma - \frac{{}^0k_i}{{}^0N}{}^0\sigma < 0$$

よって $\Delta\sigma_i$ は第3象限に落ちる.

③ ${}^t\sigma = {}^0\sigma$ ($\therefore {}^t\sigma = {}^0\sigma = \sigma_c$) の場合

  (a) $\Delta p_i' = \left(\dfrac{{}^t k_i}{{}^t N} - \dfrac{{}^0 k_i}{{}^0 N}\right) \times 100 > 0$ のとき，$\dfrac{{}^t k_i}{{}^t N} > \dfrac{{}^0 k_i}{{}^0 N}$ なので

$$\Delta \sigma_i = \frac{{}^t k_i}{{}^t N}{}^t\sigma - \frac{{}^0 k_i}{{}^0 N}{}^0\sigma$$

$$= \left(\frac{{}^t k_i}{{}^t N} - \frac{{}^0 k_i}{{}^0 N}\right)\sigma_c > 0$$

    よって $\Delta\sigma_i$ は第 1 象限に落ちる．

  (b) $\Delta p_i' = \left(\dfrac{{}^t k_i}{{}^t N} - \dfrac{{}^0 k_i}{{}^0 N}\right) \times 100 = 0$ のとき，$\dfrac{{}^t k_i}{{}^t N} = \dfrac{{}^0 k_i}{{}^0 N} = p_c$ なので

$$\Delta \sigma_i = \frac{{}^t k_i}{{}^t N}{}^t\sigma - \frac{{}^0 k_i}{{}^0 N}{}^0\sigma$$

$$= p_c \sigma_c - p_c \sigma_c$$

$$= 0$$

    よって $\Delta\sigma_i$ は原点に落ちる．

  (c) $\Delta p_i' = \left(\dfrac{{}^t k_i}{{}^t N} - \dfrac{{}^0 k_i}{{}^0 N}\right) \times 100 < 0$ のとき，$\dfrac{{}^t k_i}{{}^t N} < \dfrac{{}^0 k_i}{{}^0 N}$ なので

$$\Delta \sigma_i = \frac{{}^t k_i}{{}^t N}{}^t\sigma - \frac{{}^0 k_i}{{}^0 N}{}^0\sigma$$

$$= \left(\frac{{}^t k_i}{{}^t N} - \frac{{}^0 k_i}{{}^0 N}\right)\sigma_c < 0$$

    よって $\Delta\sigma_i$ は第 3 象限に落ちる．

以上を表にまとめる（表2-9）．総変動が2時点間で不変（${}^t\sigma = {}^0\sigma$）の場合には，データの組（$\Delta p_i'$, $\Delta\sigma_i$）が第1象限と第3象限だけにしか落ちないので，図2-9(a)が適用できる．しかし，それ以外の場合（${}^t\sigma > {}^0\sigma$ と ${}^t\sigma < {}^0\sigma$）には，年齢階級別のデータはさまざまな象限に落ちる．したがって，角度 θ があたえる余弦関数の値は，たとえ変換したとしても，人口動態効果の指標としての機能を果たすことができない．

${}^t\sigma > {}^0\sigma$ の場合を取り上げて，さらにこのことの含意を考えてみる．表2-9は，第1象限（この領域のデータは人口シェアが2時点間で上昇したことを示す）と第2象限・第3象限（人口シェアが下落したことを示す）にデータ

表 2-9 年齢階級別人口シェア ($\Delta p_i'$) と年齢階級別標準偏差の変動 ($\Delta\sigma_i$) の組 (Δp_i, $\Delta\sigma_i$) の領域 (2時点間の総変動の規模別)

	第1象限	第2象限	第3象限	第4象限
${}^t\sigma > {}^0\sigma$	○	○	○	
${}^t\sigma = {}^0\sigma$	○		○	
${}^t\sigma < {}^0\sigma$	○		○	○

注：σ は全年齢階級の標準偏差．

が打点される可能性を示している．そして，変換後の余弦関数の値を示す図2-7によれば，第1象限のデータと第2象限の異なるデータが，同一の縦軸の値を返しうることを示している．すなわち，人口シェアの変動規模が異なっているにもかかわらず，人口動態効果の指標として期待される余弦関数の値が同一となる可能性は排除されない．このような場合には，人口動態効果の指標として期待される余弦関数の値が，その期待どおりの機能を果たすことはできない．似たようなことは，${}^t\sigma < {}^0\sigma$ の場合にも第3象限のデータと第4象限のデータで起こりうる．これらのことは，${}^t\sigma > {}^0\sigma$ のときにデータが第2象限にも打点される可能性があり，${}^t\sigma < {}^0\sigma$ のときには第4象限にも打点される可能性があるからである．

基準時点と比較時点における総変動の大小関係にかかわらず，データが第1象限と第3象限だけに打点されるならば，図2-9(a)に示す変換済みの余弦関数の値は人口動態効果を計測する指標と見なしうる．しかし，以上に述べた理由から，さしあたり人口動態効果を計測するための単一指標の構築は断念せざるをえず，その構築は今後の課題として残される．しかし，単一指標を提示できないということは，人口動態効果を計測できないとい

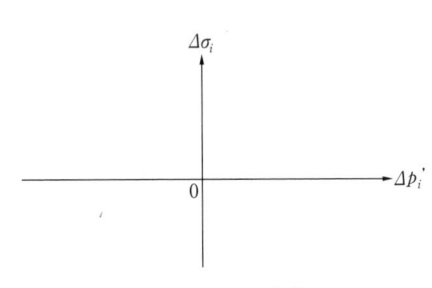

図 2-10 人口シェアの変動 $\left(\Delta p_i' = \left(\dfrac{{}^t k_i}{{}^t N} - \dfrac{{}^0 k_i}{{}^0 N}\right) \times 100\right)$ と年齢階級別寄与分の変動 $\left(\Delta\sigma_i = \dfrac{{}^t k_i}{{}^t N}{}^t\sigma - \dfrac{{}^0 k_i}{{}^0 N}{}^0\sigma\right)$ の領域

うことを意味するものではない．ここでは，これまでの考察にもとづいて，図 2-10 のようなグラフ法とともに，デカルト直交座標表示と極座標表示[18]との併用を提唱したい（表 2-10）．

表 2-10　人口動態効果の計測指標

第 1 象限			第 2 象限			第 3 象限			第 4 象限		
年齢階級	デカルト直交座標	極座標	年齢階級	デカルト直交座標	極座標	年齢階級	デカルト直交座標	極座標	年齢階級	デカルト直交座標	極座標

注記：表 2-9 が示すように，特定期間にかんする年齢階級別のデータの組がすべての象限について表章されることはない．

　なお，表 2-9 が示すように，基準時点の総変動 $^0\sigma$ と比較時点における $^t\sigma$ との大小関係のいかんにかかわらず，第 2 象限と第 4 象限にデータの組（$\Delta p'_i, \Delta \sigma_i$）が同時にプロットされることはない．このことから関連データの組にたいする回帰直線の傾きの符号は正であることが分かる．これについては第 5 章で改めて取り扱う．

---

[18]　デカルト直交座標表示と極座標表示との対応は次のように図示できる．

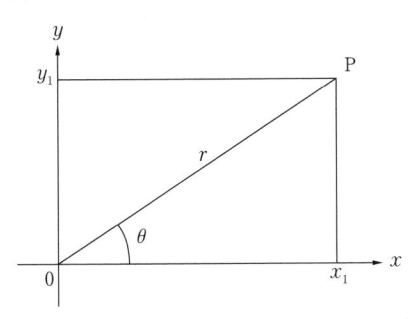

図　点 P の座標（デカルト直交座標表示：(x_1, y_1)；極座標表示 (r, θ)）

おわりに

以上，本章では所得格差の変動にたいして果たす人口動態効果の計測指標として使用される平均対数偏差の有効性を検討した．そして，その難点を回避する可能性をもつ測度として標準偏差に着目した．本章で措定した課題が人口動態効果の計測指標を新たに構築することにあったので，この課題に即して，その考察結果を箇条書きにして要約する．

1. 標準偏差で計測した特定調査年の総変動にたいする年齢階級別寄与分を計測することによって年齢階級別の相対的重要性を秤量できる．
2. 特定調査年における年齢階級別人口シェアの数値を比較時点における人口シェアとして用いることによって（2時点間で人口シェアに変動がなかったと仮定することによって），年齢階級別の仮想的寄与分をもとめることができる．この仮想値と現実値を比較すれば，人口動態効果が計測可能と期待される．
3. 上述した総変動にかんしては，2時点間におけるその差を計測し，その差にたいする年齢階級別寄与分を調べることができる．そのことによって年齢階級別の相対的重要性が秤量可能となる．
4. 前項に述べた2時点間の総変動の差を計測するにあたっては，2で述べた仕方・様式を採用して，仮想値をもとめることができる．この仮想値と現実値を比較することによって，人口動態効果を計測できると期待される．
5. 上記2と3で述べた手法はいずれも仮想値を計算するにあたって比較時点の年齢階級別人口シェアを採用している．したがって，人口動態効果を計測する計算式には年齢階級別人口シェアが陰伏しているのであって，人口シェアの変動は陽表的には取り扱われてはいない．このことから，総変動の差にたいして果たす年齢階級別寄与分と年齢階級別人口シ

ェアの変動とを直接的に対応させて,人口動態効果を計測するという方式を構想した.

以下,3つの章では上記の手法を全国消費実態調査結果（1989年,1994年,1999年,2004年のミクロデータ）に適用した分析を行う.より具体的には,上記第1項と第2項は第3章で,第3項と第4項は第4章で,そして第5項は第5章で取り扱うこととする.

資料　年間収入の調査表

㊙ 指定統計第97号　総務省統計局
平成16年全国消費実態調査
年収・貯蓄等調査票
平成16年11月末日現在

この調査票の内容は、統計以外の目的、例えば課税などの資料には絶対使用しませんから、ありのままを記入してください。

（記入のしかた）
・該当する□の枠内には数字を1文字ずつ記入してください。
・記入には黒の鉛筆を使用し、間違えた場合は消しゴムできれいに消してください。

数字の記入例：0 1 2 3 4 5 6 7 8 9

※この調査票は機械にかけますので、汚したり 折ったり 丸めたりしないでください。

I 年間収入について

あなたの世帯の過去1年間（平成15年12月から16年11月）の年間収入（税込み）はだいたいどれくらいになりますか。
● 退職金、土地・家屋、株式などの財産売却によって得た収入及び相続した預貯金など一時的な収入は除いてください。
● 収入のある各世帯員について収入の種類ごとに金額を記入してください。
● だれの分かはっきりしないものは、世帯主の分に含めて記入してください。
● 他の世帯員は、③、④のそれぞれ該当する世帯員の合計を記入してください。

収入の種類	①世帯主	②世帯主の配偶者	他の世帯員 ③65歳以上	他の世帯員 ④65歳未満
(1) 勤め先からの年間収入 ※1	万円	万円	万円	万円
(2) 農林漁業収入 ※2	万円	万円	万円	万円
(3) 農林漁業以外の事業収入 ※3	万円	万円	万円	万円
(4) 内職などの年間収入 ※4	万円	万円	万円	万円
(5) 家賃・地代の年間収入	万円	万円	万円	万円
(6) 公的年金・恩給	万円	万円	万円	万円
(7) 企業年金・個人年金受取金	万円	万円	万円	万円
(8) 利子・配当金	万円	万円	万円	万円
(9) 親族などからの仕送り金	万円	万円	万円	万円
(10) その他の年間収入	万円	万円	万円	万円
(11) 現物消費の年間見積り額 ※5	万円			

〈 裏面へ続く 〉

（記入上の注意点）
※1　毎月支給される本給、扶養手当、役付手当のほか、超過勤務手当、出来高歩合金、賞与・その他の臨時収入などを含めた勤め先からの収入総額を記入してください。事業経営のかたわら勤めている人の場合、その勤め先からの収入もここに記入してください。
※2　米、野菜、果物、魚などの農林水産物の売上高から、農機具、肥料、飼料、漁網などの材料費、支払労賃、事業税、固定資産税などの経営上の諸経費を差し引いた純益を記入してください。
※3　売上高から、仕入高、原材料費、人件費、消耗品費、事業税、固定資産税などの経営上の諸経費を差し引いた純益を記入してください。
※4　勤め先、事業からの収入以外の収入で、原稿執筆、個人教授、手内職などにより働いて得た収入は、いずれも材料費などの経費を差し引いた純益を記入してください。
※5　米、野菜、魚、卵などの自家産物や自分の店の商品を、過去1年間に家計で消費した分の見積り額を記入してください。

第 2 章　所得分布の要因分解式とその応用可能性

6

2　貯蓄現在高について

あなたの世帯では，平成16年11月末日現在で貯蓄はいくらありますか。
- 次の貯蓄の種類ごとに現在高を記入してください。
- ここでいう貯蓄には，家計用だけでなく個人営業のための分も含めます。
- 勤労者財産形成貯蓄に加入している場合は，それぞれ該当する貯蓄の種類に含めて記入してください。

（億）千　百　十　一

(1) 郵便局
- 定額・定期・積立貯金 ……… 万円
- 通　常　貯　金 ……… 万円

(2) 銀　行／信用金庫・信用組合／農業協同組合／労　働　金　庫／その他の金融機関
- 定期預金・定期積金 ……… 万円
- 普通・当座預金　その他の預金 ……… 万円

(3) 生命保険　損害保険　簡易保険（保険商品・年金商品）……… 万円
（加入してからの払込総額）　※掛け捨ての保険は含めません

(4) 貸付信託　金銭信託（額面）……… 万円

(5) 株式・株式投資信託（時価）……… 万円

(6) 債券（額面）　公社債投資信託（時価）……… 万円

(7) その他（社内預金など）……… 万円
　　名称を具体的に記入してください

(8) 合　　　　　　計 ……… 万円

(9) 上記(8)のうち年金制度が組みこまれている貯蓄 ……… 万円

(10) 上記(8)のうち外貨預金・外債 ……… 万円

この調査票は機械にかけますので　汚したり　折ったり　丸めたりしないでください

3　借入金残高について

あなたの世帯では，平成16年11月末日現在で借入金あるいは月賦・年賦の未払残高がありますか。
- 借入金の種類ごとに残高を記入してください。
- ここでいう借入金には，家計用だけでなく個人営業のための分も含めてください。

（億）千　百　十　一

(1) 月賦・年賦の未払残高 ……… 万円
※乗用車，電化製品などの耐久消費財や衣類などを
月賦・年賦（分割払い）で購入した場合の未払残高

(2) 住宅の購入・建築・増改築　土地の購入のための借入金残高 ……… 万円

(3) (1)及び(2)以外の借入金残高 ……… 万円

記入が済みましたら，もう一度内容を確かめて，別にお配りした封筒に入れ，密封して，調査員にお渡しください。ご協力ありがとうございました。

出所：『2004年全国消費実態調査報告』第1巻，p. 29以下．

第3章
年齢階級別所得の分布特性と要因分解

はじめに

　格差拡大は，拡差の大きい高齢者層が総人口に占める割合の増大によるのであって，「見かけ上」にすぎないとする見解の吟味を目的として，匿名データ（全国消費実態調査，1989年，1994年，1999年，2004年）の利用を申請した．それは，（独）統計センターのサテライト機関である法政大学日本統計研究所を経由して提供された．このミクロデータから「年間収入」を取り上げ，年齢階級別に所得分布を要因分解する機会を得た．独自集計による統計表は，本書の末尾に一括した．

　格差分析にはさまざまな手法が考案されている．若干の計測指標を用いて具体的に分析する前に，次の点を確認する．それは，1989年から2004年までの15年間で，年齢階級別人口構成（人口シェア）が変化し，とくに65歳以上年齢階級の人口シェアが増大したことである．本章考察の劈頭で，人口構成の変化を概観する．

　単身世帯では元々65歳以上年齢階級の人口シェアが大きかったが（図3-1(b)），二人以上世帯においても次第に人口シェアが高まり，2004年にはその構成比が最大となった（図3-1(a)）．

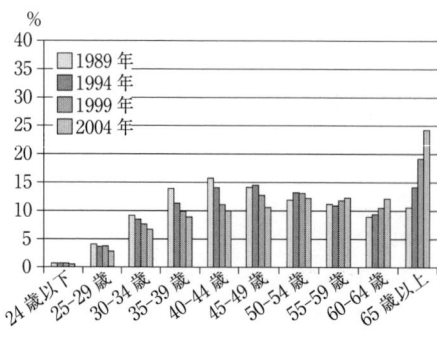

図 3-1(a) 年齢階級別人口シェア
（二人以上世帯，1989 年～2004 年）
出所：付表 1(a)

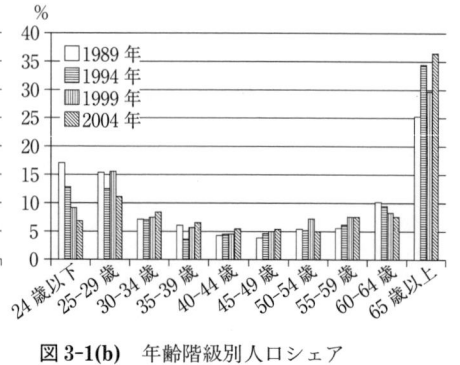

図 3-1(b) 年齢階級別人口シェア
（単身世帯，1989 年～2004 年）
出所：付表 1(b)

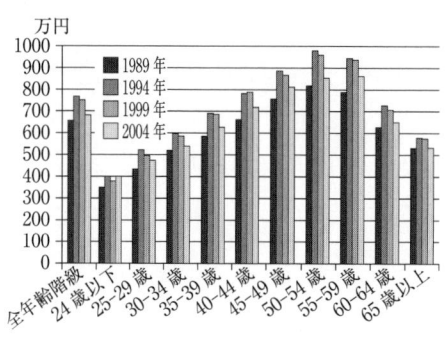

図 3-2(a) 年齢階級別相加平均
（二人以上世帯）
出所：付表 2(a)

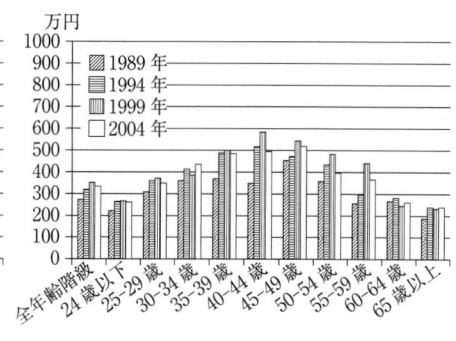

図 3-2(b) 年齢階級別相加平均
（単身世帯）
出所：付表 2(b)

1. 相加平均，標準偏差，擬似標準偏差

(1) 相加平均

　年齢階級別に「年間収入」の相加平均を見ると，調査年を問わず二人以上世帯（図3-2(a)）と単身世帯（図3-2(b)）のいずれについても，65歳以上年齢階級がとくに高いとは言い難い．

(2) 標準偏差

標準偏差は，個別値と平均値（相加平均）との偏差にかんする二乗和をデータの個数で除して得られる分散の平方根である．したがって，標準偏差は相加平均を基準として，「年間収入」の年齢階級別分布を比較するときの計測指標となる．特定の年齢階級を1つのグループとして部分集団を構成したとき，標準偏差の値が大きいほど，年齢階級内格差が大きい[1]．

格差の規模を標準偏差で計測すれば，二人以上世帯では24歳以下年齢階級，40-44歳年齢階級，50-54歳年齢階級を除く全年齢階級で1994年をピークに格差が縮小する傾向を検出できる（図3-3(a))．単身世帯においては，1999年に較べて2004年では格差が総じて縮小する傾向にあるが，24歳以下年齢階級では2004年がピークとなっていて，世帯類型ごとに異なった様相を呈している（図3-3(b))．

二人以上世帯に戻って見ると，傾向的には，55-59歳年齢階級をピークにして，その年齢階級の前後では格差が縮小傾向にある．とくに65歳以上年

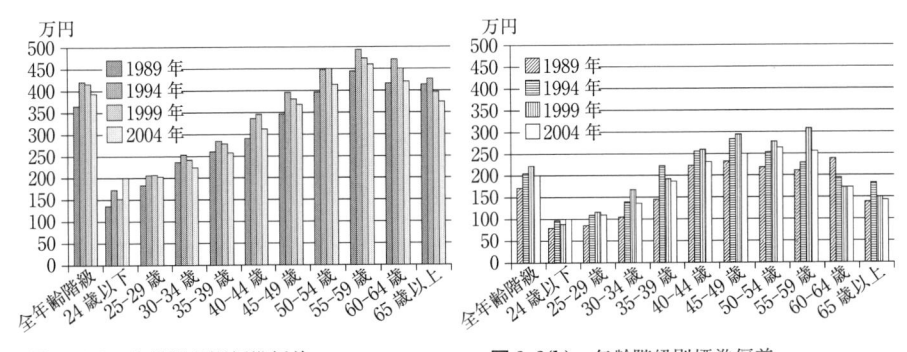

図 3-3(a)　年齢階級別標準偏差
　　　　　（二人以上世帯，1989 年～2004 年）
出所：付表 3(a)

図 3-3(b)　年齢階級別標準偏差
　　　　　（単身世帯，1989 年～2004 年）
出所：付表 3(b)

---

1) 通常の分散をもとめるときには，平均偏差の二乗和を項数 n で割る．しかし，本書における年齢階級別標準偏差は，$(n-1)$ で除した不偏分散の平方根である．ただし，匿名個票データのように標本の大きさが十分に大きい場合には，不偏標本分散（したがって不偏標準偏差）の値と n で除した分散（標準偏差）とは同一と見なしてよいほど似た値が得られる．

齢階級の標準偏差によると，格差は小さいとは言い難いが，それでも他の年齢階級と較べて突出して大きいということはない．

単身世帯については，ピークとなる年齢階級が 1999 年では二人以上世帯と同様に 55-59 歳年齢階級である．しかし，1989 年と 1994 年では 45-49 歳年齢階級が，また 2004 年には 50-54 歳年齢階級がピークであり，二人以上世帯とは異なった動きをしている．単身世帯における 65 歳以上年齢階級の格差が突出して大きいとは言い難いことは，二人以上世帯と同じである．

それでもなお，65 歳以上年齢階級が全年齢階級における格差拡大の主因と言われるのはなぜであろうか．この点は後に考察する．

(3) 擬似標準偏差

ここに擬似標準偏差（seudo-standard deviation）とは，全年齢階級にかんする「年間収入」の総平均を基準にして，それと個別値との偏差二乗和の相加平均（擬似分散（pseudo-variance））の平方根である．これによって，年齢階級別の平均ではなくて，全年齢階級の総平均を統一的な基準として，年齢階級別「年間収入」の格差が計測できる[2]．

二人以上世帯の擬似標準偏差の年齢階級別分布の形状は波形である（図 3-

---

2) 第 i 年齢階級の擬似標準偏差 $^p\sigma_i$ は，第 i 年齢階級の擬似不偏分散 $^p\sigma_i^2$ の平方根である．$^p\sigma_i^2$ は次式で定義される．

$$^p\sigma_i^2 = \frac{1}{k_i-1}\sum_{j=1}^{k_i}(x_j-\bar{x})^2$$

ただし，k_i は第 i 年齢階級に落ちる世帯数，x_j は第 i 階級に落ちる第 j 番目の世帯の「年間収入」，$\bar{x}$ は全年齢階級の「年間収入」の相加平均（総平均）

したがって，

$$^p\sigma_i = \sqrt{^p\sigma_i^2}$$

である．

また，全年齢階級の擬似不偏分散 $^p\sigma^2$ は，

$$^p\sigma^2 = \frac{1}{N-1}\sum_{i=1}^{N}(x_i-\bar{x})^2$$

であり，全年齢階級の擬似標準偏差は，

$$^p\sigma = \sqrt{^p\sigma^2}$$

である．

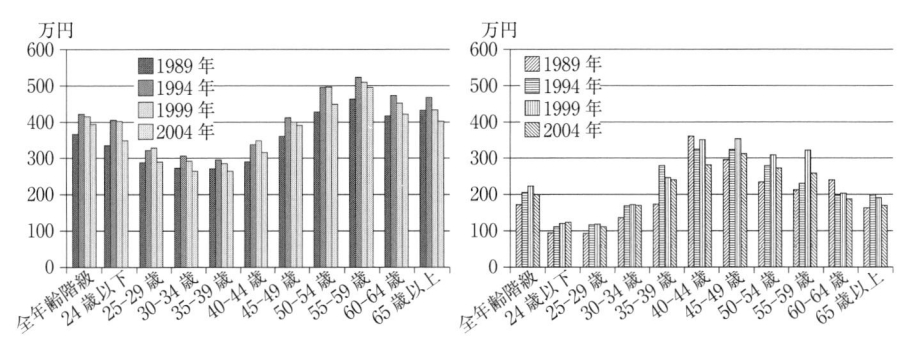

図 3-4(a) 年齢階級別擬似標準偏差
（二人以上世帯，1989 年～2004 年）
出所：付表 4(a)

図 3-4(b) 年齢階級別擬似標準偏差
（単身世帯，1989 年～2004 年）
出所：付表 4(b)

4(a)）．単身世帯は単峰形を示し（図 3-4(b)），世帯類型によって年齢階級別の格差構造が異なっていることが分かる．しかしながら，年齢階級別擬似標準偏差を計測しても，世帯類型を問わず，とくに 65 歳以上年齢階級の格差が他の年齢階級に較べて突出していることはない．

2. ジニ係数，平均差

ジニ係数と平均差の値も，65 歳以上年齢階級の格差は他の年齢階級に較べて突出した大きさを示さない．

(1) ジニ係数

「年間収入」の年齢階級別格差は，（擬似）標準偏差だけで計測されるのではない．ジニ係数は，所得格差の計測指標として定番と見なされていると言っても過言ではない．そこで，ジニ係数によれば，年齢階級別格差がどのように計測されるかを次頁のグラフによって調べることにする[3]．

全年齢階級については，二人以上世帯ではジニ係数は傾向的に増大してい

---

[3] 全国消費実態調査の結果報告書でもジニ係数が表章されているが，そこではシンプソンの近似式が用いられている．ここで採用したジニ係数 G の計算式は

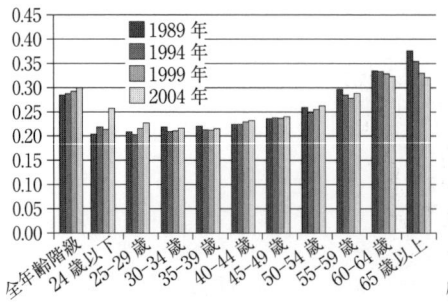

図3-5(a) 年齢階級別ジニ係数
（二人以上世帯，1989年〜2004年）
出所：付表5(a)

図3-5(b) 年齢階級別ジニ係数
（単身世帯，1989年〜2004年）
出所：付表5(b)

るが，単身世帯では1989年から1999年までの増大傾向が2004年には反転して，格差が縮小した．

ここでは，もっとも最近の2004年について年齢階級別に見る．二人以上世帯では24歳以下年齢階級，25-29歳年齢階級，40-44歳年齢階級，45-49歳年齢階級，50-54歳年齢階級で格差が最大になった．これにたいして，60-64歳年齢階級，65歳以上年齢階級では，2004年で格差が最小となり，全年齢階級の動向とは逆に，格差が縮小する傾向にある（図3-5(a)）．高齢者層で格差が拡大したとは言い難い．

65歳以上年齢階級の単身世帯についても，同様に2004年のジニ係数はそ

$$G = \frac{1}{(n-1)A_n} \sum_{l=1}^{s}(i_{l-1}+i_l-1)f_l x_l - 1$$

n ：個体の総数
A_n ：個体の数量的規定性（ジニのいわゆる強度）の総和
i ：階級内強度の度数
l ：強度階級の順位（昇順）
s ：強度階級の総数
f_l ：第 l 階級の個体の度数
x_l ：第 l 階級の個体の強度

である．これは，ジニが初めて集中比（後のジニ係数のこと）を計算したときに採用した計算式である（木村和範『ジニ係数の形成』北海道大学出版会，2008年，第6章）．

れ以前のどの調査年よりも小さくなっている（図3-5(b)）.

(2) 平均差

ジニ係数 G は

$$G = \frac{\Delta}{2\bar{x}} \tag{1}$$

ただし，Δ は平均差（「年間収入」x を2世帯ずつ組み合わせ（x_u と x_v），そのすべてについて $d_{v-u}=(x_v-x_u)\geqq 0$ を計算したときにもとめられる d_{v-u} の相加平均），$\bar{x}$ は「年間所得」の（年齢階級別）総平均

によっても定義される[4]．

　平均差 Δ は「年間収入」を2世帯ずつ組み合わせることによって計算されるが，そのような組み合わせは膨大な数に上る．このために，平均差を算出するには困難が伴うとされる．しかし，(1)式から

$$\Delta = 2\bar{x}G \tag{2}$$

を誘導すると，平均差 Δ は容易にもとめることができる．総平均 $\bar{x}$ は計算済みであるし，ジニ係数 G もすでに計算してあるから，それぞれの値を(2)式に代入すれば，平均差 Δ を得ることができる．

---

[4] ジニ係数には，パイの大きさを問わず，分配されるパイの相対的な割合にもとづいて格差を計測するという特徴がある．このことから，たとえローレンツ曲線を併用しても，ジニ係数の値の変化が実質的に何を反映する指標であるのかが分かりにくいと指摘されている．確かにジニ係数にはそのような特質がある．ジニ係数 G の定義式

$$G = \frac{\lambda}{\frac{1}{2}}$$

　ただし，λ は所得均等直線(45度線)とローレンツ曲線とで囲まれた三日月形の図形の面積．

は，このような指摘と整合する．
　上の定義式にたいして，(1)式はジニ係数が総平均と平均差に分解されることを示している．この式を用いることによって，ジニ係数の変動が総平均の変動によるものか，平均差の変動によるものか，あるいはその合成であるのかを調べることができる．

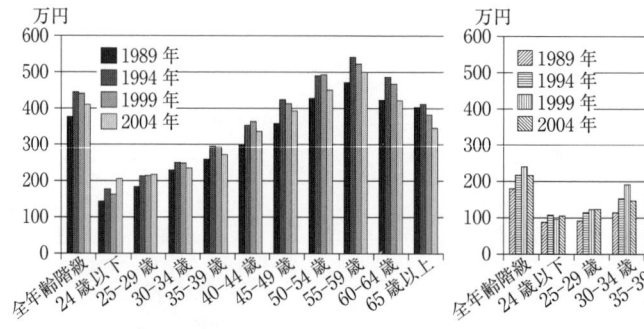

図 3-6(a) 年齢階級別平均差
(二人以上世帯, 1989年〜2004年)
出所:付表6(a)

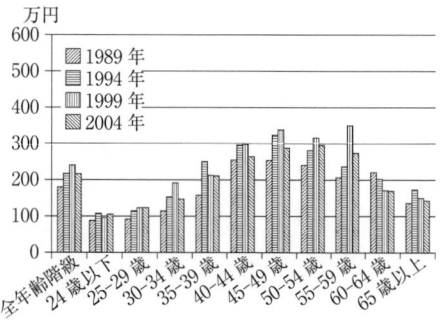

図 3-6(b) 年齢階級別平均差
(単身世帯, 1989年〜2004年)
出所:付表6(b)

ミクロデータから算出した平均差を年齢階級別に示せば,次頁のようになる.これを見ると,二人以上世帯(図 3-6(a))と単身世帯(図 3-6(b))のいずれについても,高齢者層の格差(平均差)が,言われるほど他の年齢階級に較べて突出して大きいということは確認できない.

3. 相加平均にたいする年齢階級別の寄与

(1) 年齢階級別の寄与分・寄与率

たとえば 2004 年における「年間収入」(二人以上世帯)の総平均は 682 万円であった(付表 2(a)).この総平均にたいして各年齢階級がどれだけ寄与しているかを計測する要因分解式は次のとおりである(35 頁).

$$\bar{x} = \sum_{i=1}^{m} \frac{k_i}{N} \bar{x}_i \tag{3}$$

ただし,$\bar{x}$:総平均
N:総世帯数
k_i:第 i 年齢階級の世帯数
m:年齢階級の個数
$\bar{x}_i$:第 i 年齢階級の相加平均

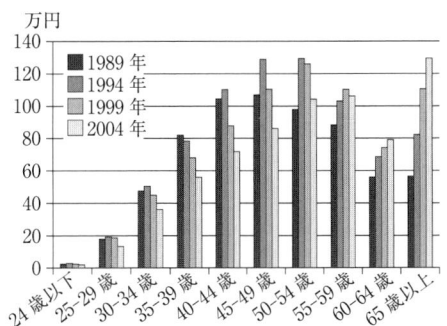

第 3 章　年齢階級別所得の分布特性と要因分解

図 3-7(a)　総平均にたいする年齢階級別の寄与分
（二人以上世帯，1989 年～2004 年）
注記：「年間収入」の調査年別総平均は次のとおり．
　1989 年：658 万円；1994 年：770 万円；1999 年：751 万円；2004 年：682 万円
出所：付表 7(a)

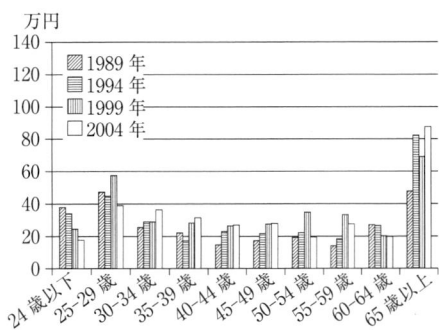

図 3-7(b)　総平均にたいする年齢階級別の寄与分
（単身世帯，1989 年～2004 年）
注記：「年間収入」の調査年別総平均は次のとおり．
　1989 年：274 万円；1994 年：319 万円；1999 年：350 万円；2004 年：333 万円
出所：付表 7(b)

　上式によって計算した結果を示したのが次頁のグラフである（図 3-7(a)(b)）．二人以上世帯については，寄与分が増大する傾向にあるのは，60-64 歳以上年齢階級と 65 歳以上年齢階級であり，単身世帯では 30-34 歳年齢階級，35-39 歳年齢階級，40-44 歳年齢階級，45-49 歳年齢階級，65 歳以上年齢階級がそうである．また，単身世帯では 65 歳以上年齢階級の寄与分が 1989 年から 2004 年までの間，どの調査年についても，他の年齢階級に較べて最大となっている．

　次に，年齢階級別の相対的な寄与（寄与率）を調べてみる．図 3-7(a)(b)と同じ表示形式による混同の弊を回避する目的で，折れ線グラフを採用する．次頁のグラフ（図 3-8(a)(b)）を見ても，世帯類型を問わず，65 歳以上年齢階級が総平均に大きな寄与を果たしていることが分かる．

　しかしながら，二人以上世帯と単身世帯とでは変動傾向が異なるので，世帯類型を一括して云々することはできない．二人以上世帯について，とくに 1989 年と 2004 年における 65 歳以上年齢階級とその他の年齢階級を較べてみる．1989 年において 65 歳以上年齢階級は，寄与率が大きな年齢階級では

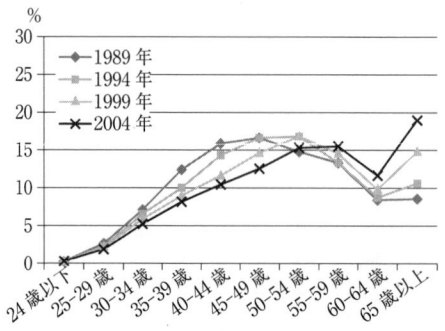

図 3-8(a) 総平均にたいする年齢階級別寄与率
（二人以上世帯，1989 年～2004 年）
注記：縦軸の値は，「年間収入」の年別総平均（全年齢階級）を 100 としたときの百分率を示す．
出所：付表 8(a)

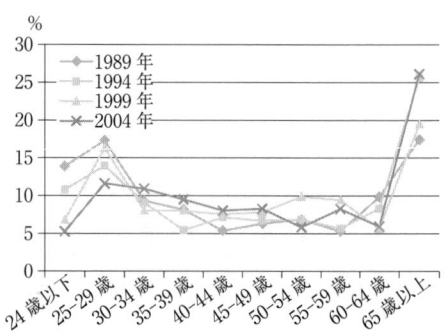

図 3-8(b) 総平均にたいする年齢階級別寄与率
（単身世帯，1989 年～2004 年）
注記：縦軸の値は，「年間収入」の年別総平均（全年齢階級）を 100 としたときの百分率を示す．
出所：付表 8(b)

なかった．ところが，2004 年では 65 歳以上年齢階級の寄与率が最大となった．このことは，単身世帯においても確認できる．しかし，すでに 1999 年には 65 歳以上年齢階級（単身世帯）の寄与率（19.7％）が 2004 年における 65 歳以上年齢階級（二人以上世帯）の寄与率（19.0％）に匹敵するほどの大きさを示している（付表 8(a)(b)）．このことが，単身世帯の特徴である．

さらに，単身世帯については，24 歳以下年齢階級では寄与率が減少傾向にあるのにたいして，どの調査年においても 65 歳以上年齢階級の寄与率がその年の最大値となっている．このことも単身世帯の特徴である．

ここで次の点に注目する．すなわち，相加平均の年齢階級別の分布が示すように，65 歳以上年齢階級の相加平均は大きくはない（図 3-2(a)(b)）．しかし，上に見たように，この年齢階級の寄与分・寄与率は大きい．このことと 65 歳以上年齢階級別のさほど大きくない相加平均とは矛盾するかに見える．これを考察する目的で，相加平均の要因分解式

$$\bar{x} = \sum_{i=1}^{m} \frac{k_i}{N} \bar{x}_i \qquad (3)\,[再掲]$$

を再掲する．(3) 式より，第 i 年齢階級の寄与分 $^c\bar{x}_i$ は

$$^c\bar{x}_i = \frac{k_i}{N}\bar{x}_i \tag{4}$$

である．(4)式は，$^c\bar{x}_i$ の規模がその年齢階級の人口シェア $\frac{k_i}{N}$ と年齢階級別の相加平均 $\bar{x}_i$ によって規定されることを示している．たとえ $\bar{x}_i$ が小さくとも，$\frac{k_i}{N}$ が大きければ，その年齢階級の寄与分 $^c\bar{x}_i$ の値は大きくなる．このことは，小さい $\bar{x}_i$ と大きい $^c\bar{x}_i$ が，矛盾なく両立することの数学的証明をあたえる．

(2) 年齢階級別の仮想的寄与分・寄与率

年齢階級別の人口構成が1989年から2004年までの間，変わらないと想定して計算した（「年間収入」の総平均にたいする）寄与分（図3-9(a)(b)）と寄与率（図3-10(a)(b)）にかんするグラフを次頁に掲げる．このグラフでは1989年の棒グラフだけが実際のミクロデータから計算される寄与分・寄与率（現実値）を示している．その他の年については，1989年の人口シェアを採用して算出した仮想値である．この図3-9(a)(b)と図3-10(a)(b)をそれぞれすでに掲げたグラフ（ミクロデータがあたえる調査年別の人口シェアを用いて計算した現実値にもとづく図3-7(a)(b)，図3-8(a)(b)）と比較すれば，年齢階級別の人口構成が変わらないと想定したときの寄与分・寄与度（仮想値）と現実値との違いが分かる．

この比較によって，人口動態効果を知ることができる．ここでは，65歳以上年齢階級が相対的にもっとも小さかった1989年の人口シェアにもとづいて2004年の寄与分・寄与率（仮想値）を計算し，これに2004年の人口シェアによる寄与分・寄与率（現実値）を対置させて，人口構成の変化によってもたらされたと想定される効果を見ることにする．

すでに述べたように，1989年から2004年までの間に，年齢階級別の人口シェアが変化した．とくに65歳以上年齢階級では二人以上世帯が11%から24%へ，また単身世帯では25%から36%になって，増加が著しい（図3-1(a)(b)，付表1(a)(b)）．2004年における全年齢階級（二人以上世帯）の「年

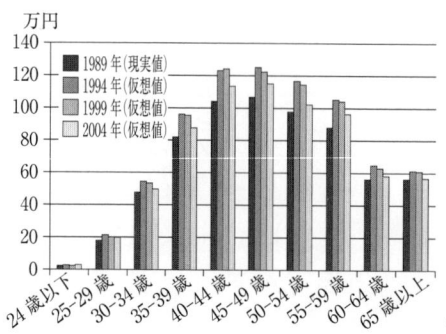

図 3-9(a)　総平均にたいする年齢階級別
　　　　　仮想的寄与分
　　　　　（二人以上世帯，1989 年〜2004 年，
　　　　　1989 年基準）
出所：付表 9(a)

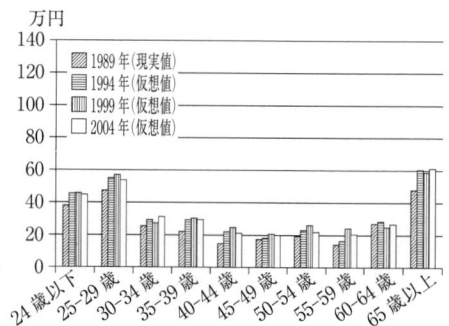

図 3-9(b)　総平均にたいする年齢階級別
　　　　　仮想的寄与分
　　　　　（単身世帯，1989 年〜2004 年，
　　　　　1989 年基準）
出所：付表 9(b)

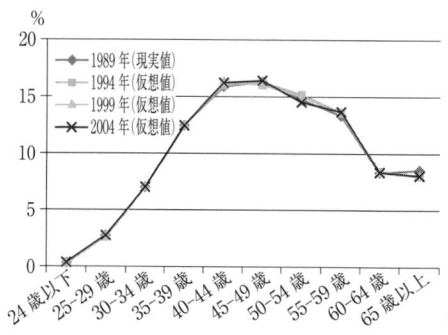

図 3-10(a)　総平均にたいする年齢階級別
　　　　　　仮想的寄与率
　　　　　　（二人以上世帯，1989 年〜2004 年，
　　　　　　1989 年基準）
出所：付表 10(a)

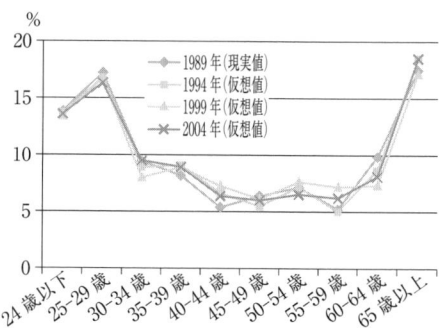

図 3-10(b)　総平均にたいする年齢階級別
　　　　　　仮想的寄与率
　　　　　　（単身世帯，1989 年〜2004 年，
　　　　　　1989 年基準）
出所：付表 10(b)

間収入」総平均は 682 万円である（付表 2(a)）．また，単身世帯の総平均は 333 万円である（付表 2(b)）．2004 年における年齢階級別の人口シェアが 1989 年と同一であると仮定したときの仮想的な寄与分を計算することによって，人口構成の変動の影響（人口動態効果）が分かる．このことはすでに述べた．次頁の図 3-11(a)(b) は，2004 年における現実の寄与分とともに，

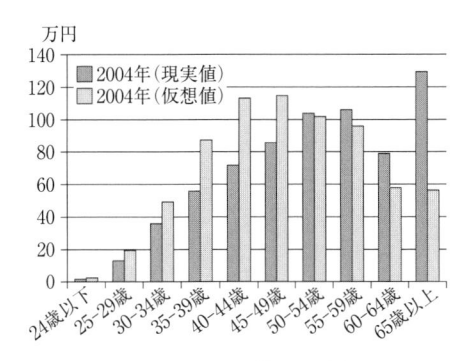

第 3 章　年齢階級別所得の分布特性と要因分解　　71

図 3-11(a)　二人以上世帯の総平均にたいする年齢階級別の現実的寄与分（2004年）と仮想的寄与分（1989年基準）

注記：2004 年における全年齢階級（二人以上世帯）の総平均（現実値）は 682 万円（付表 2(a)），総平均（仮想値）は 698 万円（付表 9(a)）．
出所：付表 7(a)，付表 9(a)．

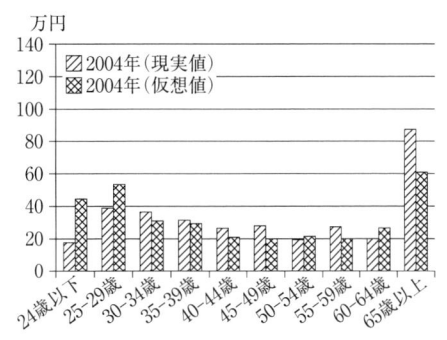

図 3-11(b)　単身世帯の総平均にたいする年齢階級別の現実的寄与分（2004年）と仮想的寄与分（1989年基準）

注記：2004 年における全年齢階級（単身世帯）の総平均（現実値）は 333 万円（付表 2(b)），総平均（仮想値）は 328 万円（付表 9(b)）．
出所：付表 7(b)，付表 9(b)．

　年齢階級別にその右側には，人口構成が 1989 年と同じであると仮定して計算した仮想的な寄与分を示している．

　65 歳以上年齢階級にかんする 2 種類の寄与分（現実値と仮想値）を比較すると，二人以上世帯（2004 年）においては全年齢階級の総平均 682 万円にたいする現実の寄与分は 129 万円であるのにたいして（付表 7(a)），人口構成が 1989 年と同一であるとすれば，2004 年の仮想的な寄与分は 56 万円となる（付表 9(a)）[5]．その差は 73 万円である．この差は，65 歳以上年齢階級の人口変動がもたらした効果（人口動態効果）の一面を反映している．

　ここで「一面」と表現したのは，人口動態効果はここで取り上げた寄与分の差だけでしか計測されるものではないことを示唆したいからである．

　単身世帯（2004 年）については，全年齢階級の総平均 333 万円にたいする 65 歳以上年齢階級の現実の寄与分は 87 万円であり（付表 7(b)），仮想的

---

5)　年齢階級別寄与分の仮想値の合計としてあたえられる全年齢階級の平均（総平均）は現実値とは異なる（付表 7(a)(b) と付表 9(a)(b) 参照）．

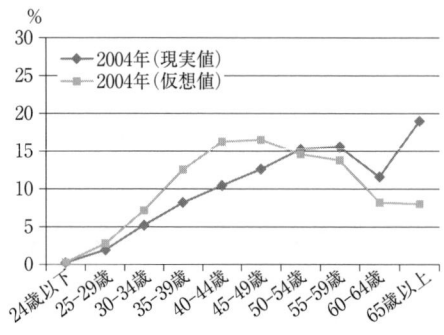

図 3-12(a) 二人以上世帯の総平均にたいする年齢階級別の現実的寄与率（2004年）と仮想的寄与率（1989年基準）

注記：縦軸の値は，「年間収入」のそれぞれの総平均（2004年）を 100 としたときの割合を示す．
出所：付表 8(a)，付表 10(a)

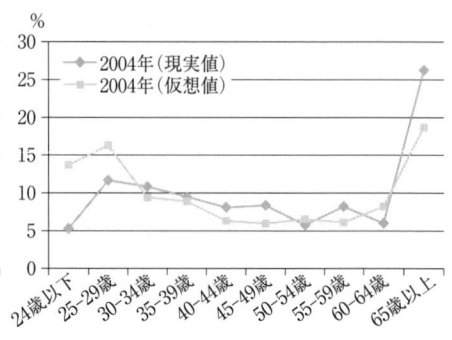

図 3-12(b) 単身世帯の総平均にたいする年齢階級別の現実的寄与率（2004年）と仮想的寄与率（1989年基準）

注記：縦軸の値は，「年間収入」のそれぞれの総平均（2004年）を 100 としたときの割合を示す．
出所：付表 8(b)，付表 10(b)

な寄与分は 61 万円となり（付表 9(b)），その差額は 26 万円となった．

　前頁に掲げた図 3-11(a)(b) は年齢階級別寄与分（絶対額）についてであった．これにたいして，上の図 3-12(a)(b) は，2004 年における全年齢階級の総平均にたいする年齢階級別寄与分の割合（寄与率）を示している．いずれの世帯類型においても，65 歳以上年齢階級の現実的な寄与率は，1989 年の人口構成のもとで計算した仮想的な寄与率よりも高く，人口高齢化が進行しなければ，65 歳以上年齢階級の寄与率が小さくなったであろうということを示唆している．1994 年と 1999 年についても現実値にかんする図 3-8(a)(b)（68 頁）と仮想値にかんする図 3-10(a)(b)（70 頁）を比較対照すれば，総じて 2004 年にかんして述べたことと同様のことが指摘できる．

4. 総変動にたいする年齢階級別の寄与（その1：級内変動と級間変動への分解前）

　前章第 3 節で誘導したように，総変動（全年齢階級の標準偏差）σ にかん

する年齢階級別分解式は次式であたえられる（ただし，σ_i は第 i 年齢階級の標準偏差，その他は前掲(3)式に同じ）．

$$\sigma = \sum_{i=1}^{m} \frac{k_i}{N} \sigma \tag{5}$$

$$\sigma = \sum_{i=1}^{m} \frac{k_i}{N} \sigma_i + \sum_{i=1}^{m} \frac{k_i}{N} (\sigma - \sigma_i) \tag{6}$$

(5)式は総変動が人口シェアをウェイトとして年齢階級別に分解されることを示している．これにたいして，(6)式は総変動が年齢階級別に級内変動（右辺第1項）と級間変動（右辺第2項）に分解されることを示している．総変動にたいする年齢階級別の寄与を総体として把握する目的で，先に，(5)式の適用結果を取り上げる．

(1) 年齢階級別の寄与分・寄与率

次頁のグラフは，総変動の大きさとそれにたいする年齢階級別の寄与分（図 3-13(a)(b)）・寄与率（図 3-14(a)(b)）を示している．それによると，65歳以上年齢階級の寄与分・寄与率はいずれもが大きい．年齢階級別の標準偏差の分布（前掲図 3-3(a)(b)）では，65歳以上年齢階級の標準偏差が抜きん出て，大きいとは言い難い（61頁）．しかし，要因分解式（(5)式）を適用すれば，総変動にたいする 65歳以上年齢階級の寄与分は大きい（図 3-13(a)(b)）．図 3-3(a)(b) と図 3-13(a)(b) が矛盾なく両立するのは，なぜであろうか．それは，(5)式が示すように年齢階級別の寄与分は人口シェア $\frac{k_i}{N}$ と総変動 σ の積であたえられるので，年齢階級別標準偏差 σ_i の大きさとは直接の規定関係にはなく，人口シェアの大きさに比例して，寄与分が大きくなるからである[6]．

---

6) このことはすでに述べた年齢階級別相加平均の分布（図 3-2(a)(b)）と総平均にたいする年齢階級別寄与分（図 3-7(a)(b)）との関係に似ている．

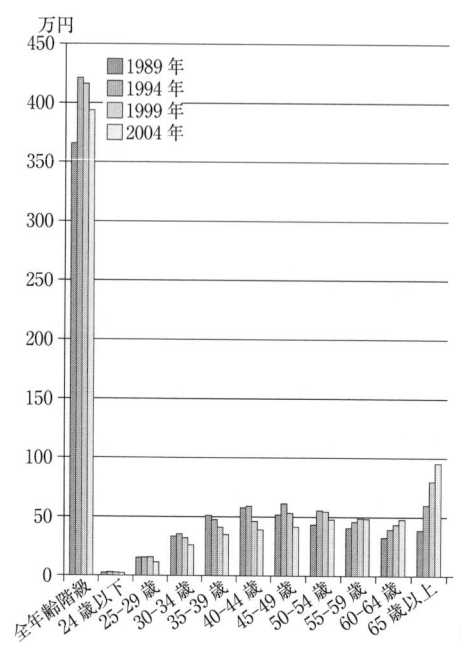

図 3-13(a)　総変動にたいする年齢階級別寄与分（二人以上世帯）
出所：付表 11(a)

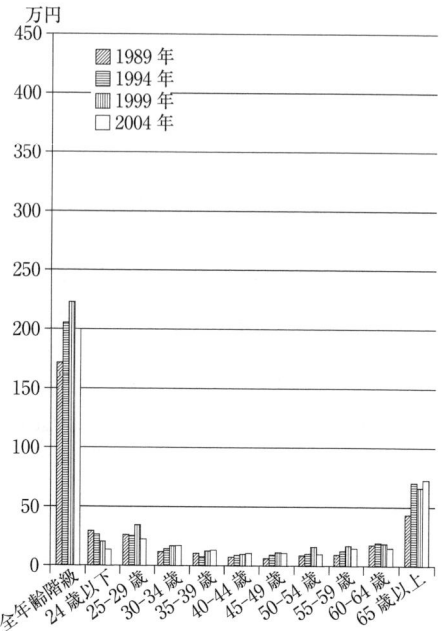

図 3-13(b)　総変動にたいする年齢階級別寄与分（単身世帯）
出所：付表 11(b)

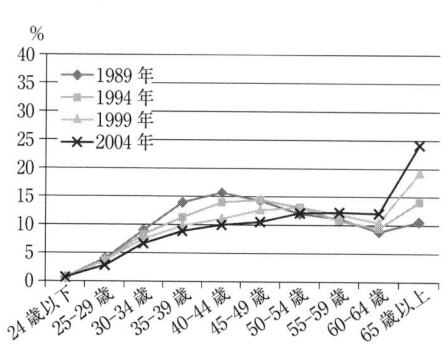

図 3-14(a)　総変動にたいする年齢階級別寄与率（二人以上世帯）
注記：縦軸の値は，「年間収入」の総変動（年別）を 100 としたときの割合を示す．
出所：付表 12(a)

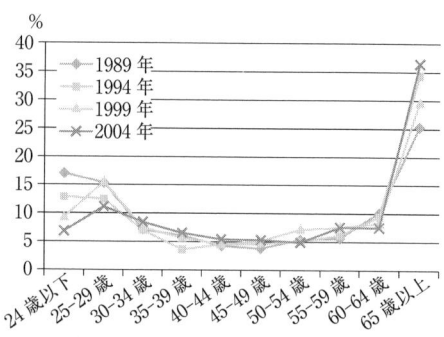

図 3-14(b)　総変動にたいする年齢階級別寄与率（単身世帯）
注記：縦軸の値は，「年間収入」の総変動（年別）を 100 としたときの割合を示す．
出所：付表 12(b)

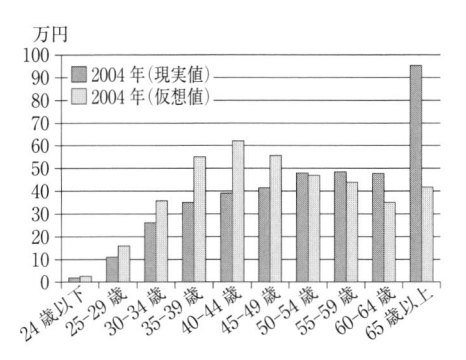

第 3 章　年齢階級別所得の分布特性と要因分解　　75

図 3-15(a)　総変動にたいする年齢階級別の現実的寄与分（2004 年）と仮想的寄与分（1989 年基準）（二人以上世帯）

注記：2004 年における全年齢階級（二人以上世帯）の総変動の現実値と仮想値は一致して，ともに 394 万円（付表 3(a)）である．
出所：付表 13(a)

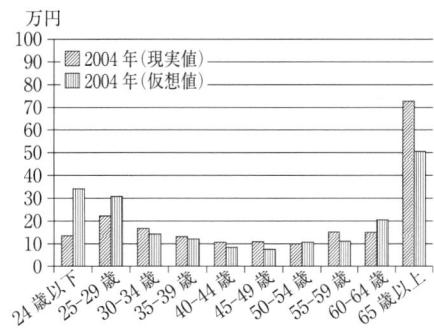

図 3-15(b)　総変動にたいする年齢階級別の現実的寄与分（2004 年）と仮想的寄与分（1989 年基準）（単身世帯）

注記：2004 年における全年齢階級（単身世帯）の総変動の現実値と仮想値は一致して，ともに 200 万円（付表 3(b)）である．
出所：付表 13(b)

(2) 年齢階級別の仮想的寄与分・寄与率

　総平均にたいする年齢階級別の仮想的な寄与分と寄与率を算出して，人口動態効果を考察したときと同様に，65 歳以上年齢階級の人口シェアがもっとも小さかった 1989 年を基準として，2004 年における総変動にたいする年齢階級別の寄与を計算した結果を掲げる（寄与分については図 3-15(a)(b)，寄与率については図 3-16(a)(b)）．

　これらのグラフが示すように，2004 年における 65 歳以上年齢階級の人口シェアが 1989 年と同じ水準であれば，その年齢階級の寄与分・寄与率（仮想値）は現実値よりも小さくなったはずである．人口動態効果はこのことによっても確認することができる．

　なお，総変動を級内変動と級間変動に要因分解した年齢階級別の現実値と仮想値との乖離にかんする検討は次節で取り上げる．

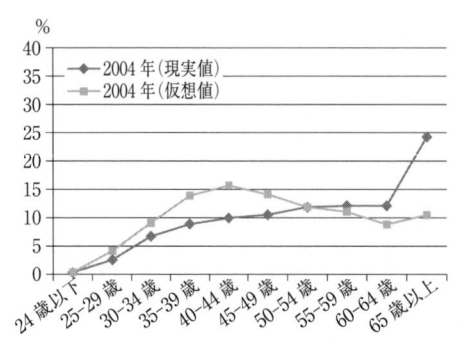

図 3-16(a) 総変動にたいする年齢階級別の現実的寄与率（2004年）と仮想的寄与率（1989年基準）（二人以上世帯）

注記：縦軸の値は，「年間収入」の総変動（2004年）を 100 としたときの割合を示す．
出所：付表 14(a)

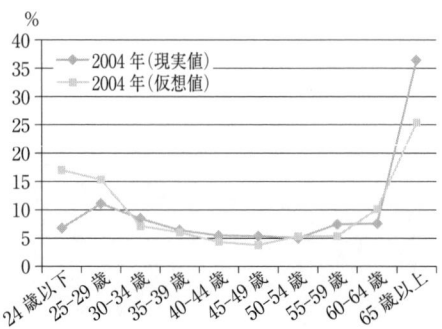

図 3-16(b) 総変動にたいする年齢階級別の現実的寄与率（2004年）と仮想的寄与率（1989年基準）（単身世帯）

注記：縦軸の値は，「年間収入」の総変動（2004年）を 100 としたときの割合を示す．
出所：付表 14(b)

5. 総変動にたいする年齢階級別の寄与（その 2：級内変動と級間変動への分解後）

(1) 概況

$$\sigma = \sum_{i=1}^{m} \frac{k_i}{N} \sigma_i + \sum_{i=1}^{m} \frac{k_i}{N} (\sigma - \sigma_i) \qquad (6) [再掲]$$

総変動は上式によって級内変動と級間変動に要因分解することができる．(6)式をミクロデータに適用したところ，世帯類型を問わず，変動の大部分は寄与分（図 3-17(a)(b)）から見ても，寄与率（図 3-18(a)(b)）から見ても，級内変動によって説明できることが分かった．

(2) 年齢階級別要因分解（その 1：世帯類型別・調査年別）

(6)式によって総変動（万円）を調査年別・年齢階級別に要因分解する．1989 年，1994 年，1999 年，2004 年の各年については，二人以上世帯にかん

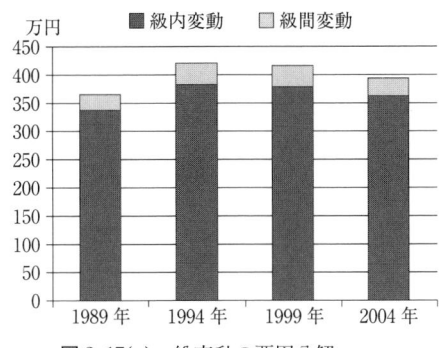

第3章　年齢階級別所得の分布特性と要因分解　　　　　　　　　　77

図3-17(a)　総変動の要因分解
（二人以上世帯：その1）
注記：級内変動と級間変動の合計が総変動の大きさ
　　　（万円）を示す.
出所：付表17(a)

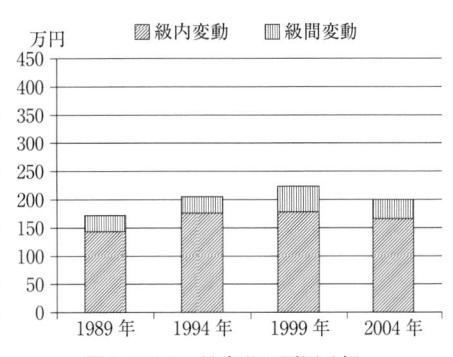

図3-17(b)　総変動の要因分解
（単身世帯：その1）
注記：級内変動と級間変動の合計が総変動の大きさ
　　　（万円）を示す.
出所：付表17(b)

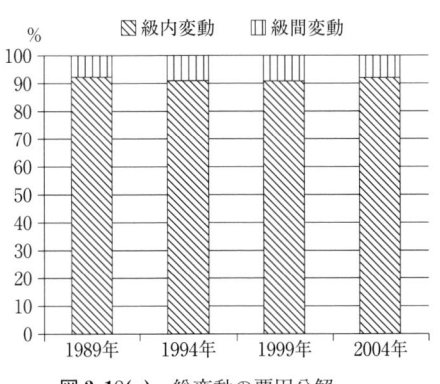

図3-18(a)　総変動の要因分解
（二人以上世帯：その2）
注記：総変動に占める級内変動と級間変動の百分率.
出所：付表17(a)

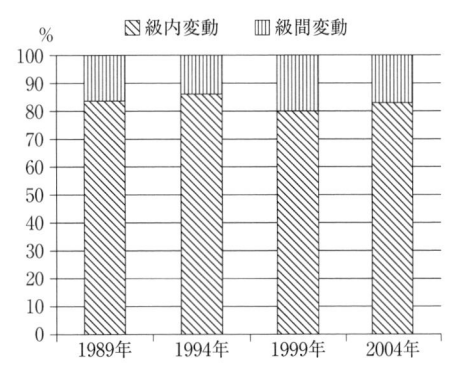

図3-18(b)　総変動の要因分解
（単身世帯：その2）
注記：総変動に占める級内変動と級間変動の百分率.
出所：付表17(b)

する変動（級間変動と級内変動）が図3-19(a)～図3-22(a)よって，また単身世帯にかんしては図3-19(b)～図3-22(b)で示される．

　級内変動と級間変動の経年変化については項を改め，年齢階級別要因分解の結果をさらに分析する．

① 1989 年

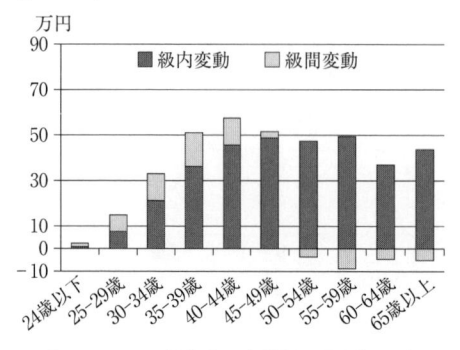

図 3-19(a) 総変動の年齢階級別要因分解
（二人以上世帯，1989 年）
出所：付表 15(a)，付表 16(a)

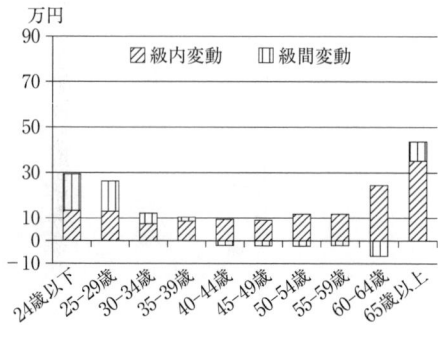

図 3-19(b) 総変動の年齢階級別要因分解
（単身世帯，1989 年）
出所：付表 15(b)，付表 16(b)

② 1994 年

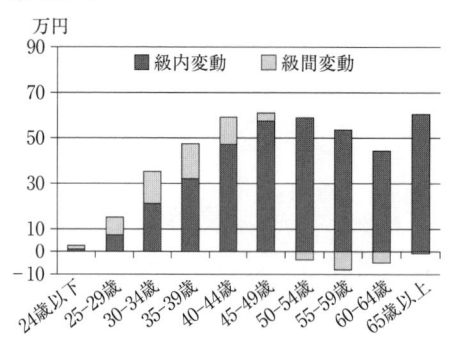

図 3-20(a) 総変動の年齢階級別要因分解
（二人以上世帯，1994 年）
出所：付表 15(a)，付表 16(a)

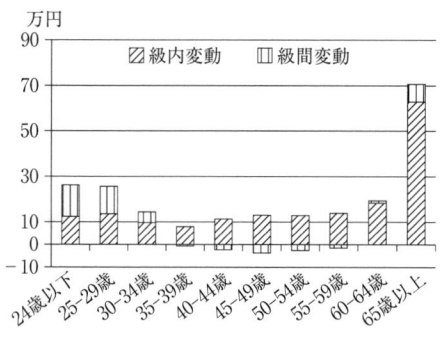

図 3-20(b) 総変動の年齢階級別要因分解
（単身世帯，1994 年）
出所：付表 15(b)，付表 16(b)

(3) 年齢階級別要因分解（その 2：級内変動と級間変動の経年変化）

級内変動と級間変動に分けて作成した年齢階級別の寄与分と寄与率のグラフは次頁以降に一括して掲げる（級内変動：図 3-23(a)(b)，図 3-24(a)(b)；級間変動：図 3-25(a)(b)，図 3-26(a)(b)）．

第3章　年齢階級別所得の分布特性と要因分解　　　79

③ 1999 年

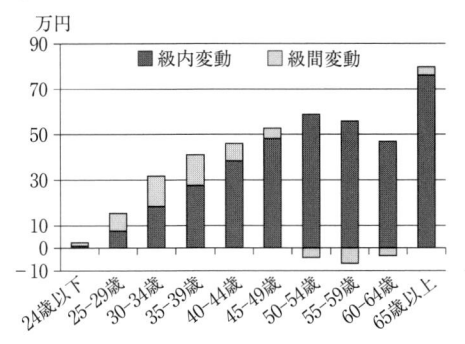

図 3-21(a)　総変動の年齢階級別要因分解
（二人以上世帯，1999 年）
出所：付表 15(a)，付表 16(a)

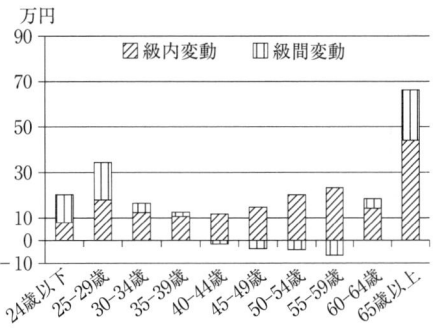

図 3-21(b)　総変動の年齢階級別要因分解
（単身世帯，1999 年）
出所：付表 15(a)，付表 16(b)

④ 2004 年

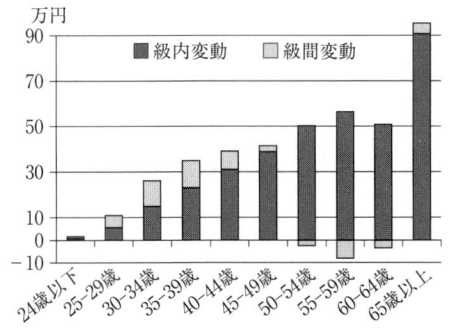

図 3-22(a)　総変動の年齢階級別要因分解
（二人以上世帯，2004 年）
出所：付表 15(a)，付表 16(a)

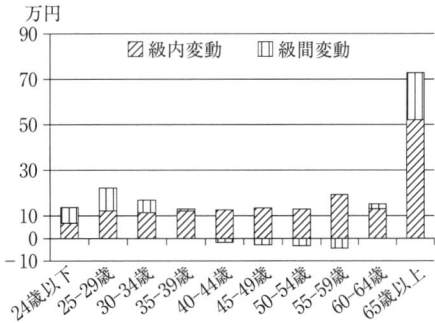

図 3-22(b)　総変動の年齢階級別要因分解
（単身世帯，2004 年）
出所：付表 15(b)，付表 16(b)

① 級内変動

2004 年における二人以上世帯のグラフ（図 3-23(a)）を見ると，どの年と較べても，総級内変動（全年齢階級にかんする級内変動）にたいする 65 歳以上年齢階級の寄与分（単位は万円）が大きい．また，単身世帯（図 3-23(b)）では，2004 年よりも 1999 年のほうが寄与分は大きいが，起点を

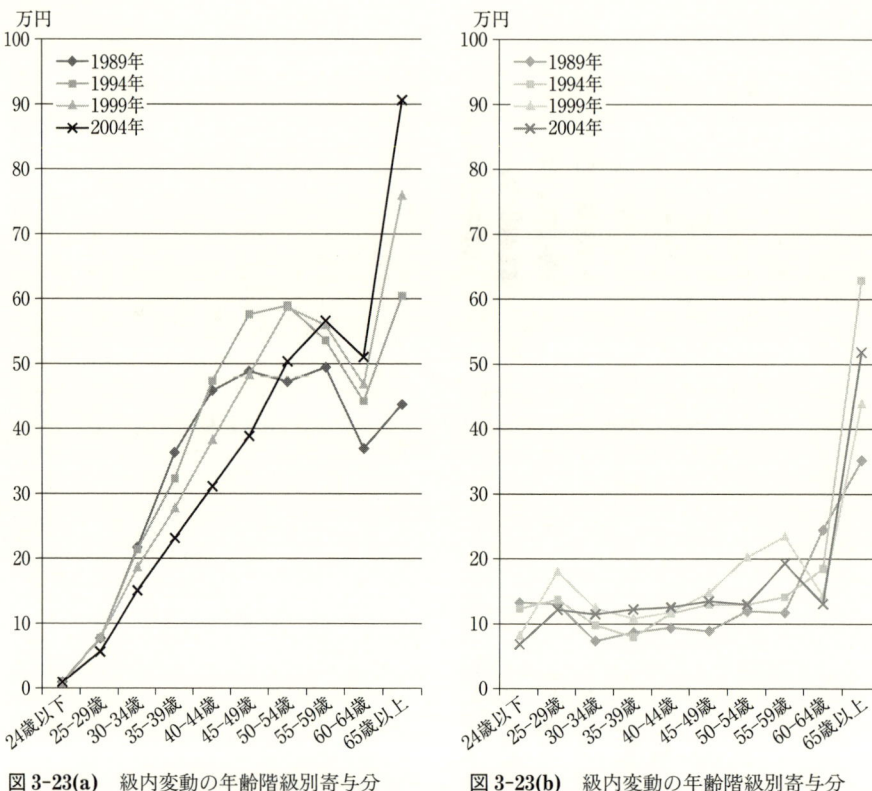

図 3-23(a) 級内変動の年齢階級別寄与分
(二人以上世帯, 1989 年〜2004 年)
出所:付表 15(a)

図 3-23(b) 級内変動の年齢階級別寄与分
(単身世帯, 1989 年〜2004 年)
出所:付表 15(b)

1989 年とすれば, 65 歳以上年齢階級の寄与分は, 1989 年を最低として, 他の年のほうが大きい.

　図 3-24(a)(b) は, 総級内変動に占める年齢階級別寄与率を示す. すでに見たように, 二人以上世帯では総変動(総級内変動と総級間変動)に占める総級内変動の割合(寄与率)が 90% 強で安定している(図 3-18(a) および付表 17(a) 参照). ここで, 65 歳以上年齢階級(二人以上世帯)に着目すると, この年齢階級の寄与率が高まる傾向にあることが分かる(図 3-24(a)).

　他方で, 単身世帯(図 3-24(b))について見ると, 二人以上世帯の 65 歳以

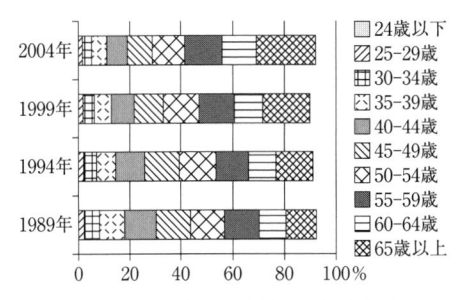

第 3 章　年齢階級別所得の分布特性と要因分解　　　　　81

図 3-24(a)　級内変動の年齢階級別寄与率
　　　　　　（二人以上世帯，1989 年～2004 年）
注記：各年の総変動（全年齢階級）にたいする百分率
出所：付表 18(a)

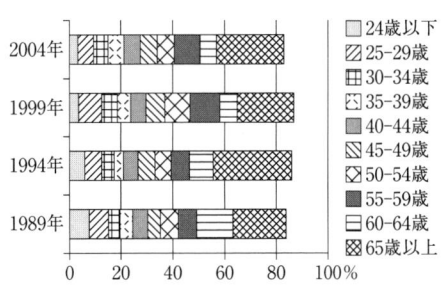

図 3-24(b)　級内変動の年齢階級別寄与率
　　　　　　（単身世帯，1989 年～2004 年）
注記：各年の総変動（全年齢階級）にたいする百分率
出所：付表 18(b)

上年齢階級におけるような漸増傾向は検出されないものの，一般的に 65 歳以上年齢階級の寄与率は，二人以上世帯に較べて大きいことが示される．

② 級間変動

分解式の数学的性質から，年齢階級別級間変動の寄与分（したがって寄与率）はつねに正値をとるとは限らず，負値となることもあること[7]を確認した上で，論を進める．以下に示すように，年齢階級別寄与分（万円）の分布が，二人以上世帯（図 3-25(a)）と単身世帯（図 3-25(b)）とでは異なっている．65 歳以上年齢階級に着目すると，二人以上世帯の寄与分が他の年齢階級を抜いて大きいとは言い難い．これにたいして，単身世帯にあっては，とくに 1999 年と 2004 年においては，65 歳以上年齢階級の寄与分は，他の年齢階級を超えて最大となっている．

図 3-26(a)(b) は年齢階級別級間変動の寄与率が世帯類型ごとに異なっていることを示す．

二人以上世帯では，1989 年と 1994 年では，65 歳以上年齢階級の寄与率がそれぞれ -1.4%，-0.2% となって負の値を示しているが，1999 年には正

---

7)　$\sigma = \sum_{i=1}^{m} \frac{k_i}{N} \sigma_i + \sum_{i=1}^{m} \frac{k_i}{N} (\sigma - \sigma_i)$　　　　　　(6)

において $\sigma < \sigma_i$ のとき，第 i 年齢階級の級間変動（右辺第 2 項）は負値となる．

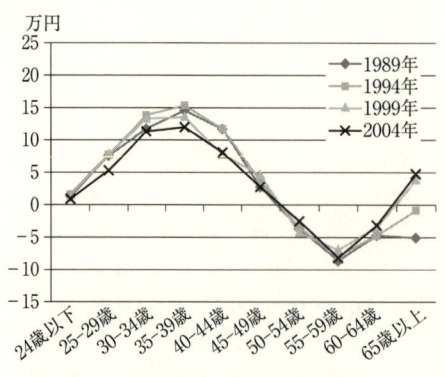

図 3-25(a) 級間変動の年齢階級別寄与分
（二人以上世帯，1989 年～2004 年）
出所：付表 16(a)

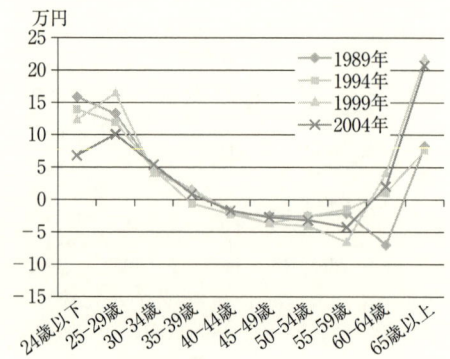

図 3-25(b) 級間変動の年齢階級別寄与分
（単身世帯，1989 年～2004 年）
出所：付表 16(b)

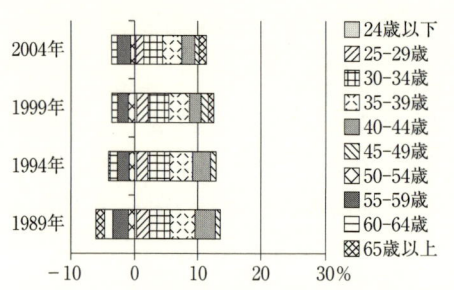

図 3-26(a) 級間変動の年齢階級別寄与率
（二人以上世帯，1989 年～2004 年）
注記：各年の総変動（全年齢階級）にたいする百分率
出所：付表 19(a)

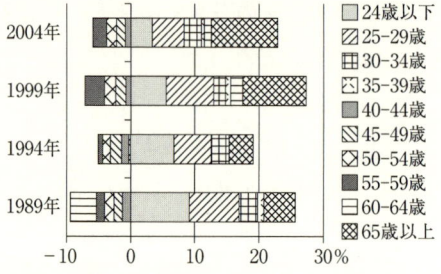

図 3-26(b) 級間変動の年齢階級別寄与率
（単身世帯，1989 年～2004 年）
注記：各年の総変動（全年齢階級）にたいする百分率
出所：付表 19(b)

の値（0.9％）となった（付表 19(a)）．しかも 2004 年には総変動に占める総級間変動の寄与率（7.9％）が全体として前回調査（1999 年は 9％）よりも縮小しているにもかかわらず（付表 17(a)），65 歳以上年齢階級の寄与率に注目して，それを経年的に比較すると，2004 年には最高（1.2％）に達したことが分る（図 3-26(a)，付表 19(a)）．

単身世帯については，総変動にたいする 65 歳以上年齢階級の級間変動寄

与率(図 3-26(b))は,二人以上世帯に較べて大きく,一貫して正の寄与率を示している点が,二人以上世帯と異なっている.しかし,2004 年における 65 歳以上年齢階級の寄与率(10.4%)が最大となったことについては,二人以上世帯と同様である(図 3-26(a)(b),付表 19(b)).

(4) 年齢階級別要因分解(その 3:仮想的寄与分・寄与率)

1989 年から 2004 年までの間に年齢階級別の人口構成が変化したことはすでに見た(図 3-1(a)(b).付表 1(a)(b) も参照).そこで特徴的なことは,65 歳以上年齢階級が全世帯に占める割合(人口シェア)の増大である.この年齢階級の構成比がこのような変化を示すことなく,どの調査年においても人口構成が 1989 年の状態を維持していたとすれば,年齢階級別要因分解はどのようになるであろうか.1989 年におけるすべての年齢階級の人口構成が変化なく推移する状態を想定して,要因分解式を適用する.そうすると,そのことによって,人口動態効果を計測するために机上実験が可能となる.

この種の机上実験は,全年齢階級の「年間収入」にかんする総平均の年齢階級別要因分解についても行った(本章 3(2)).ここでは,そのときの仕方・様式を総変動の要因分解にも適用する.

このような机上実験によって全年齢階級にかんする総変動に占める総級内変動と総級間変動の割合(寄与率)を計算したところ,その仮想値(付表 20(a)(b))は,調査年別のデータにもとづく要因分解の結果を示す現実値(付表 17(a)(b))とほとんど変化がなかった.すなわち,仮想値においても総変動の大部分が級内変動によって説明され,そのグラフの形状は図 3-18(a)(b)(77 頁)とほぼ同じになる.

以上の概況を踏まえて,年齢階級別に考察を進める.1989 年にかんする年齢階級別要因分解の結果については,すでに級内変動(図 3-23(a)(b),図 3-24(a)(b))と級間変動(図 3-25(a)(b),図 3-26(a)(b))に分けて示したが(80 頁~82 頁),以下でも 1989 年の人口シェアを採用するので,1989 年については前掲内容と同様で,この年だけが現実値を示す.これにたいして,

1994 年, 1999 年, 2004 年については, 1989 年の人口シェアを使用した仮想値である.

以下では, 世帯類型別に 1989 年の人口シェアにもとづく年齢階級別の仮想的寄与分・寄与率 (1994 年, 1999 年, 2004 年) を, 1989 年の現実値とともに, 級内変動 (二人以上世帯: 図 3-27(a), 図 3-28(a); 単身世帯: 図 3-27(b), 図 3-28(b)) と級間変動 (二人以上世帯: 図 3-29(a), 図 3-30(a); 単身世帯: 図 3-29(b), 図 3-30(b)) に分けて作成したグラフを掲げる. これらのグラフと, すでに示した調査年別人口シェアにもとづく年齢階級別寄与分・寄与率 (現実値) にかんするグラフ (級内変動については, 二人以上世帯: 図 3-23(a), 図 3-24(a); 単身世帯: 図 3-23(b), 図 3-24(b); 級間変動については, 二人以上世帯: 図 3-25(a), 図 3-26(a); 単身世帯: 図 3-25(b), 図 3-26(b)) を比較すれば, 人口シェアの推移が 1989 年から変わらないと想定したときの年齢階級別の寄与分・寄与率 (仮想値) と現実値との違いが分かるはずである.

しかし, ①調査年別人口シェアにもとづく計算結果を示すグラフ (現実値) と 1989 年基準のグラフ (仮想値) の掲載頁が離れていること, ②たとえ両者を比較可能となるように併置したとしても, その違いを視覚的に識別することは難しいこと, これらが理由となって, 現実値と仮想値との比較には別途工夫が必要である.

そこで, 次に, 項を新たにして, この点を考察する. ただし, 他の年齢階級にたいする 65 歳以上年齢階級の相対的重要度にかんする考察を主たる目的としているので, 年齢階級別の寄与率だけを取り上げることを, あらかじめ断っておく.

(5) 年齢階級別要因分解 (その 4: 現実的寄与率と仮想的寄与率の差)
前項末尾で措定した課題を検討する目的で,

「仮想値 (1989 年の人口シェアにもとづく年齢階級別寄与率)」-「現実

第3章　年齢階級別所得の分布特性と要因分解

①級内変動（1989年人口シェアにもとづく）

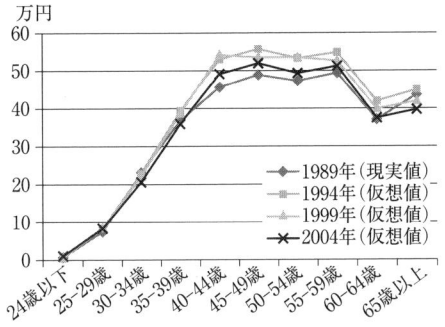

図 3-27(a) 級内変動の年齢階級別寄与分
（二人以上世帯，1989年～2004年：1989年人口シェアにもとづく仮想値）
出所：付表25(a)

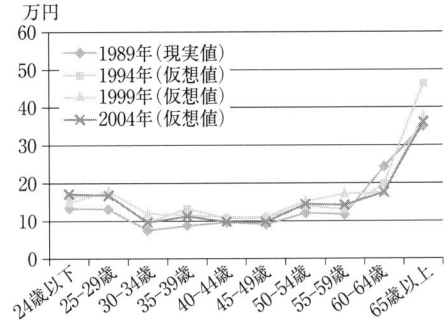

図 3-27(b) 級内変動の年齢階級別寄与分
（単身世帯，1989年～2004年：1989年人口シェアにもとづく仮想値）
注記：各年の総変動（全年齢階級）にたいする百分率
出所：付表25(b)

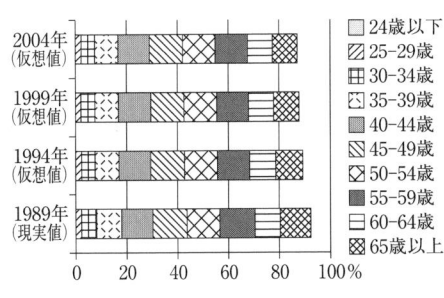

図 3-28(a) 級内変動の年齢階級別寄与率
（二人以上世帯，1989年～2004年：1989年人口シェアにもとづく仮想値）
注記：各年の総変動（全年齢階級）にたいする百分率
出所：付表27(a)

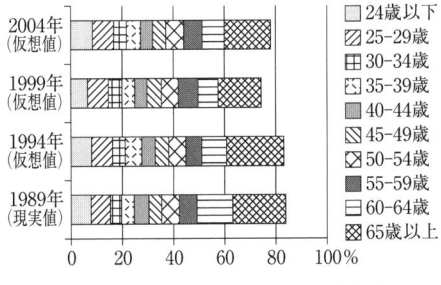

図 3-28(b) 級内変動の年齢階級別寄与率
（単身世帯，1989年～2004年：1989年人口シェアにもとづく仮想値）
注記：各年の総変動（全年齢階級）にたいする百分率
出所：付表27(b)

②級間変動（1989年人口シェアにもとづく）

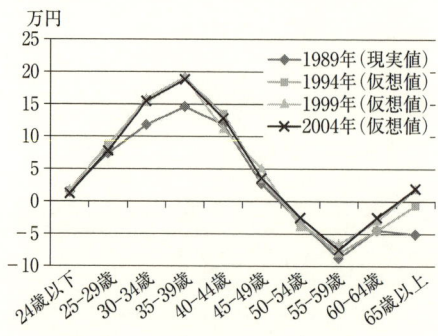

図 3-29(a) 級間変動の年齢階級別寄与分（二人以上世帯，1989年〜2004年：1989年人口シェアにもとづく仮想値）
出所：付表 26(a)

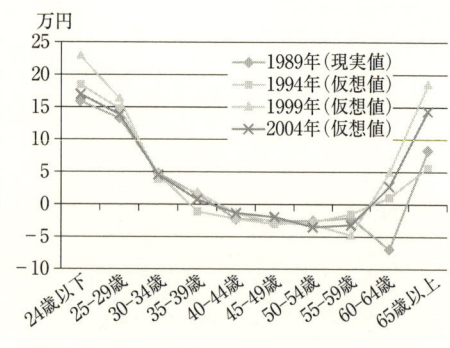

図 3-29(b) 級間変動の年齢階級別寄与分（単身世帯，1989年〜2004年：1989年人口シェアにもとづく仮想値）
出所：付表 26(b)

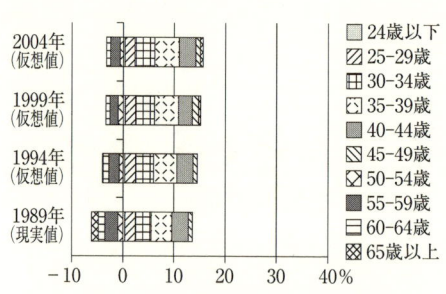

図 3-30(a) 級間変動の年齢階級別寄与率（二人以上世帯，1989年〜2004年：1989年人口シェアにもとづく仮想値）
注記：各年の総変動（全年齢階級）にたいする百分率
出所：付表 28(a)

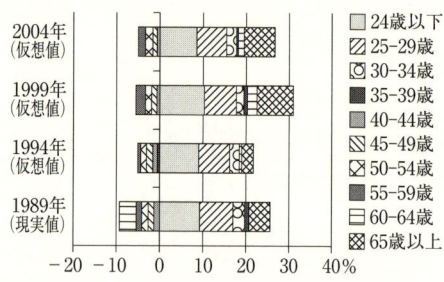

図 3-30(b) 級間変動の年齢階級別寄与率（単身世帯，1989年〜2004年：1989年人口シェアにもとづく仮想値）
注記：各年の総変動（全年齢階級）にたいする百分率
出所：付表 28(b)

値（年ごとの年齢階級別寄与率）」

という数式を採用する．これによって，1989年の人口シェアがその後も維持されたとすれば，実際の人口シェアのもとで計算される年齢階級別寄与率（現実値）と較べて，その場合に年齢階級別の寄与率（仮想値）はどの程度

第 3 章　年齢階級別所得の分布特性と要因分解　　　　　　　　　　　87

増減するかをパーセント・ポイント（図では p.c.p. と表記）で計測することができる（付表 29(a)(b), 付表 30(a)(b)）.

　二人以上世帯の級内変動にかんする次頁のグラフ（図 3-31(a)）を用いて，このことを 2004 年について例解する．2004 年の人口構成が 1989 年と同じであったという仮想的状態のもとでは，総変動に占める総級内変動の寄与率は，現実の寄与率よりも 5 パーセント・ポイント弱，小さくなったはずである．たとえば 24 歳以下年齢階級，25-29 歳年齢階級，50-54 歳年齢階級では，ほとんど差は検出されない．また，1989 年と 2004 年とで人口シェアに変化がなかったとすれば，40-44 歳年齢階級では，現実値よりも 5 パーセント・ポイント弱だけ大きな寄与率が得られたはずである（付表 29(a)）.

　他方で，65 歳以上年齢階級では，2004 年においても 1989 年と同じ人口シェアであったとすれば，現実値よりも，およそ 13 パーセント・ポイント小さくなったはずであることを図 3-31(a) は示す．ところが，2004 年における 65 歳以上年齢階級の人口シェアが上昇した．このために，総変動（2004 年）に占める 65 歳以上年齢階級の変動（級内・級間）の寄与率（現実値）は 24％（付表 12(a)）となった（その内訳は級内変動寄与率 23％（付表 18(a)），級間変動寄与率 1％（付表 19(a)）である）．これにたいして，1989 年の人口シェアを適用してもとめた仮想値（2004 年）は 10.5％ である（その内訳は級内変動寄与率 10％（付表 27(a)），級間変動寄与率 0.5％（付表 28(a)）である）.

　次頁に掲げた級内変動と級間変動のそれぞれについて年齢階級別寄与率の差を示すグラフのいずれにおいても，65 歳以上年齢階級にかんする差は，人口構成が不変で人口動態効果がないと仮定したときに，それぞれの変動にかんする寄与率が，現実値よりも小さい値となったことを示している．

①級内変動

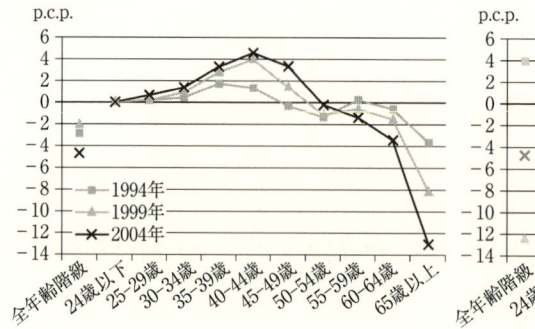

図 3-31(a) 級内変動の年齢階級別寄与率の乖離
（二人以上世帯，1989 年基準）

注記：「仮想値（1989 年の人口シェアにもとづく年齢階級別寄与率）」−「現実値（年ごとの年齢階級別寄与率）」（＝パーセント・ポイント）。これを図では p.c.p.と表記した（図 31(b)，図 32(a)(b)も同じ）。
出所：付表 29(a)

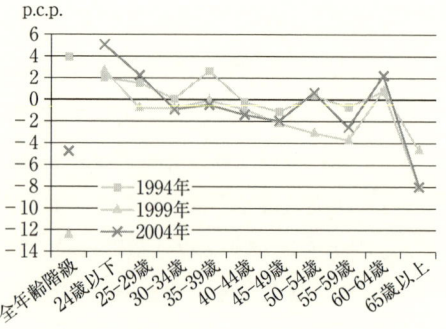

図 3-31(b) 級内変動の年齢階級別寄与率の乖離
（単身世帯，1989 年基準）

注記：「仮想値（1989 年の人口シェアにもとづく年齢階級別寄与率）」−「現実値（年ごとの年齢階級別寄与率）」（＝パーセント・ポイント）。
出所：付表 29(b)

②級間変動

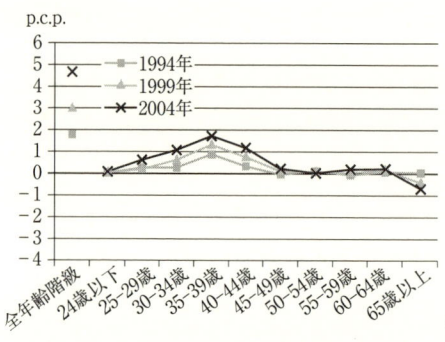

図 3-32(a) 級間変動の年齢階級別乖離
（二人以上世帯，1989 年基準）

注記：「仮想値（1989 年の人口シェアにもとづく年齢階級別寄与率）」−「現実値（年ごとの年齢階級別寄与率）」（＝パーセント・ポイント）。
出所：付表 30(a)

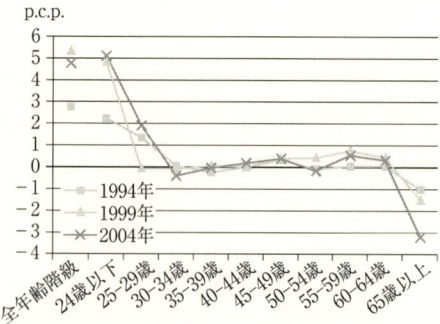

図 3-32(b) 級間変動の年齢階級別乖離
（単身世帯，1989 年基準）

注記：「仮想値（1989 年の人口シェアにもとづく年齢階級別寄与率）」−「現実値（年ごとの年齢階級別寄与率）」（＝パーセント・ポイント）。
出所：付表 30(b)

おわりに

年齢階級別に要因分解した考察結果を3点に要約して，本章の結びとする．

1. 65歳以上年齢階級が格差拡大の主因と言われている．しかも，その格差拡大は「見かけ上」であるとも言われている．このことを考察する目的で，「年間収入」（二人以上世帯と単身世帯）にかんするミクロデータ（全国消費実態調査（1989年，1994年，1999年，2004年））を用いて，年齢階級別にさまざまな格差指標（相加平均，標準偏差，擬似標準偏差，ジニ係数，平均差）の値を計測した．その結果，どの年についても，65歳以上年齢階級を他の年齢階級と関係づけることなく，単独の部分集団と見なして，この年齢階級について指標値をもとめても，その値が他の年齢階級より抜きん出て，大きいということは確認できなかった（ただし，他の年齢階級と較べてみると，指標によっては65歳以上年齢階級にかんする数値には，相対的にその値が大きいグループのなかに入っているものもあった）．指標値の経年変化にも，65歳以上年齢階級にかんする値は増大傾向は検出されない．65歳以上年齢階級についての指標値が大きいことをもって，65歳以上年齢階級を格差拡大の主因とみなすエビデンスとする主張も見られるが，65歳年齢階級内の格差が他と較べて，特筆すべき大きさを示さないのであるから，かかる主張の根拠は脆弱である．

2. 人口構成の変化による格差の変動は人口動態効果と言われる．これを計測するために，対数分散や平均対数偏差が用いられている．第2章に述べたように，本章では対数分散や平均対数偏差の代替指標として通常の標準偏差の年齢階級別要因分解式を採用して，人口動態効果を検出しようと試みた．その結果，次のことが明らかになった．

　①全年齢階級の標準偏差（本章では総変動とも言っている）に占める

65歳以上年齢階級の寄与分（単位は万円）と寄与率（単位は百分率）は他の年齢階級と較べるとどの調査年を見ても大きく，とくに2004年においては65歳以上年齢階級の寄与分・寄与率はすべての年齢階級のなかで最大となっている．65歳以上年齢階級の標準偏差だけを取り上げて，他の年齢階級の標準偏差と比較するときには，65歳以上年齢階級の標準偏差が著しく大きいとは言えないにもかかわらず，年齢階級別に総変動を要因分解すれば，65歳以上年齢階級の寄与分・寄与率が大きくなるのはなぜか．このことは次の要因分解式（(4)式）によって明らかとなる．

$$\sigma = \sum_{i=1}^{m} \frac{k_i}{N} \sigma \qquad (4)[再掲]$$

(4)式から，第 i 年齢階級の寄与分 $^c\sigma_i$ は次のようになる．

$$^c\sigma_i = \frac{k_i}{N} \sigma \qquad (7)$$

この数式は，年齢階級別寄与分が人口シェアと総変動の積としてあたえられることを示している．すなわち，ウェイトとしての人口シェアが大きいほど，寄与分は大きい．年齢階級別の要因分解式は，年齢階級別標準偏差の大きさとは無関係に，年齢階級別の寄与分が計測されるのである．このことは，65歳以上年齢階級の標準偏差が他の年齢階級と較べて必ずしも大きくないという事実と，その年齢階級の寄与分が大きいという事実とが矛盾なく両立することを説明する．

ミクロデータから65歳以上年齢階級の寄与分の漸増傾向が検出されたので，そのことから，格差拡大の主因は，人口シェアが増加した65歳以上年齢階級であると言うことができる．これは要因分解によって検出される寄与分・寄与率から指摘できることであって，65歳以上年齢階級そのものを単独の部分集団と見なして計測される格差の規模（年齢階級別標準偏差）とは直接の関係はない．さらに言えば，総変動を要因分解したときの年齢階級別寄与分と要因分解前の年齢階級別標準偏差は，正比例の関係にないし，緩い正比例の関係にすらない．

②総変動の要因分解式は次のようにも誘導できる．

$$\sigma = \sum_{i=1}^{m}\frac{k_i}{N}\sigma_i + \sum_{i=1}^{m}\frac{k_i}{N}(\sigma - \sigma_i) \qquad (5)\,[再掲]$$

この要因分解式の右辺第1項は総級内変動（全年齢階級の級内変動）を示し，第2項は総級間変動（全年齢階級の級間変動）を示す．ミクロデータに(5)式を適用した結果，総変動のほとんどは総級内変動で説明できることが明らかになった．

総級内変動にたいする第 i 年齢階級の寄与分 $^{Intra}V_i$ は

$$^{Intra}V_i = \frac{k_i}{N}\sigma_i \qquad (8)$$

であたえられる．この式から人口シェア $\frac{k_i}{N}$ が大きければ，年齢階級別標準偏差 σ_i が小さくても，$^{Intra}V_i$ は大きくなることが分かる．σ_i が小さい（あるいはさほど大きくない）ことと年齢階級別寄与分が大きいこととが矛盾しないことは，そのためである．この要因分解式によって，人口シェアが漸増傾向にある65歳以上年齢階級が総級内変動（したがって総変動）を押し上げていることが確認できた．

3. 65歳以上年齢階級（二人以上世帯，単身世帯）の人口シェアが最小であったのは1989年であり，2004年が最大である．そこで，人口シェアが1989年から変わらないと想定して，1994年，1999年，2005年について，65歳以上年齢階級にかんする寄与分・寄与率の仮想値を計算した．この計算によって，実際に変動した人口構成にもとづいて計算される現実値と人口構成に変化がなかったと想定したときの仮想値を比較対照することができる．この結果，仮想値の寄与分・寄与率は現実値を下回ることが明らかになった．これは，人口動態効果の一面を反映している．この比較対象は，人口構成の変化がもたらす結果を考察するための手がかりになると期待される．このことは，65歳以上年齢階級だけが人口動態効果を果たしているということではない．他の年齢階級も程度の差はあるが，それぞれに人口動態効果を果たしていることに留意したい．

従来，対数分散や平均対数偏差を用いた格差分析では，人口動態効果は，年ごとの格差指標の差をとることによって計測できるし，またそこに対数分散や平均対数偏差の有効性があると指摘されてきた．しかし，差をとらなくても，人口動態効果の一面を計測できることを本章では示した．

　ただし，格差指標として採用した標準偏差が示す年ごとの数値の差（時点間格差の広狭）にたいする年齢階級別の寄与分・寄与率を計測することによって，明らかになることもある．このことの考察は，次章の課題である．

第4章
所得格差変動の年齢階級別要因分解

はじめに

総変動 σ（全年齢階級の標準偏差）にかんする2時点間の差 $\Delta\sigma$ は次式によってあたえられる．

$$\Delta\sigma = {}^t\sigma - {}^0\sigma$$
$$= \sum_{i=1}^{m} \frac{{}^t k_i}{{}^t N} {}^t\sigma - \sum_{i=1}^{m} \frac{{}^0 k_i}{{}^0 N} {}^0\sigma \tag{1}$$

ここに，t：比較時点
$\quad\quad\quad 0$：基準時点
$\quad\quad\quad k$：年齢階級別人口シェア
$\quad\quad\quad N$：総世帯数
$\quad\quad\quad m$：年齢階級の個数

上式により，第 i 年齢階級における総変動の差 $\Delta^{Totus} V_i$ は次式であたえられる．

$$\Delta^{Totus} V_i = \frac{{}^t k_i}{{}^t N} {}^t\sigma - \frac{{}^0 k_i}{{}^0 N} {}^0\sigma \tag{2}$$

また，総変動は，総級内変動（全年齢階級の級内変動）と総級間変動（全年齢階級の級間変動）の2つに要因分解される．(1)式から誘導される次頁(3)式の第1項は2時点間の総級内変動の差を示し，第2項は総級間変動の差を示す．

$$\Delta\sigma = \left(\sum_{i=1}^{m} \frac{{}^t k_i}{{}^t N} {}^t\sigma_i - \sum_{i=1}^{m} \frac{{}^0 k_i}{{}^0 N} {}^0\sigma_i \right)$$
$$+ \left\{ \sum_{i=1}^{m} \frac{{}^t k_i}{{}^t N} ({}^t\sigma - {}^t\sigma_i) - \sum_{i=1}^{m} \frac{{}^0 k_i}{{}^0 N} ({}^0\sigma - {}^0\sigma_i) \right\} \qquad (3)$$

総変動の差の値にかんしては，(1)式による計算結果の検算を(3)式で行うことができる．逆に，(3)式の計算結果を(1)式で検算することもできる．

ここで，全年齢階級について，総変動の差を（(3)式左辺）$\Delta^{Totus}V$，総級内変動の差（(3)式右辺第1項）を $\Delta^{Intra}V$，総級間変動の差（(3)式右辺第2項）を $\Delta^{Inter}V$ とおくと，(3)式は

$$\Delta^{Totus}V = \Delta^{Intra}V + \Delta^{Inter}V \qquad (3)'$$

となる．

また，総変動の差にたいする第 i 年齢階級の変動要因別寄与分は次式であたえられる．

級内変動の差：$\Delta^{Intra}V_i = \frac{{}^t k_i}{{}^t N} {}^t\sigma_i - \frac{{}^0 k_i}{{}^0 N} {}^0\sigma_i \qquad (4)$

級間変動の差：$\Delta^{Inter}V_i = \frac{{}^t k_i}{{}^t N} ({}^t\sigma - {}^t\sigma_i) - \frac{{}^0 k_i}{{}^0 N} ({}^0\sigma - {}^0\sigma_i) \qquad (5)$

全国消費実態調査の匿名個票データ（ミクロデータ）の「年間収入」に(3)式を適用した結果を表4-1(a)(b)に示す．本章の第1の課題は，(2)式，(4)式，(5)式にもとづいて，この表における総変動の差 $\Delta^{Totus}V$，総級内変動の差 $\Delta^{Intra}V$，総級間変動の差 $\Delta^{Inter}V$ をさらに年齢階級別に分解することである．

第2の課題は，前章と同様に，「比較時点における年齢階級別人口シェアが基準時点と同一であるとすれば」という仮定を設けて，2時点間における変動（総変動，総級内変動，総級間変動）にたいする人口動態効果を計測することである．

本章におけるミクロデータの利用目的は，高齢者層，とりわけ65歳以上

第4章 所得格差変動の年齢階級別要因分解

表 4-1(a) 総変動の差の要因分解（二人以上世帯，全年齢階級）

(万円・%)

	総変動の差	総級内変動の差		総級間変動の差	
1989年～2004年	28.20	24.81	(88.0)	3.39	(12.0)
1989年～1994年	55.35	45.76	(82.7)	9.59	(17.3)
1994年～1999年	−4.63	−4.95	(106.9)	0.32	(−6.9)
1999年～2004年	−22.52	−16.00	(71.1)	−6.52	(28.9)

注記：（ ）内数字は総変動にたいする構成比（寄与率）．
出所：総変動の差：付表 31(a)；総級内変動の差：付表 33(a)，34(a)；総級間変動の差：付表 36(a)，37(a)

表 4-1(b) 総変動の差の要因分解（単身世帯，全年齢階級）

(万円・%)

	総変動の差	総級内変動の差		総級間変動の差	
1989年～2004年	28.15	22.04	(78.3)	6.11	(21.7)
1989年～1994年	33.41	32.66	(97.7)	0.76	(2.3)
1994年～1999年	17.55	1.16	(6.6)	16.39	(93.4)
1999年～2004年	−22.81	−11.78	(51.6)	−11.03	(48.4)

注記：（ ）内数字は総変動にたいする構成比（寄与率）．
出所：総変動の差：付表 31(b)；総級内変動の差：付表 33(b)，34(b)；総級間変動の差：付表 36(b)，37(b)

年齢階級の動向把握にあるので，以下の叙述もその年齢階級を中心論点に据える．そして，表 4-1(a)(b) に示す総変動の増減が 65 歳以上年齢階級のみによってもたらされたのかどうかを考察するとともに，総変動の増減が示す拡差の拡大・縮小が「見かけ上」かどうかを検討する．

1. 総変動の差の要因分解

(1) 概況

表 4-1(a)（二人以上世帯）と表 4-1(b)（単身世帯）は，次頁のように図示される（図 4-1(a)(b)）．

総変動は総級内変動と総級間変動の和であるので，積み上げ棒グラフの全体が総変動の差の規模を示す．図 4-1(a)(b) の元になった表 4-1(a)(b) は，二人以上世帯と単身世帯のいずれにおいても，所得格差を標準偏差で計測すれ

ば，1989年から2004年までの間でおよそ28万円，格差が拡大したことを示している．とりわけ1989年〜1994年の二人以上世帯における格差の拡大（55万円）は，他のどの期間よりも大きく，しかもそれは総級内変動の差の拡大（46万円）によるところが大きい．同期間の単身世帯も同様で，他の期間に較べて最大（33万円）の格差拡大を示し，その98％は総級内変動の差の寄与分であった．

1994年〜1999年では，二人以上世帯で総変動の差が負値となり（−5万円），格差は縮小したが，単身世帯では格差が拡大している（18万円）．

1999年〜2004年では，二人以上世帯と単身世帯のいずれにおいても，総変動の差は，ほぼ−23万円となり，格差が縮小した．

このように，1989年を始点とし，2004年を終点とすれば，最初と最後では格差が拡大してはいるが，その間，一貫して格差が拡大した訳ではなく，二人以上世帯では，1994年〜1999年と1999年〜2004年には格差が縮小し，単身世帯では1999年〜2004年において格差が縮小した．

さらにまた，表4-1(a)(b)は，1994年〜1999年と1999年〜2004年における単身世帯を除けば，概して総変動の差に占める総級内変動の割合が大きく，変動の差の大部分が総級内変動の差の変動によって説明できることを示している．

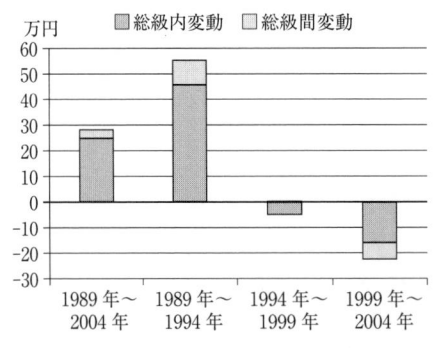

図 4-1(a) 総変動の差の分解（二人以上世帯）
出所：表 4-1(a)

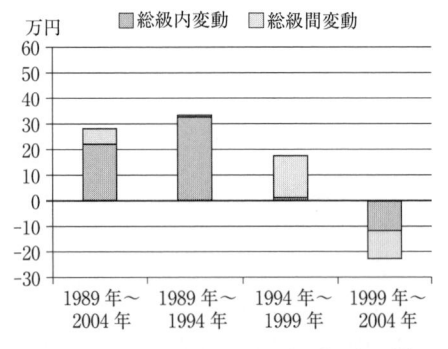

図 4-1(b) 総変動の差の分解（単身世帯）
出所：表 4-1(b)

ここで注意すべきは，表 4-1(a)(b) における総級内変動と総級間変動の欄の（ ）内数字（寄与率）が正になるということと元の値（総級内変動の差，総級間変動の差）が正であることとは別であるということである．①総変動の差が正であって，しかも総級内変動（または総級間変動）の差が正であるときだけでなく，②総変動の差が負であって，しかも総級内変動（または総級間変動）の差が負であるときにも，寄与率（総変動の差に占める総級内変動の差の割合）が正になるからである．

二人以上世帯にかんする表 4-1(a) から具体的に数字を拾って，以下ではこのことを敷衍する．1994 年～1999 年においては総変動の差がマイナスとなって所得格差が 4.6 万円，縮小した．この総変動の差 −4.6 万円の内訳を見ると，総級内変動の差は −5.0 万円，総級間変動の差は ＋0.3 万円である．したがって，総変動の差に占める総級内変動の差の百分率（寄与率）は ＋107％，総級間変動の差は −7％ である．1999 年～2004 年における二人以上世帯についても同様に格差が縮小した（−23 万円）．変動要因別の構成比は，総級内変動が ＋71％ であり（−16 万円），総級間変動は ＋29％ であった（−7 万円）．

他方で，単身世帯（表4-1(b)）にあっては，1989年～2004年，1989年～1994 年，1994 年～1999 年の 3 期間で格差が拡大し，1999 年～2004 年では格差が縮小した．1999 年～2004 年における総変動の差（−23 万円）はその縮小の規模を示している．その内訳を変動の種類別に見ると，総級内変動の差が占める割合は 52％ であり（−12 万円），総級間変動は 48％（−11 万円）であった．

(2) 年齢階級別の要因分解（その１：総変動）

ミクロデータに総変動の差の年齢階級別要因分解式

$$\varDelta^{Totus} V_i = \frac{{}^t k_{i}{}^t}{{}^t N}\sigma - \frac{{}^0 k_{i0}}{{}^0 N}\sigma \qquad (2)\,[再掲]$$

を適用して，総変動の差 $\varDelta^{Totus} V$ にたいする年齢階級別の寄与分 $\varDelta^{Totus} V_i$

（単位：万円）を計算した（付表31(a)(b)）．その結果を検討する．そのために，(2)式にもとづいて，総変動の差にたいして果たす年齢階級別寄与分$\Delta^{Totus} V_i$の値が人口シェアおよび総変動とはどのような規定関係にあるのかを表にまとめておく（表4-2(a)(b)(c)）．

① 二人以上世帯

二人以上世帯についてはどの調査期間においても，一般的な傾向としては，65歳以上年齢階級の寄与分が他の年齢階級を凌駕している（次頁の図4-2(a)）．1994年～1999年，1999年～2004年においては，総変動の差がマイナスとなり（表4-1(a)），全年齢階級では格差が縮小しているにもかかわらず，65歳以上年齢階級の寄与分はプラスを示している（図4-2(a)）．期間別に関連数値を付表31(a)から拾うと，1994年～1999年では総変動の差が－5万円であったのにたいして，65歳以上年齢階級の寄与分は＋20万円である．1999年～2004年では，総変動の差が－23万円で，そのうち65歳以上年齢階級の寄与分は＋16万円である．

以下では65歳以上年齢階級の寄与分に着目するが，それに先立って，65歳以上年齢階級の他にも拡差を拡大させている年齢階級の存在を図4-2(a)が示していることを指摘しておく（このことは単身世帯（図4-2(b)）において

表4-2(a) 年齢階級別寄与分の差と人口シェア・総変動（その1）

$\Delta^{Totus} V_i > 0$	$\dfrac{{}^t k_i}{{}^t N} > \dfrac{{}^0 k_i}{{}^0 N}$	${}^t \sigma > {}^0 \sigma$ ${}^t \sigma = {}^0 \sigma$ ${}^t \sigma < {}^0 \sigma$
	$\dfrac{{}^t k_i}{{}^t N} = \dfrac{{}^0 k_i}{{}^0 N}$	${}^t \sigma > {}^0 \sigma$
	$\dfrac{{}^t k_i}{{}^t N} < \dfrac{{}^0 k_i}{{}^0 N}$	${}^t \sigma > {}^0 \sigma$

表4-2(b) 年齢階級別寄与分の差と人口シェア・総変動（その2）

$\Delta^{Totus} V_i = 0$	$\dfrac{{}^t k_i}{{}^t N} = \dfrac{{}^0 k_i}{{}^0 N}$	${}^t \sigma = {}^0 \sigma$

表4-2(c) 年齢階級別寄与分の差と人口シェア・総変動（その3）

$\Delta^{Totus} V_i < 0$	$\dfrac{{}^t k_i}{{}^t N} > \dfrac{{}^0 k_i}{{}^0 N}$	${}^t \sigma < {}^0 \sigma$
	$\dfrac{{}^t k_i}{{}^t N} = \dfrac{{}^0 k_i}{{}^0 N}$	${}^t \sigma < {}^0 \sigma$
	$\dfrac{{}^t k_i}{{}^t N} < \dfrac{{}^0 k_i}{{}^0 N}$	${}^t \sigma > {}^0 \sigma$ ${}^t \sigma = {}^0 \sigma$ ${}^t \sigma < {}^0 \sigma$

第 4 章 所得格差変動の年齢階級別要因分解

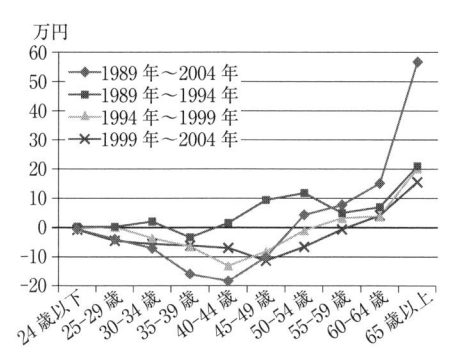

図 4-2(a) 総変動の差にたいする年齢階級別寄与分（二人以上世帯）
出所：付表 31(a)

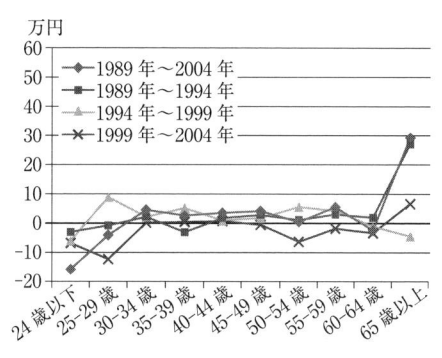

図 4-2(b) 総変動の差にたいする年齢階級別寄与分（単身世帯）
出所：付表 31(b)

も同様である）[1]．

　図 4-2(a) が示すように，二人以上世帯においては，65 歳以上年齢階級の寄与分の差はすべての期間でプラスになって（$\Delta^{Totus}V_i>0$），65 歳以上年齢階級が総変動の差を押し上げた．しかし，総変動の差にかんする年齢階級別要因分解式（(2)式）とその数学的含意をまとめた表 4-2(a) から明らかなように，年齢階級別寄与分がプラスの値となって，総変動の差を押し上げる方向で機能するときにも，人口シェアと総変動にはさまざまな組み合わせがある．人口シェアが増大している場合であっても $\left(\frac{{}^tk_i}{{}^tN}>\frac{{}^0k_i}{{}^0N}\right)$，年齢階級別寄与分の差がプラスとなるときは（$\Delta^{Totus}V_i>0$），総変動の大小関係には 3 とおりがある（${}^t\sigma \gtreqless {}^0\sigma$）．ミクロデータにもとづく計算結果（次頁の表 4-3(a)）はこのことを示している．1989 年～2004 年と 1989 年～1994 年では総変動が増大して，全年齢階級の格差は拡大している．1994 年～1999 年と 1999 年～2004 年では総変動が縮小して，格差が縮小している．

---

[1] 拡差拡大の主因となった年齢階級の特定と，その年齢階級による拡大が「見かけ上」であるということはそれぞれの根拠が必要である．しかし，総変動の差を拡大させる年齢階級のなかで，とくに 65 歳以上年齢階級の寄与が「見かけ上」であると判定する根拠を見い出すことは難しい．

表 4-3(a)　65 歳以上年齢階級人口シェアと総変動
（二人以上世帯，1989 年～2004 年）

		人口シェア（比率） $\frac{^0k_i}{^0N} \to \frac{^tk_i}{^tN}$	総変動（万円） $^0\sigma \to {^t\sigma}$
1989 年～2004 年	表 4-2(a)	0.11 → 0.24	366 → 394
1989 年～1994 年		0.11 → 0.14	366 → 421
1994 年～1999 年		0.14 → 0.19	421 → 416
1999 年～2004 年		0.19 → 0.24	416 → 394
出所		付表 1(a)	付表 3(a)

表 4-3(b)　65 歳以上年齢階級人口シェアと総変動
（単身世帯，1989 年～2004 年）

		人口シェア（比率） $\frac{^0k_i}{^0N} \to \frac{^tk_i}{^tN}$	総変動（万円） $^0\sigma \to {^t\sigma}$
1989 年～2004 年	表 4-2(a)	0.25 → 0.36	172 → 200
1989 年～1994 年		0.25 → 0.34	172 → 205
1994 年～1999 年	表 4-2(c)	0.34 → 0.30	205 → 223
1999 年～2004 年	表 4-2(a)	0.30 → 0.36	223 → 200
出所		付表 1(b)	付表 3(b)

　総変動にたいする調査年別の年齢階級別寄与分については，その要因分解式 $\left(\sigma = \sum_{i=1}^{m} \frac{k_i}{N}\sigma\right)$ が示すように，それを規定するのは，人口シェアと総変動である．総変動を所与とすれば，人口シェアだけが年齢階級別寄与分を決定する．この意味で，調査年別に計測した年齢階級別寄与分は人口構成を鋭敏に反映する．ところが，2 時点間における総変動の差にたいする年齢階級別寄与分は，表 4-2(a)(b)(c)（とくに考慮中のケースについては表 4-2(a)）が示すように，調査年ごとの人口シェアと総変動の 2 つから影響を受けるので，人口シェアの変化とともに，総変動の変化を参照する必要がある．総変動の差にたいする年齢階級別寄与分の動向を人口シェアの変化だけで説明することはできないのである．このようなことは，総変動の差を総級内変動の差と総級間変動の差に要因分解し，それぞれの変動にたいする年齢階級別寄与分

を検討するときにも起こる（後述 1(3)(4)）．

② 単身世帯

二人以上世帯のときと同様に，ここでも 65 歳以上年齢階級に着目する（図 4-2(b)，99 頁）．付表 31(b) によれば，65 歳以上年齢階級の寄与分がプラスとなって，総変動の差を押し上げたのは，1989 年～2004 年（総変動の差 28 万円，うち 65 歳以上年齢階級寄与分 29 万円），1989 年～1994 年（総変動の差 33 万円，うち 65 歳以上年齢階級寄与分 27 万円），1999 年～2004 年（総変動の差 −23 万円，うち 65 歳以上年齢階級寄与分 7 万円）の 3 期間である．したがって，表 4-2(a) が該当する．これにたいして，1994 年～1999 年では，65 歳以上年齢階級が総変動の差を引き下げた（総変動の差 18 万円，うち寄与分 −4 万円）．このときには，表 4-2(c) が当てはまる．この違いは何によってもたらされたのか，65 歳以上年齢階級の寄与分の増減は，どのような影響によるものか．以下では，このことについて考察する．

表 4-2(a) が該当する 3 期間（1989 年～2004 年，1989 年～1994 年，1999 年～2004 年）において，65 歳以上年齢階級の寄与分はプラスとなった（表 4-3(b)）．どの期間でも，人口シェアは増大している．ところが，総人口の差にたいする年齢階級別寄与分の変動に影響をあたえるもう一方の要素（総変動の差）には，差異がある．すなわち，1989 年～2004 年と 1989 年～1994 年においては，総変動の差がプラスとなった（$^t\sigma > {}^0\sigma$）．他方で，1999 年～2004 年においては，総変動の差がマイナスとなったが（$^t\sigma < {}^0\sigma$），65 歳以上年齢階級は総変動の差を押し上げる方向で機能した．二人以上世帯と同様に，単身世帯においても 65 歳以上年齢階級別寄与分がプラスとなり（$\varDelta^{Totus} V_i > 0$），格差を押し上げる方向で影響をあたえているとは言っても，その内実には違いがある．

表 4-2(c) が該当する 1994 年～1999 年においては，65 歳以上年齢階級の寄与分は −4 万円である（付表 31(b)）．表 4-3(b) によれば，このとき総変動の差にたいして影響をあたえる 2 つの要素（人口シェアと総変動）のうち，

人口シェアは減少し，総変動は増大した．すなわち，全年齢階級については格差が拡大し（＋18万円（付表31(b)による）），その意味では1994年～1999年は1989年～2004年および1989年～1994年と同様であるにもかかわらず，65歳以上年齢階級の寄与分はマイナスとなって，格差の拡大にたいして反対に作用している（図4-2(b)）．

二人以上世帯については，総変動の差が正値か負値か（全年齢階級の格差が拡大しているか縮小しているか）にかかわらず，65歳以上年齢階級の人口シェアがどの期間においても一様に増大していることから，人口動態効果が働いて，その年齢階級が格差拡大に寄与したという主張は受け入れやすい．また，単身世帯についても，65歳以上年齢階級の人口シェアが減少した1994年～1999年においては総変動の差が拡大しているのもかかわらず，その年齢階級の寄与分がマイナスとなって，全年齢階級の格差が縮小した．このことをもって，人口動態効果を検出したという見解は理解されやすい．

しかし，人口シェアの増減がつねに年齢階級別寄与分の増減と同方向に変化するかと言えば，そうではない（表4-2(a)(b)(c)，98頁）．表4-2(a)は，人口シェアが増加すれば，年齢階級別寄与分が増加することを示している．また，表4-2(c)は人口シェアが減少すれば，年齢階級別寄与分が減少することを示している．ところが，それと同時に表4-2(a)は，人口シェアが①増大するだけでなく，②横ばい，または③減少しても，年齢階級別寄与分は増大することを示している．他方で，表4-2(c)は，人口シェアが①増大，②横ばい，③減少のいずれであろうとも，年齢階級別寄与分は減少することを示している．人口シェアの増減による効果は年齢階級別寄与分にたいして一意的ではない．したがって，総変動の差の年齢階級別要因分解にかんする上記の方法によって，人口動態効果を検出することは難しい．

(3) 年齢階級別の要因分解（その2：総級内変動）

総変動の差 $\varDelta^{Totus}V$ は2つの時点における年齢階級別総変動寄与分の差 $\varDelta^{Totus}V_i$ の総和である（(1)式と(2)式参照）．そして，$\varDelta^{Totus}V_i$ は

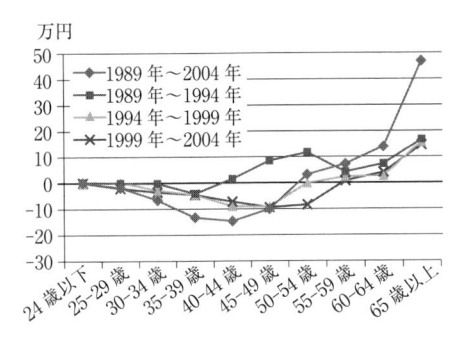

第 4 章　所得格差変動の年齢階級別要因分解　　　103

図 4-3(a)　総変動の差にたいする年齢階級別級内変動の寄与分（二人以上世帯）

出所：付表 33(a)

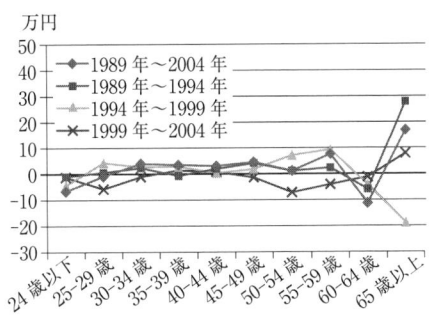

図 4-3(b)　総変動の差にたいする年齢階級別級内変動の寄与分（単身世帯）

出所：付表 33(b)

$$\Delta^{Totus} V_i = \Delta^{Intra} V_i + \Delta^{Inter} V_i \qquad (3)'[再掲]$$

によって級内変動 $\Delta^{Intra} V_i$ と級間変動 $\Delta^{Inter} V_i$ に分解され，そのうち $\Delta^{Intra} V_i$ は

$$\Delta^{Intra} V_i = \frac{{}^t k_{i\,t}}{{}^t N}\sigma_i - \frac{{}^0 k_{i\,0}}{{}^0 N}\sigma_i \qquad (4)[再掲]$$

であたえられる．

(4)式にもとづいて算出した年齢階級別寄与分は上図 4-3(a)(b) に示すとおりである．なお，これらの図の縦軸の値は，比較のための便宜を計り，図4-2(a)(b) と同じにした．

これらの図が示す世帯類型別の年齢階級別寄与分の分布特性を，以下ではとくに 65 歳以上年齢階級に注目して検討する．そのために，級内変動にかんする年齢階級別寄与分 $\Delta^{Intra} V_i$ の値が何によって規定されるかをまとめた表を作成し，これを用いて，以下では(4)式の数学的含意を具体的に明らかにする（表 4-4(a)(b)(c)）．

表 4-4(a) 年齢階級別級内変動の差と人口シェア・年齢階級別標準偏差（その 1）

$\Delta^{Intra} V_i > 0$	$\dfrac{{}^t k_i}{{}^t N} > \dfrac{{}^0 k_i}{{}^0 N}$	${}^t \sigma_i > {}^0 \sigma_i$ ${}^t \sigma_i = {}^0 \sigma_i$ ${}^t \sigma_i < {}^0 \sigma_i$
	$\dfrac{{}^t k_i}{{}^t N} = \dfrac{{}^0 k_i}{{}^0 N}$	${}^t \sigma_i > {}^0 \sigma_i$
	$\dfrac{{}^t k_i}{{}^t N} < \dfrac{{}^0 k_i}{{}^0 N}$	${}^t \sigma_i > {}^0 \sigma_i$

表 4-4(b) 年齢階級別級内変動の差と人口シェア・年齢階級別標準偏差（その 2）

$\Delta^{Intra} V_i = 0$	$\dfrac{{}^t k_i}{{}^t N} = \dfrac{{}^0 k_i}{{}^0 N}$	${}^t \sigma_i = {}^0 \sigma_i$

表 4-4(c) 年齢階級別級内変動の差と人口シェア・年齢階級別標準偏差（その 3）

$\Delta^{Intra} V_i < 0$	$\dfrac{{}^t k_i}{{}^t N} > \dfrac{{}^0 k_i}{{}^0 N}$	${}^t \sigma_i < {}^0 \sigma_i$
	$\dfrac{{}^t k_i}{{}^t N} = \dfrac{{}^0 k_i}{{}^0 N}$	${}^t \sigma_i < {}^0 \sigma_i$
	$\dfrac{{}^t k_i}{{}^t N} < \dfrac{{}^0 k_i}{{}^0 N}$	${}^t \sigma_i > {}^0 \sigma_i$ ${}^t \sigma_i = {}^0 \sigma_i$ ${}^t \sigma_i < {}^0 \sigma_i$

① 二人以上世帯

二人以上世帯の場合，どの期間を取ってみても総変動の差が総級内変動によって説明できることはすでに見たとおりである（表 4-1(a)）．

総変動の差を期間別に見ると（付表 31(a)），1989 年～2004 年，1989 年～1994 年においては，それぞれ +28 万円，+55 万円と増大し，格差が拡大している．他方で，1994 年～1999 年と 1999 年～2004 年については，総変動の差がそれぞれ -5 万円，-23 万円と減少し，これらの期間では格差がそれぞれの前期調査よりも縮小している．それにもかかわらず，総級内変動の差にたいする 65 歳以上年齢階級の級内変動寄与分は，付表 33(a) によれば，1989 年～1994 年，1994 年～1999 年，1999 年～2004 年のどれをとってもほぼ一定で，それぞれ +17 万円，+16 万円，+15 万円であり，これらが累積して 1989 年～2004 年では，65 歳年齢階級の級内変動寄与分の差は +47 万円である．二人以上世帯にあっては，総級内変動の差の動向を見る限り，65 歳以上年齢階級が格差押し上げの主因であることが確認できる．

ところが，総級内変動の差に影響をあたえる年齢階級別寄与分は，表 4-4(a)(b)(c) から明らかなように，人口シェアと年齢階級別標準偏差の動向に

第 4 章 所得格差変動の年齢階級別要因分解

表 4-5(a) 人口シェアと標準偏差（二人以上世帯，65 歳以上年齢階級，1989 年～2004 年）

		人口シェア（比率） $\frac{^0k_i}{^0N} \to \frac{^tk_i}{^tN}$	標準偏差（万円） $^0\sigma_i \to {}^t\sigma_i$
1989 年～2004 年	表 4-4(a)	0.11 → 0.24	414 → 374
1989 年～1994 年		0.11 → 0.14	414 → 427
1994 年～1999 年		0.14 → 0.19	427 → 397
1999 年～2004 年		0.19 → 0.24	397 → 374
出所		付表 1(a)	付表 3(a)

よって左右される．このために，総変動の差を押し上げた主因としての 65 歳以上年齢階級について，その級内変動寄与分の大きさを決定する人口シェアと年齢階級別標準偏差を表 4-5(a) にまとめて，さらに検討を加える．

人口シェアの増大は，すべての期間に共通している．しかし，65 歳以上年齢階級の標準偏差を期間別に見ると，減少（1989 年～2004 年），増加（1989 年～1994 年），減少（1994 年～1999 年），減少（1994 年～1999 年）を示している（表 4-5(a)）．表 4-4(a) は，年齢階級別級内変動の寄与分がプラスになるとしても（$\Delta^{Intra} V_i > 0$），人口シェアの変化にはさまざまなケースがあり $\left(\frac{^tk_i}{^tN} \gtreqless \frac{^0k_i}{^0N}\right)$，しかも，人口シェアが増大する場合でも $\left(\frac{^tk_i}{^tN} > \frac{^0k_i}{^0N}\right)$，年齢階級別標準偏差の差の大小関係が一様ではないことを示している（$^t\sigma_i \gtreqless {}^0\sigma_i$）．このことを勘案すると，年齢階級別級内変動の差の（総変動の差にたいする）寄与分によって，人口動態効果を計測することはできないと考えられる．このことは単身世帯についても同様である．

② 単身世帯

図 4-3(b)（103 頁）によって，すべての年齢階級の寄与分を概観することができる．以下では，65 歳以上年齢階級の動向を検討するが，それに先だって，表 4-1(b)（95 頁）を参照して，上に見た二人以上世帯とは異なる単身世帯の特徴について言及する．それは，総変動の差にたいする総級内変動の説明力に安定性を欠くということである（これにたいして二人以上世帯に

あっては，総級内変動の差が総変動の差に占める割合（寄与率）は，どの期間でも，総変動の差の増大・減少（格差拡大・縮小）にかかわらず，比較的に大きい値をとることから，総級内変動の差には強い説明力がある）．総変動の差は総級内変動の差と総級間変動の差との和であるから，この特徴の逆は，総級間変動についても一般的に当てはまる（このことは後述する）．

単身世帯における総級内変動の差にたいする65歳以上年齢階級の寄与分を，期間別に取り上げて，このことを敷衍する．付表31(b)によれば，総変動の差がプラスとなって，格差が拡大した1989年～2004年と1989年～1994年では，総変動の差にたいする65歳以上年齢階級の級内変動寄与分はプラスである（それぞれ，付表33(b)によれば，17万円と28万円）．しかも，総変動の差にたいするこの年齢階級の級内変動寄与分の差の割合（寄与率）は60％（1989年～2004年），83％（1989年～1994年）となっている（付表34(b)）．したがって，総級内変動の差から見ても，65歳以上年齢階級が格差拡大の主因であったと指摘することができる．

他方で，1994年～1999年では総変動の差が+18万円となって（付表31(b)），格差が拡大している．それにもかかわらず，付表33(b)によれば，65歳以上年齢階級の級内変動寄与分の差は−19万円となって，格差（総変動の差）を縮小させる方向で機能している．この期間でこの寄与分の差がマイナスを示した年齢階級は他にもあって，それは，24歳以下年齢階級（−4万円）と60-64歳年齢階級（−4万円）である．他の年齢階級の寄与分はすべてプラスとなった．1994年～1999年における総変動の差にたいする総級内変動の差の寄与分が+1万円であることから（付表33(b)），他の期間と較べて，この期間では，総変動の差（+18万円）（付表31(b)）にたいする総級内変動の差の寄与は軽微である．それだけに，65歳以上年齢階級の級内変動の差があたえる総変動の差にたいする寄与分の大きさ（−19万円）が目立ち，65歳以上年齢階級が格差を縮小させる方向で最大の寄与を果たしている．

また，付表31(b)によれば，1999年～2004年では総変動の差が−23万円

第 4 章 所得格差変動の年齢階級別要因分解　　107

となっているにもかかわらず，付表 33(b) は 65 歳以上年齢階級の級内変動寄与分の差は 8 万円であることを示している．しかも，この期間において級内変動の年齢階級別寄与分の差がプラスとなったのは，65 歳以上年齢階級の他には，35-39 歳年齢階級（＋1 万円），40-44 歳年齢階級（0.8 万円）であるが，いずれもその寄与分は 65 歳以上年齢階級よりも小さい（他のすべての年齢階級においてマイナスとなった）（付表 33(b)）．1999 年～2004 年においては，65 歳以上年齢階級が級内変動においても，格差押し上げの主因であったことが確認できる．

　以上述べたように，すべての期間について，65 歳以上年齢階級は，格差の拡大（1989 年～2004 年，1989 年～1994 年，1999 年～2004 年）と縮小（1994 年～1999 年）の主因と見ることができる．しかし，それが人口シェアの変化だけで説明できるかと言えば，二人以上世帯について述べたと同様に，そうではない．

　下に掲げる表 4-5(b) から期間別に人口シェアだけを抽出して，総変動の差にたいする 65 歳以上年齢階級の級内変動寄与分の動向を見ると，この寄与分がプラスとなった 1989 年～2004 年，1989 年～1994 年，1999 年～2004 年のどの期間でも，人口シェアが上昇している．また，65 歳以上年齢階級の級内変動寄与分が減少した 1994 年～1999 年では，人口シェアも減少している．このことから，人口シェアの増減が年齢階級別級内変動の寄与分に影

表 4-5(b)　人口シェアと標準偏差
（単身世帯，65 歳以上年齢階級，1989 年～2004 年）

		人口シェア(比率) $\frac{^0k_i}{^0N} \to \frac{^tk_i}{^tN}$	標準偏差(万円) $^0\sigma_i \to {}^t\sigma_i$
1989 年～2004 年	表 4-4(a)	0.25 → 0.36	139 → 143
1989 年～1994 年		0.25 → 0.34	139 → 183
1994 年～1999 年	表 4-4(c)	0.34 → 0.30	183 → 149
1999 年～2004 年	表 4-4(a)	0.30 → 0.36	149 → 143
出所		付表 1(b)	付表 3(b)

響をあたえているかに見える．しかし，この寄与分には年齢階級別標準偏差もまた影響をあたえる．同様に寄与分が上昇したとは言え，1989年～2004年と1989年～1994年では年齢階級別標準偏差も上昇しているが，1999年～2004年ではその年齢階級別標準偏差が減少している（表4-5(b)）．他方で，1999年～2004年と同様に年齢階級別標準偏差が減少した1994年～1999年では，寄与分がマイナスを示している（表4-5(b)）．要するに，年齢階級別級内変動の差が総変動の差にたいして果たす寄与分は，人口シェアと年齢階級別標準偏差の2つのそれぞれによる複合効果の規模を示す．このため，年齢階級別級内変動の差の寄与分から，人口動態効果を計測することはできない．

(4) 年齢階級別の要因分解（その3：総級間変動）

総変動の差 $\varDelta^{Totus}V$ は

$$\varDelta^{Totus}V = \varDelta^{Intra}V + \varDelta^{Inter}V \qquad (3)'[再掲]$$

により，総級内変動の差 $\varDelta^{Intra}V$ と総級間変動の差 $\varDelta^{Inter}V$ とに分解される．そして，全年齢階級を構成する個々の年齢階級が果たす $\varDelta^{Totus}V_i$ への年齢階級別級間変動寄与分 $\varDelta^{Inter}V_i$ は次式であたえられる．

$$\varDelta^{Inter}V_i = \frac{{}^t k_i}{{}^t N}({}^t\sigma - {}^t\sigma_i) - \frac{{}^0 k_i}{{}^0 N}({}^0\sigma - {}^0\sigma_i) \qquad (5)[再掲]$$

本項での考察に先立って，(5)式の数理的含意について述べておく．(5)式は，その右辺の第1項と第2項の大小関係に応じて，正，ゼロ，負の値をとる．$\varDelta^{Inter}V_i$ の値を符号別に場合分けした結果を次頁に掲載する（表4-6(a)(b)(c)）．

年齢階級別級間変動の差 $\varDelta^{Inter}V_i$ は総変動の差 $\varDelta^{Totus}V$ を押し上げたり（表4-6(a)），引き下げたり（表4-6(c)），そのどちらにも作用しなかったりする（表4-6(b)）．それを規定するのは，①人口シェアだけでなく，②総変動と年齢階級別標準偏差の差の2時点間に見られる大小関係であることが表

第4章 所得格差変動の年齢階級別要因分解

4-6(a)(b)(c) によって示される．総変動の差にたいする年齢階級別級間変動の寄与分を(5)式にもとづいて計算した結果は，次頁の図のとおりである（図4-4(a)(b)）．これまでの考察で措定した課題は，65歳以上年齢階級の動向であるので，この年齢階級の寄与分（単位：万円）に着目し，表4-6(a)(b)(c) を参照して，以下では世帯類型別に考察する．

① 二人以上世帯

図4-4(a) によれば，65歳以上年齢階級による総級間変動の差にたいする寄与分は，1999年～2004年を除く3期間（1989年～2004年，1989年～1994年，1994年～1999年）で，他のどの年齢階級の寄与分よりも大きい．1999年～2004年では50～54歳年齢階級の寄与分2万円に次ぐ，1万円であって，65歳以上年齢階級の寄与分は大きい方である（付表36(a)）．

表4-6(a) 年齢階級別級間変動の差と人口シェア・総変動・年齢階級別標準偏差（その1）

$\Delta^{Inter}V_i>0$	$\dfrac{{}^tk_i}{{}^tN}>\dfrac{{}^0k_i}{{}^0N}$	${}^t\sigma-{}^t\sigma_i>{}^0\sigma-{}^0\sigma_i$ ${}^t\sigma-{}^t\sigma_i={}^0\sigma-{}^0\sigma_i$ ${}^t\sigma-{}^t\sigma_i<{}^0\sigma-{}^0\sigma_i$
	$\dfrac{{}^tk_i}{{}^tN}=\dfrac{{}^0k_i}{{}^0N}$	${}^t\sigma-{}^t\sigma_i>{}^0\sigma-{}^0\sigma_i$
	$\dfrac{{}^tk_i}{{}^tN}<\dfrac{{}^0k_i}{{}^0N}$	${}^t\sigma-{}^t\sigma_i>{}^0\sigma-{}^0\sigma_i$

表4-6(b) 年齢階級別級間変動の差と人口シェア・総変動・年齢階級別標準偏差（その2）

$\Delta^{Inter}V_i=0$	$\dfrac{{}^tk_i}{{}^tN}>\dfrac{{}^0k_i}{{}^0N}$	${}^t\sigma-{}^t\sigma_i<{}^0\sigma-{}^0\sigma_i$
	$\dfrac{{}^tk_i}{{}^tN}=\dfrac{{}^0k_i}{{}^0N}$	${}^t\sigma-{}^t\sigma_i={}^0\sigma-{}^0\sigma_i$
	$\dfrac{{}^tk_i}{{}^tN}<\dfrac{{}^0k_i}{{}^0N}$	${}^t\sigma-{}^t\sigma_i>{}^0\sigma-{}^0\sigma_i$

表4-6(c) 年齢階級別級間変動の差と人口シェア・総変動・年齢階級別標準偏差（その3）

$\Delta^{Inter}V_i<0$	$\dfrac{{}^tk_i}{{}^tN}>\dfrac{{}^0k_i}{{}^0N}$	${}^t\sigma-{}^t\sigma_i<{}^0\sigma-{}^0\sigma_i$
	$\dfrac{{}^tk_i}{{}^tN}=\dfrac{{}^0k_i}{{}^0N}$	${}^t\sigma-{}^t\sigma_i<{}^0\sigma-{}^0\sigma_i$
	$\dfrac{{}^tk_i}{{}^tN}<\dfrac{{}^0k_i}{{}^0N}$	${}^t\sigma-{}^t\sigma_i>{}^0\sigma-{}^0\sigma_i$ ${}^t\sigma-{}^t\sigma_i={}^0\sigma-{}^0\sigma_i$ ${}^t\sigma-{}^t\sigma_i<{}^0\sigma-{}^0\sigma_i$

このことから，総変動の差がマイナスとなって，格差が縮小した1994年～1999年と1999年～2004年においても，65歳以上年齢階級の級間変動は格差押し上げの主因と見ることができる．表4-7(a) によれば，どの4期

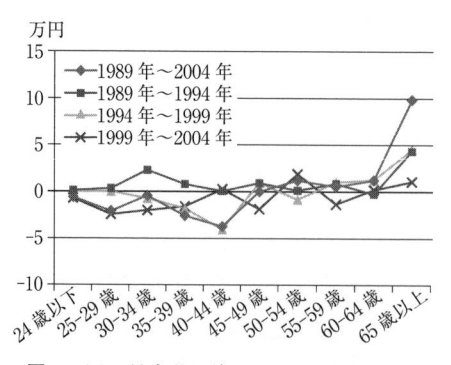

図 4-4(a)　総変動の差にたいする年齢階級別級間変動の寄与分（二人以上世帯）

出所：付表 36(a)

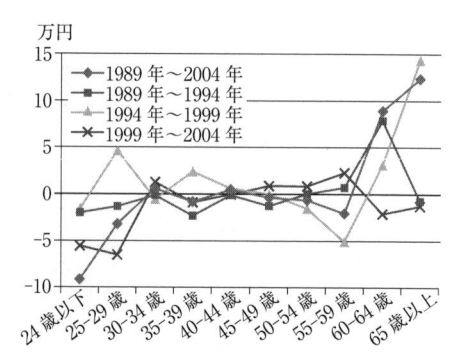

図 4-4(b)　総変動の差にたいする年齢階級別級間変動の寄与分（単身世帯）

出所：付表 36(b)

表 4-7(a)　人口シェア・総変動の差・年齢階級別標準偏差の差
（二人以上世帯，65 歳以上年齢階級，1989 年～2004 年）

		人口シェア(比率) $\frac{^0k_i}{^0N} \to \frac{^tk_i}{^tN}$	総変動 $^t\sigma - ^t\sigma_i$	年齢階級別標準偏差(万円) $^0\sigma - ^0\sigma_i$
1989 年～2004 年	表 6(a)	0.11 → 0.24	19	−49
1989 年～1994 年		0.11 → 0.14	−6	−49
1994 年～1999 年		0.14 → 0.19	19	−6
1999 年～2004 年		0.19 → 0.24	19	19
出所		付表 1(a)	付表 3(a) にもとづく	

間においても，65 歳以上年齢階級の人口シェアが増加している．それだけを見れば，総変動の差にたいする 65 歳以上年齢階級の級間変動の差の寄与を大きくして，格差を押し上げたのは，人口シェアの増加であるかのように思われる．しかし，年齢階級別級間変動の寄与分の計算式

$$\Delta^{Inter} V_i = \frac{^tk_i}{^tN}(^t\sigma - ^t\sigma_i) - \frac{^0k_i}{^0N}(^0\sigma - ^0\sigma_i) \qquad (5)[再掲]$$

によれば，$\Delta^{Inter} V_i$ の大きさは人口シェアだけでなく，総変動と年齢階級別標準偏差によって規定される．しかも(5)式の数学的含意を示す表 4-6(a)(b)(c) のなかから，ミクロデータが示す二人以上世帯の動向 $\Delta^{Inter} V_i > 0$ に適合

するケース（表 4-6(a)）を抽出してみれば，総変動と年齢階級別標準偏差の差にかんして，2 時点間で見られる 3 とおりの大小関係（$({}^t\sigma-{}^t\sigma_i) \gtreqless ({}^0\sigma-{}^0\sigma_i)$）と矛盾なく，$\varDelta^{Toutus}V_i$ にたいする年齢階級別級間変動の寄与分 $\varDelta^{Inter}V_i$ はプラスを示すことが分かる．

実際に，関連する数値をまとめた表 4-7(a) によれば，総変動と年齢階級別標準偏差の差（$\sigma-\sigma_i$）との間の期間別大小関係は一様ではない．すなわち，1989 年～2004 年，1989 年～1994 年，1994 年～1999 年にあっては，$({}^t\sigma-{}^t\sigma_i)>({}^0\sigma-{}^0\sigma_i)$ のもとで，$\varDelta^{Inter}V_i>0$ となったが，1999 年～2004 年では，$({}^t\sigma-{}^t\sigma_i)\fallingdotseq({}^0\sigma-{}^0\sigma_i)$ のもとで $\varDelta^{Inter}V_i>0$ となった．

(5)式が示すように，$\varDelta^{Inter}V_i$ の符号にたいしては，人口シェアの動向が影響をあたえると主張することはできるが，それだけによるとは言い難い．65 歳以上年齢階級の寄与分の大きさを示す図 4-4(a) およびそれがもとづく付表 36(a) から，二人以上世帯においては，総変動の差を押し上げ，格差を拡大させた主因は 65 歳以上年齢階級における級間変動寄与分の差であると指摘することはできるが，それが人口シェアの変動だけによる，換言すれば人口動態効果だけによってもたらされたと断定するには無理がある．このことは，次に取り上げる単身世帯についても妥当する．

② 単身世帯

前頁の図 4-4(b) によれば，総変動の差にたいする 65 歳以上年齢階級の級間変動寄与分がプラスとなったのは，1989 年～2004 年と 1994 年～1999 年である．これにたいして，1989 年～1994 年と 1999 年～2004 年では，65 歳以上年齢階級の寄与分はマイナスを示している．65 歳以上年齢階級の級間変動の差がすべての期間を通じて，一般的に，総変動の差を押し上げてはいなかった．このことは，上に見た二人以上世帯とは異なっている．二人以上世帯では，すべての期間で 65 歳以上年齢階級の寄与分がプラスとなっているからである．

表 4-6(a)(b)(c)（109 頁）が示すように，総変動の差にたいして果たす年齢

表 4-7(b) 人口シェア・総変動の差・年齢階級別標準偏差の差
(単身世帯, 65歳以上年齢階級, 1989年～2004年)

		人口シェア (比率) $\frac{^0k_i}{^0N} \rightarrow \frac{^tk_i}{^tN}$	総変動－年齢階級別標準偏差 (万円)	
			$^t\sigma - ^t\sigma_i$	$^0\sigma - ^0\sigma_i$
1989年～2004年	表 4-6(a)	0.25 → 0.36	57	33
1989年～1994年	表 4-6(c)	0.25 → 0.34	22	33
1994年～1999年	表 4-6(a)	0.34 → 0.30	74	22
1999年～2004年	表 4-6(c)	0.30 → 0.36	57	74
出所		付表 1(b)	付表 3(b) にもとづく	

階級別級間変動の寄与分の差は，人口シェアだけでなく，総変動と年齢階級別標準偏差の差による影響を受けることはすでに述べた．上の表 4-7(b) を用いて，単身世帯についてこのことを具体的に考察する．

65歳以上年齢階級の級間変動寄与分の差が他の年齢階級を抜いて大きい正の値を示した 1989年～2004年と 1994年～1999年について (図 4-4(b))，まず，その寄与分に影響をあたえる人口シェアの動向を見る．1989年～2004年には 65歳以上年齢階級の人口シェアが増大したが，1994年～1999年では人口シェアが減少している．人口シェアの増減と年齢階級別級間変動寄与分の増減とは，同時に同方向の変化を示してはいない．

これにたいして，1989年～1994年と 1999年～2004年では，いずれも人口シェアが増加しているにもかかわらず，検討の対象としている寄与分 (65歳以上年齢階級の級間変動寄与分) がマイナスとなった (図 4-4(b))．この寄与分の増減と人口シェアの増減とが同時に同方向の変化を示すとは言い難いことは，このことからも明らかである．

なお，総変動の差 ($\Delta^{Totus}V$) にたいして果たす 65歳以上年齢階級の級間変動寄与分 ($\Delta^{Inter}V_i$) の規模を人口シェアの変動とともに規定する ($\sigma - \sigma_i$) (総変動と年齢階級別標準偏差の差) の大小関係を見ると，考慮中の寄与分の増大を示す 1989年～2004年と 1994年～1999年では ($^t\sigma - ^t\sigma_i$) > ($^0\sigma - ^0\sigma_i$) が成立しているものの，寄与分が減少した 1989年～1994年と 1999年～

2004年では $({}^t\sigma - {}^t\sigma_i) < ({}^0\sigma - {}^0\sigma_i)$ となった．したがって，65歳以上年齢階級の級間変動寄与分の増減（$\Delta^{Inter}V_i$）と2つの差（$({}^t\sigma - {}^t\sigma_i)$ と $({}^0\sigma - {}^0\sigma_i)$）に見られる時点間大小関係との間には，一意的な関係があるとは認められない．

以上要するに，総変動の差にたいして果たす年齢階級別級間変動の差の寄与分にかんする図4-4(a)(b)からは，世帯類型を問わず，人口シェアの変動効果（人口動態効果）を測り知ることができない．人口動態効果を計測するには，別の方法が必要である．このことを付言して，次節に進む．

2. 総変動の差の仮想的要因分解

(1) 概況

前章では，年齢階級別人口シェアの変動効果（いわゆる人口動態効果）を計測するために，①「基準時点における人口構成に変化がなく，比較時点までその構成が維持され，基準時点と比較時点の人口構成が同一であるとすれば」という仮定を設けて，調査年別に年齢階級ごとの寄与（仮想値）を計算し，次いで②その仮想値と現実値（2時点で異なる実際の人口シェアの数値にもとづく寄与）を比較する方法を採用した．

この方法を総変動の差の分析にも応用して仮想値を得るための計算式は次のようになる．

$$\begin{aligned}{}^{hypoth}\Delta\sigma &= {}^{hypoth.t}\sigma - {}^0\sigma \\ &= \sum_{i=1}^{m}\frac{{}^0k_i}{{}^0N}{}^t\sigma - \sum_{i=1}^{m}\frac{{}^0k_i}{{}^0N}{}^0\sigma\end{aligned} \tag{6}$$

上式により，第 i 年齢階級における総変動の差の仮想値 ${}^{hypoth}\Delta^{Totus}V_i$ は次式であたえられる．

$$^{hypoth}\Delta^{Totus}V_i = \frac{{}^0k_i}{{}^0N}{}^t\sigma - \frac{{}^0k_i}{{}^0N}{}^0\sigma \tag{7}$$

また，(1)式の系として(2)式を誘導したときと同様に，仮想的総変動の差

$^{hypoth}\Delta\sigma$((6)式) もまた，2種類の仮想的変動にかんする差（総級内変動の差と総級間変動の差）に要因分解される．次式第1項は2時点間の総級内変動の差にかんする仮想値をあたえ，第2項は総級間変動の差にかんする仮想値をあたえる．

$$^{hypoth}\Delta\sigma = \left(\sum_{i=1}^{m}\frac{^0k_{i\,t}}{^0N}\sigma_i - \sum_{i=1}^{m}\frac{^0k_{i\,0}}{^0N}\sigma_i\right)$$
$$+ \left\{\sum_{i=1}^{m}\frac{^0k_i}{^0N}(^t\sigma - {}^t\sigma_i) - \sum_{i=1}^{m}\frac{^0k_i}{^0N}(^0\sigma - {}^0\sigma_i)\right\} \quad (8)$$

(8)式より，年齢階級別の仮想値はそれぞれ次のようになる．

級内変動の差：$^{hypoth}\Delta^{Intra}V_i = \frac{^0k_{i\,t}}{^0N}\sigma_i - \frac{^0k_{i\,0}}{^0N}\sigma_i$ (9)

級間変動の差：$^{hypoth}\Delta^{Inter}V_i = \frac{^0k_i}{^0N}(^t\sigma - {}^t\sigma_i) - \frac{^0k_i}{^0N}(^0\sigma - {}^0\sigma_i)$ (10)

表4-8(a)(b) は(8)式にもとづく仮想値とともに，すでに計算した現実値（表4-1(a)(b)）を表章している．

表4-8(a)(b) にもとづくグラフを次頁以下に掲げる（図4-5(a)(b)，図4-6(a)(b)．これらのグラフによれば，二人以上世帯においては1989年～1994年を除く3期間（1989年～2004年，1994年～1999年，1999年～2004年）で，2つの変動（総級内変動と総級間変動）にかんする現実値と仮想値の乖離が大きい（図4-5(a)，図4-6(a)）．他方，単身世帯については，1999年～2004年の期間を除く3期間（1989年～2004年，1989年～1994年，1994年～1999年）で，乖離が大きい（図4-5(b)，図4-6(b)）．

このことを踏まえて，以下では変動の種類別に考察する．

(2) 年齢階級別の仮想的要因分解（その1：総変動(1)）

① 寄与分

$$\Delta^{Totus}V_i = \frac{^tk_{i\,t}}{^tN}\sigma - \frac{^0k_{i\,0}}{^0N}\sigma \quad (2)[再掲]$$

第4章 所得格差変動の年齢階級別要因分解

表 4-8(a)　総変動の差の分解（現実値と仮想値）

	総変動の差	総級内変動の差		総級間変動の差	
		現実値	仮想値	現実値	仮想値
1989年～2004年	28.20	24.81　(88.0)	6.37　(22.6)	3.39　(12.0)	21.83　(77.4)
1989年～1994年	55.35	45.76　(82.7)	38.11　(68.9)	9.59　(17.3)	17.24　(31.1)
1994年～1999年	−4.63	−4.95　(106.9)	−10.79　(232.9)	0.32　(−6.9)	6.15　(−132.9)
1999年～2004年	−22.52	−16.00　(71.1)	−22.17　(98.4)	−6.52　(28.9)	−0.35　(1.6)

注記：総変動の差は現実値と仮想値（付表39(a)）が一致する．（　）内数字は総変動にたいする構成比（寄与率）．
出所：現実値：表 4-1(a) の再掲．
　　　仮想値：総級内変動の差：付表 41(a)，42(a)；総級間変動の差：付表 44(a)，45(a)．

表 4-8(b)　総変動の差の分解（現実値と仮想値）

	総変動の差	総級内変動の差		総級間変動の差	
		現実値	仮想値	現実値	仮想値
1989年～2004年	28.15	22.04　(78.3)	12.53　(44.5)	6.11　(21.7)	15.62　(55.5)
1989年～1994年	33.41	32.66　(97.7)	26.97　(80.7)	0.76　(2.3)	6.44　(19.3)
1994年～1999年	17.55	1.16　(6.6)	−6.60　(−37.6)	16.39　(93.4)	24.15　(137.6)
1999年～2004年	−22.81	−11.78　(51.6)	−12.65　(55.4)	−11.03　(48.4)	−10.16　(44.6)

注記：総変動の差は現実値と仮想値（付表39(b)）が一致する．（　）内数字は総変動にたいする構成比（寄与率）．
出所：現実値：表 4-1(b) の再掲．
　　　仮想値：総級内変動の差：付表 41(b)，42(b)；総級間変動の差：付表 44(b)，45(b)．

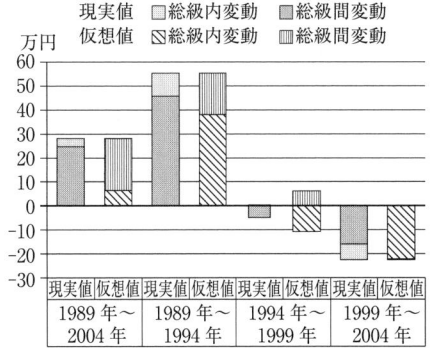

図 4-5(a)　総変動の差にかんする2つの要因分解——現実値と仮想値——（二人以上世帯，寄与分）
出所：表 4-8(a)

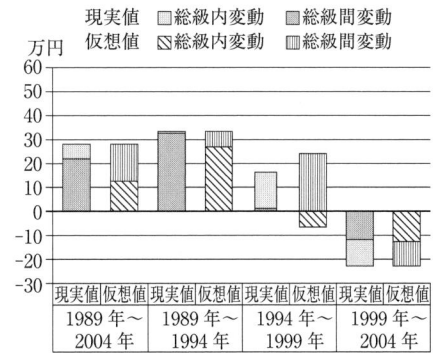

図 4-5(b)　総変動の差にかんする2つの要因分解——現実値と仮想値——（単身世帯，寄与分）
出所：表 4-8(b)

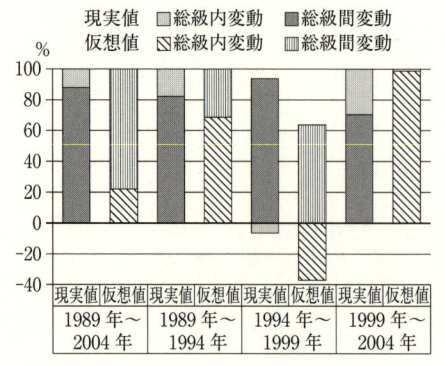

図 4-6(a) 総変動の差にかんする 2 つの要因分解──現実値と仮想値──（二人以上世帯，寄与率）

出所：表 4-8(a)

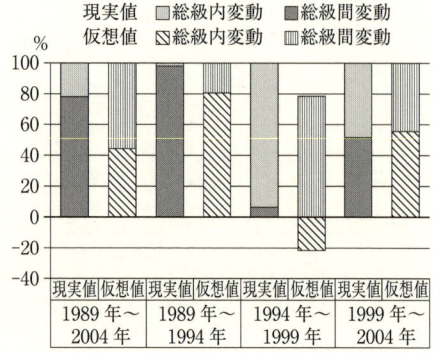

図 4-6(b) 総変動の差にかんする 2 つの要因分解──現実値と仮想値──（単身世帯，寄与率）

出所：表 4-8(b)

を用いて二人以上世帯について第 i 年齢階級の現実的寄与分を計算したところ（総変動の差の符号の如何にかかわらず），65 歳以上年齢階級の寄与分はいずれの期間をとってもプラスとなり，しかも他の年齢階級に較べてその値は大きいので，格差の拡大の主因と見なすことができた（99 頁の図 4-2(a)）．

(2)式があたえる現実値との対照を目的として，

$$^{hypoth}\Delta^{Totus}V_i = \frac{^0k_{i\,t}}{^0N}\sigma - \frac{^0k_{i\,0}}{^0N}\sigma \tag{7}[再掲]$$

によって二人以上世帯にかんする年齢階級別仮想的寄与分 $^{hypoth}\Delta^{Totus}V_i$（仮想値）を計算し，それにもとづいて図 4-7(a) を描く（次頁）．この図によれば，前頁の表 4-8(a) で総変動の差がプラスを示した期間（1989 年～2004 年と 1989 年～1994 年）においても，65 歳以上年齢階級の寄与分を超える年齢階級があることが分る．これらの期間では，40-44 歳以上年齢階級をピークにして，その前後の年齢階級の寄与分が大きい．2 時点間で人口シェアに変動がなかったとすれば，65 歳以上年齢階級が格差押し上げの主因にはならず，格差拡大の主因は中年層になることが示唆される．

また，総変動の差がマイナスとなった期間（表 4-8(a)（115 頁）によれば，

第4章 所得格差変動の年齢階級別要因分解

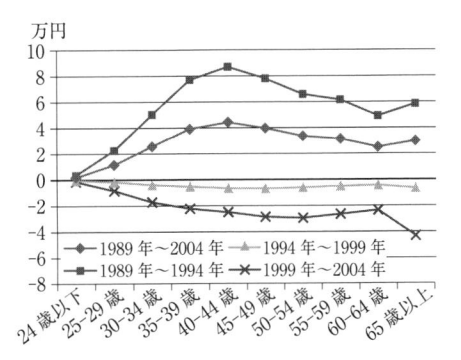

図 4-7(a) 総変動の差にたいする年齢階級別仮想的寄与分（二人以上世帯）
出所：付表 39(a)

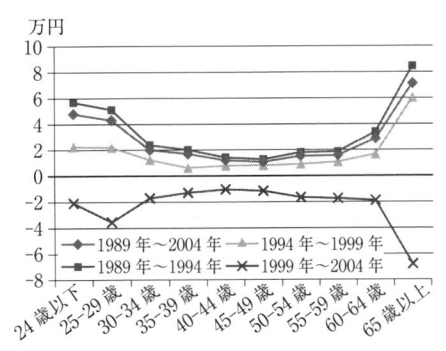

図 4-7(b) 総変動の差にたいする年齢階級別仮想的寄与分（単身世帯）
出所：付表 39(b)

1994年～1999年と1999年～2004年）では，65歳以上年齢階級の仮想的寄与分はマイナスとなり，格差を縮小させる方向で機能している（図4-7(a)）．そして，どの年齢階級についても人口シェアが基準時点と比較時点で変化がないと仮定すれば，65歳以上年齢階級の寄与分が総変動の差を押し上げる（格差を拡大させる）方向で機能したとは言い難いばかりか，すべての年齢階級が格差の縮小に寄与したと考えられる．ここで，二人以上世帯においては，現実に総変動の差がプラスとなった期間（1989年～2004年，1989年～1994年）では，一般にどの年齢階級の仮想値についても，寄与分がプラスとなり，逆に現実に総変動の差がマイナスとなった期間（1994年～1999年，1999年～2004年）では，年齢階級別の仮想的寄与分がマイナスとなっていることを改めて確認しておく．

また，115頁に掲げた表4-8(b)によれば，単身世帯においても，二人以上世帯と同様に，総変動の差（現実値）がプラスとなった期間（1989年～2004年，1989年～1994年，1994年～1999年）ではどの年齢階級別の仮想的寄与分も正値となり，総変動の差（現実値）がマイナスとなった期間（1999年～2004年）では年齢階級別の仮想的寄与分が負値となっていることを図4-7(b)は示している．いずれにしても，単身世帯においては，65歳

以上年齢階級の仮想的寄与分が総変動の差（仮想値）の押し上げ（1989 年〜2004 年，1989 年〜1994 年，1994 年〜999 年）と引き下げ（1999 年〜2004 年）にたいしてもっとも大きな影響をあたえている（詳しくは図 4-7(b) がもとづく付表 39(b)）．この点が二人以上世帯とは異なっている．

② 寄与率

次頁の図 4-8(a)(b) は，総変動の差に占める年齢階級別寄与分の仮想的割合（寄与率）を示している．どの期間でも数学的にはその数値は，基準年（凡例で左側に記した年）における人口シェアに等しい[2]．

(3) 年齢階級別の仮想的要因分解（その 1：総変動(2)）

①年齢階級別仮想的寄与分（仮想値）を示す図 4-7(a)(b)（117 頁）と②ミクロデータから計算される年齢階級別の現実の寄与分（現実値）を示す図 4-2(a)(b)（99 頁）を比較すれば，①基準時点の人口シェアが比較時点でも維

---

2) 付表 40(a)(b) では 1989 年〜2004 年のデータと 1989 年〜1994 年のデータが一致している．このために，図 4-8(a)(b) の注記①で述べたように，付表 40(a)(b) にもとづく図でも，1989 年〜2004 年の折れ線と 1989 年〜1994 年の折れ線が一致している．以下では，このことを証明する．

(6)式により，総変動の差の仮想値 $^{hypoth}\varDelta\sigma$ は，次のように変形できる．

$$^{hypoth}\varDelta\sigma = \sum_{i=1}^{m}\frac{^0k_{i\,t}}{^0N}\sigma - \sum_{i=1}^{m}\frac{^0k_{i\,0}}{^0N}\sigma \qquad (6)[再掲]$$

$$= {}^t\sigma\sum_{i=1}^{m}\frac{^0k_i}{^0N} - {}^0\sigma\sum_{i=1}^{m}\frac{^0k_i}{^0N}$$

$$= {}^t\sigma - {}^0\sigma \quad \left(\because \sum_{i=1}^{m}\frac{^0k_i}{^0N}=1\right)$$

また，総変動の仮想的差にたいする第 i 年齢階級の寄与分の仮想値 $^{hypoth}\varDelta^{Totus}V_i$（(7)式）は，次のように変形できる．

$$^{hypoth}\varDelta^{Totus}V_i = \frac{^0k_{i\,t}}{^0N}\sigma - \frac{^0k_{i\,0}}{^0N}\sigma \qquad (7)[再掲]$$

$$= \frac{^0k_i}{^0N}({}^t\sigma - {}^0\sigma)$$

図 4-8(a)(b)（およびその元となった付表 40(a)(b)）は，$^{hypoth}\varDelta\sigma$ に占める $^{hypoth}\varDelta^{Totus}V_i$ の割合を示している．その割合，すなわち，年齢階級別の仮想的寄与率 ρ_i は次式であたえられる．

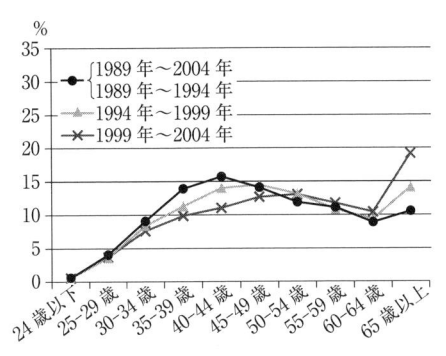

第4章 所得格差変動の年齢階級別要因分解   119

図4-8(a) 総変動の差にたいする年齢階級別仮想的寄与率（二人以上世帯）

注記：①1989年～2004年の折れ線と1989年～1994年の折れ線とが一致すること，および②それぞれの値が基準時点の年齢階級別人口シェアに等しいことについては脚注2）を参照．
出所：付表40(a)

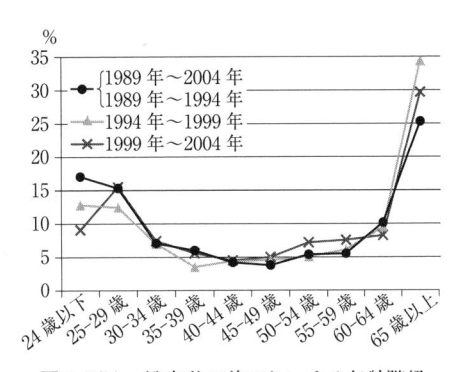

図4-8(b) 総変動の差にたいする年齢階級別仮想的寄与率（単身世帯）

注記：①1989年～2004年の折れ線と1989年～1994年の折れ線とが一致すること，および②それぞれの値が基準時点の年齢階級別人口シェアに等しいことについては脚注2）を参照．
出所：付表40(b)

持されたと仮定した場合と②それぞれの時点における人口シェアにもとづく場合とを見比べることができる．しかし，それらのグラフの掲載頁が離れているので，ここでは，比較のために期間別に，総変動の差にたいする年齢階級別寄与分の乖離（「仮想値」から「現実値」を減じた値）を表にまとめる（表4-9(a)(b)）．この乖離が正値であたえられる年齢階級にあっては，人口

$$\rho_i = \frac{^{hypoth}\Delta^{Totus} V_i}{^{hypoth}\Delta\sigma}$$

$$= \frac{\frac{^0k_i}{^0N}(^t\sigma - {}^0\sigma)}{^t\sigma - {}^0\sigma}$$

$$= \frac{^0k_i}{^0N}$$

上式は，付表40(a)(b)に表章される年齢階級別の仮想的寄与率 ρ_i が基準時点における人口シェアに等しいことを意味している．このことは，1989年～2004年のデータと1989年～1994年のデータが一致し，したがって2期間の折れ線グラフもまた一致することを証明する．いずれの期間においても基準時点は1989年だからである．
　このことを一般的に言えば，図4-8(a)(b)の注記②で述べたように，どの期間についても年齢階級別仮想的寄与率は基準時点の人口シェアに等しい．*q.e.d.*

表 4-9(a)　総変動の差にかんする年齢階級別寄与分の乖離

	全年齢階級	24 歳以下	25-29 歳	30-34 歳	35-39 歳	40-44 歳
1989 年~2004 年	0.00	0.72	5.07	9.59	19.81	22.79
1989 年~1994 年	0.00	−0.01	1.94	2.92	11.02	7.09
1994 年~1999 年	0.00	0.17	−0.42	3.17	5.91	12.37
1999 年~2004 年	0.00	0.57	3.65	3.86	3.91	4.46

注記：仮想値−現実値．
出所：付表 39(a)（仮想値）と付表 31(a)（現実値）にもとづく．

表 4-9(b)　総変動の差にかんする年齢階級別寄与分の乖離

	全年齢階級	24 歳以下	25-29 歳	30-34 歳	35-39 歳	40-44 歳
1989 年~2004 年	0.00	20.56	8.39	−2.59	−0.98	−2.39
1989 年~1994 年	0.00	−0.01	1.94	2.92	11.02	7.09
1994 年~1999 年	0.00	0.17	−0.42	3.17	5.91	12.37
1999 年~2004 年	0.00	0.57	3.65	3.86	3.91	4.46

注記：仮想値−現実値．
出所：付表 39(b)（仮想値）と付表 31(b)（現実値）にもとづく．

シェアを基準時点に固定した仮想値の方が現実値よりも大きい．このことは，基準時点と比較時点で人口シェアが変化しなければ，正の乖離を示す年齢階級の寄与分は現実値よりも大きくなったはずであることを示す．

他方で，総変動の差にたいする年齢階級別寄与分の乖離が負値を示す年齢階級では，仮想値の方が現実値よりも小さく，基準時点と比較時点で人口シェアが変化しなければ，その年齢階級の実際の寄与分は現実値よりも小さくなったはずである．正値・負値のいずれの場合でも，乖離の絶対値が大きいほど，人口シェアの変動が寄与分にあたえた影響は大きい．

以上要するに，年齢階級別寄与分の差にかんする現実値だけからは，格差の拡大に寄与した年齢階級を特定できても，人口動態効果の規模を計測することはできなかったのであるが，人口シェアの不変性を仮定して仮想値を算出することによって，格差拡大の主因として特定された年齢階級の人口シェアが果たした変動効果を計測できるようになる．

それぞれの年齢階級にかんする乖離の程度を示すために表章した表 4-9(a)（二人以上世帯）と表 4-9(b)（単身世帯），およびそれにもとづく図 4-9(a)(b)

第4章 所得格差変動の年齢階級別要因分解

(二人以上世帯,1989年～2004年) (万円)

45-49歳	50-54歳	55-59歳	60-64歳	65歳以上
14.01	−1.00	−4.59	−12.66	−53.75
−1.62	−5.23	1.14	−2.12	−15.13
7.49	0.31	−3.80	−4.35	−20.85
8.44	3.60	−2.06	−6.56	−19.87

(単身世帯,1989年～2004年) (万円)

45-49歳	50-54歳	55-59歳	60-64歳	65歳以上
−3.10	1.03	−3.98	5.23	−22.17
−1.62	−5.23	1.14	−2.12	−15.13
7.49	0.31	−3.80	−4.35	−20.85
8.44	3.60	−2.06	−6.56	−19.87

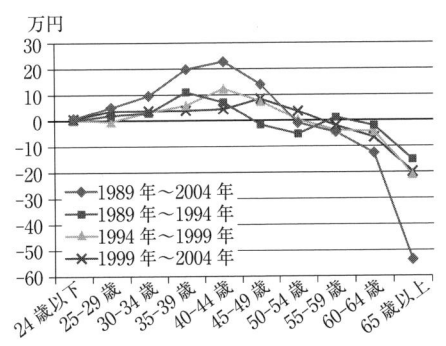

図4-9(a) 総変動の差にかんする年齢階級別寄与分の乖離(二人以上世帯,1989年～2004年)
出所:表4-9(a)

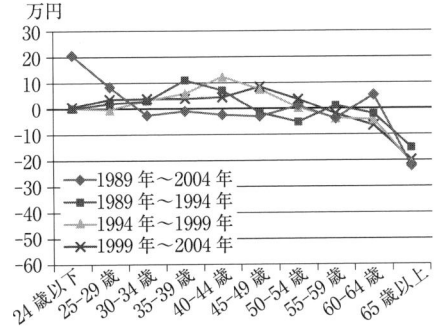

図4-9(b) 総変動の差にかんする年齢階級別寄与分の乖離(単身世帯,1989年～2004年)
出所:表4-9(b)

を見ると,65歳以上年齢階級の人口シェアの変化がその年齢階級の寄与分に大きい影響をあたえていることが分かる.

以下では,現実値と仮想値との乖離を明確にする目的で,期間別に両方の値を折れ線で示す(図4-10(a)(b)～図4-13(a)(b)).これによって,第1に,

年齢階級を問わず，仮想的寄与分の相対的安定性が確認できる．

　第2に，65歳以上年齢階級の仮想的寄与分は現実値を下回ることが確認できる（ただし，1994年〜1999年における単身世帯を除く）．このことは，逆に言えば，一般的に人口シェアが実際に増加した年齢階級にあっては，その寄与分が大きくなることを意味する．このように総変動の差を年齢階級別に分解することによって，65歳以上年齢階級による格差拡大への寄与の卓

① 1989年〜2004年

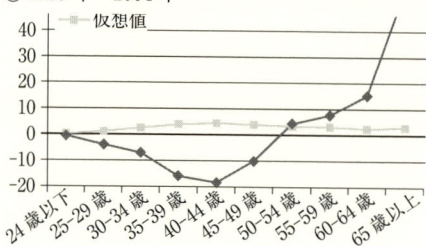

図 4-10(a) 総変動の差にたいする2つの年齢階級別寄与分（二人以上世帯，1989年〜2004年）
出所：現実値：付表31(a)；仮想値：付表39(a)

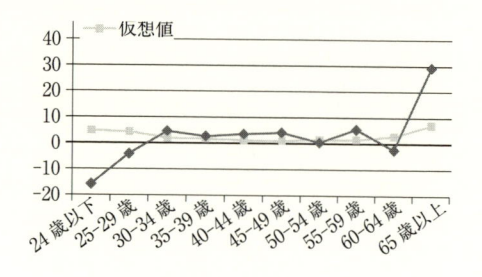

図 4-10(b) 総変動の差にたいする2つの年齢階級別寄与分（単身世帯，1989年〜2004年）
出所：現実値：付表31(b)；仮想値：付表39(b)

② 1989年〜1994年

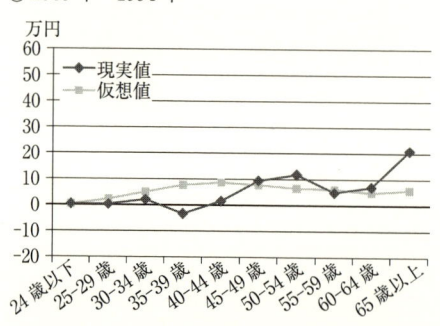

図 4-11(a) 総変動の差にたいする2つの年齢階級別寄与分（二人以上世帯，1989年〜1994年）
出所： 現実値：付表31(a)；仮想値：付表39(a)

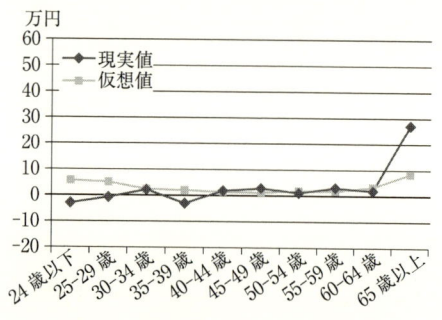

図 4-11(b) 総変動の差にたいする2つの年齢階級別寄与分（単身世帯，1989年〜1994年）
出所：現実値：付表31(b)；仮想値：付表39(b)

第 4 章 所得格差変動の年齢階級別要因分解

越性が分かる．

　第 3 に，人口動態効果は期間を問わず，各年齢階級に及んでいることも分かる．

③ 1994 年～1999 年

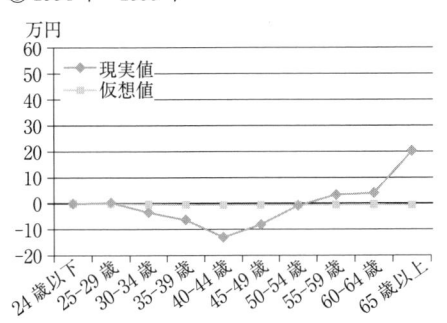

図 4-12(a)　総変動の差にたいする 2 つの年齢階級別寄与分（二人以上世帯，1994 年～1999 年）
出所：現実値：付表 31(a)；仮想値：付表 39(a)

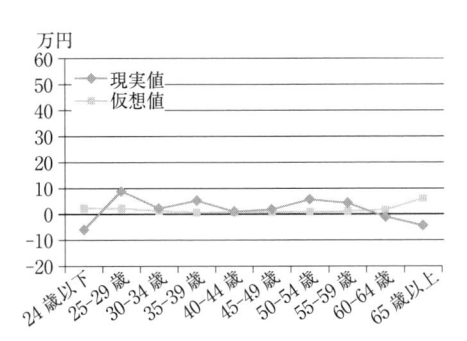

図 4-12(b)　総変動の差にたいする 2 つの年齢階級別寄与分（単身世帯，1994 年～1999 年）
注記：65 歳以上年齢階級にかんする現実値が仮想値よりも小さいのは，この期間の単身世帯のみである．
出所：現実値：付表 31(b)；仮想値：付表 39(b)

④ 1999 年～2004 年

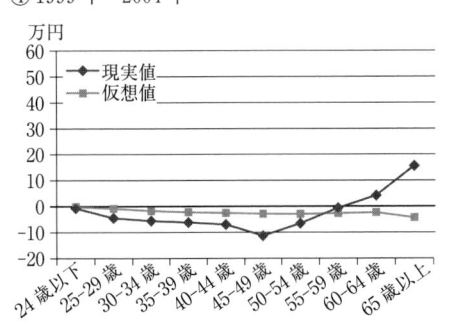

図 4-13(a)　総変動の差にたいする 2 つの年齢階級別寄与分（二人以上世帯，1999 年～2004 年）
出所：現実値：付表 31(a)；仮想値：付表 39(a)

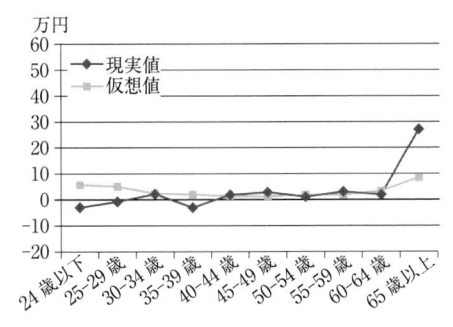

図 4-13(b)　総変動の差にたいする 2 つの年齢階級別寄与分（単身世帯，1999 年～2004 年）
出所：現実値：付表 31(b)；仮想値：付表 39(b)

(4) 年齢階級別の仮想的要因分解（その2：総級内変動）

総変動の差を構成する年齢階級別級内変動の寄与分の差にかんする現実値と仮想値は次式であたえられる．

現実値：$\Delta^{Intra} V_i = \frac{{}^t k_{i\,t}}{{}^t N}\sigma_i - \frac{{}^0 k_{i\,0}}{{}^0 N}\sigma_i$ (4)［再掲］

仮想値：${}^{hypoth}\Delta^{Intra} V_i = \frac{{}^0 k_{i\,t}}{{}^0 N}\sigma_i - \frac{{}^0 k_{i\,0}}{{}^0 N}\sigma_i$ (9)［再掲］

これによって算出した現実値と仮想値との乖離（「仮想値」から「現実値」を減じた値）を計算した結果が，表4-10(a)(b)である．その表にもとづく図4-14(a)(b)から，総変動の差を構成する年齢階級別寄与分の差について前項で指摘したのと類似の傾向（①人口シェアの変動が，総変動の差を構成する年齢階級別級内変動の寄与分の差に影響をあたえること，②級内変動の点からも65歳以上年齢階級が格差押し上げの主因であったこと（単身世帯（1994年～1999年）を除く）が確認できる．

以下，期間別に現実値と仮想値を比較するために作成したグラフを掲げる

表 4-10(a)　総変動の差にかんする年齢階級別級内変動の差の寄与分の乖離

	全年齢階級	24歳以下	25-29歳	30-34歳	35-39歳	40-44歳
1989年～2004年	−18.43	0.37	2.60	5.45	13.00	18.09
1989年～1994年	−7.65	−0.01	0.95	1.76	7.45	5.67
1994年～1999年	−5.83	0.06	−0.21	1.84	3.95	10.27
1999年～2004年	−6.17	0.29	1.87	2.19	2.57	3.54

注記：仮想値−現実値．
出所：付表41(a)（仮想値）と付表33(a)（現実値）にもとづく．

表 4-10(b)　総変動の差にかんする年齢階級別級内変動の差の寄与分の乖離

	全年齢階級	24歳以下	25-29歳	30-34歳	35-39歳	40-44歳
1989年～2004年	−9.51	102.29	4.59	−1.76	−02.91	−2.76
1989年～1994年	−5.68	4.029	3.13	02.11	5.49	−02.53
1994年～1999年	−7.76	3.25	−3.51	−02.71	−3.94	−02.24
1999年～2004年	−0.87	2.34	4.78	−1.29	−1.67	−2.07

注記：仮想値−現実値．
出所：付表41(b)（仮想値）と付表33(b)（現実値）にもとづく．

第 4 章 所得格差変動の年齢階級別要因分解

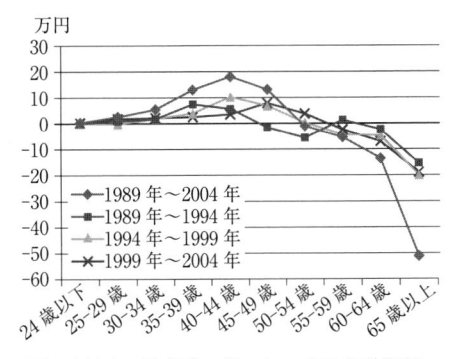

図 4-14(a) 総変動の差にたいする年齢階級別級内変動の乖離（二人以上世帯，1989 年～2004 年）

出所：表 4-10(a)

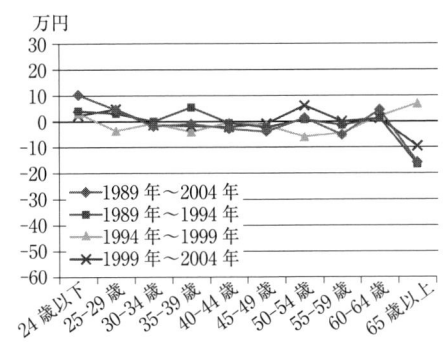

図 4-14(b) 総変動の差にたいする年齢階級別級内変動の乖離（単身世帯，1989 年～2004 年）

出所：表 4-10(b)

（図 4-15(a)(b)～図 4-18(a)(b)）．

(5) 年齢階級別の仮想的要因分解（その 3：総級間変動）

総変動の差を構成する年齢階級別級間変動への寄与分（現実値と仮想値）

（二人以上世帯，1989 年～2004 年） (万円)

45-49 歳	50-54 歳	55-59 歳	60-64 歳	65 歳以上
13.10	−1.06	−5.37	−13.53	−51.09
−1.52	−5.57	1.34	−2.38	−15.34
6.84	0.34	−4.33	−4.70	−19.90
7.89	3.79	−2.41	−7.01	−18.89

（単身世帯，1989 年～2004 年） (万円)

45-49 歳	50-54 歳	55-59 歳	60-64 歳	65 歳以上
−3.89	1.36	−5.10	4.52	−15.84
−2.18	0.80	−1.35	1.34	−16.59
−1.33	−5.90	−4.43	2.09	6.97
−0.83	6.14	0.08	1.23	−9.58

は次式であたえられる．

現実値：$\Delta^{Inter} V_i = \frac{{}^t k_i}{{}^t N}({}^t\sigma - {}^t\sigma_i) - \frac{{}^0 k_i}{{}^0 N}({}^0\sigma - {}^0\sigma_i)$ (5)［再掲］

仮想値：${}^{hypoth}\Delta^{Inter} V_i = \frac{{}^0 k_i}{{}^0 N}({}^t\sigma - {}^t\sigma_i) - \frac{{}^0 k_i}{{}^0 N}({}^0\sigma - {}^0\sigma_i)$ (10)［再掲］

① 1989 年～2004 年

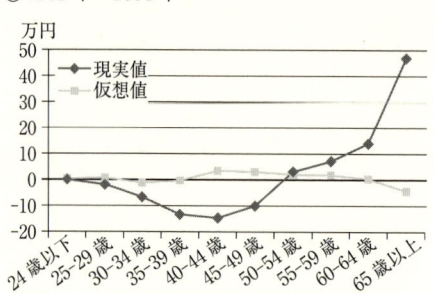

図 4-15(a) 総変動の差にたいする年齢階級別級内変動にかんする 2 つの寄与分（二人以上世帯，1989年～2004 年）
出所：現実値：付表 33(a)；仮想値：付表 41(a)

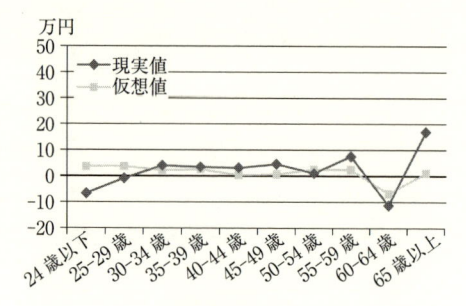

図 4-15(b) 総変動の差にたいする年齢階級別級内変動にかんする 2 つの寄与分（単身世帯，1989 年～2004 年）
出所： 現実値：付表 33(b)；仮想値：付表 41(b)

② 1989 年～1994 年

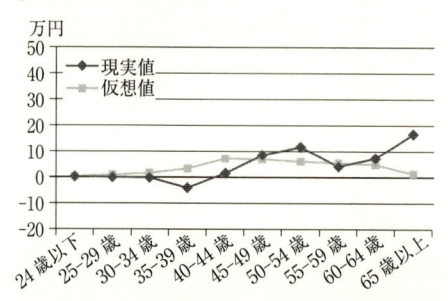

図 4-16(a) 総変動の差にたいする年齢階級別級内変動にかんする 2 つの寄与分（二人以上世帯，1989年～1994 年）
出所：現実値：付表 33(a)；仮想値：付表 41(a)

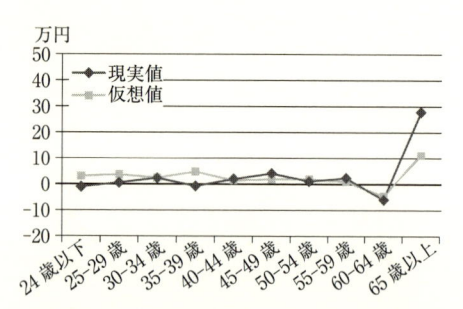

図 4-16(b) 総変動の差にたいする年齢階級別級内変動にかんする 2 つの寄与分（単身世帯，1989 年～1994 年）
出所：現実値：付表 33(b)；仮想値：付表 41(b)

第4章　所得格差変動の年齢階級別要因分解

次頁の表4-11(a)(b)は，前頁に掲げた2式から算出された総級間変動の差にかんする現実値と仮想値との乖離を示す．ここでも，級内変動にかんする指摘（前項）と似たような傾向を検出することができる．

表4-11(a)(b)を図示した図4-19(a)(b)では，級内変動にかんする図4-14(a)(b)（125頁）との比較対照の便宜を考慮して，縦軸の目盛りを前掲図

③ 1994年～1999年

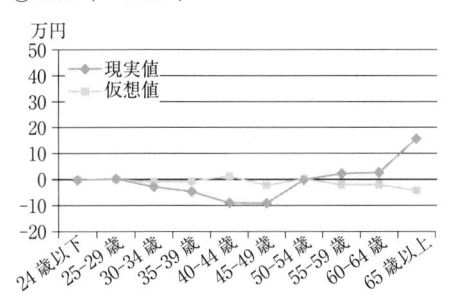

図4-17(a)　総変動の差にたいする年齢階級別級内変動にかんする2つの寄与分（二人以上世帯，1994年～1999年）
出所：現実値：付表33(a)；仮想値：付表41(a)

図4-17(b)　総変動の差にたいする年齢階級別級内変動にかんする2つの寄与分（単身世帯，1994年～1999年）
出所：現実値：付表33(b)；仮想値：付表41(b)

④ 1999年～2004年

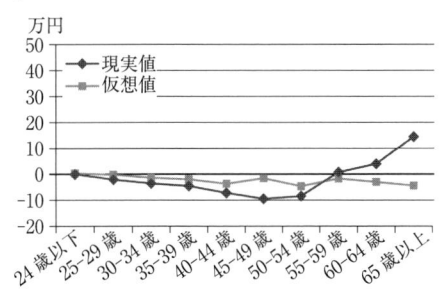

図4-18(a)　総変動の差にたいする年齢階級別級内変動にかんする2つの寄与分（二人以上世帯，1999年～2004年）
出所：現実値：付表33(a)；仮想値：付表41(a)

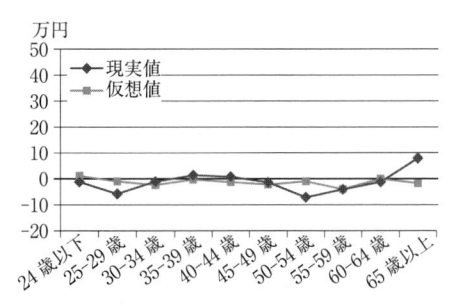

図4-18(b)　総変動の差にたいする年齢階級別級内変動にかんする2つの寄与分（単身世帯，1999年～2004年）
出所：現実値：付表33(b)；仮想値：付表41(b)

表 4-11(a) 総変動の差にかんする年齢階級別級間変動の差の寄与分の乖離

	全年齢階級	24 歳以下	25-29 歳	30-34 歳	35-39 歳	40-44 歳
1989 年～2004 年	18.43	0.35	2.47	4.14	6.81	
1989 年～1994 年	7.65	−0.01	0.99	1.16	3.57	1.42
1994 年～1999 年	5.83	0.11	−0.21	1.33	1.96	2.10
1999 年～2004 年	6.17	0.28	1.78	1.67	1.35	0.92

注記：仮想値−現実値．
出所：付表 44(a)（仮想値）と付表 36(a)（現実値）にもとづく．

表 11(b) 総変動の差にかんする年齢階級別級間変動の差の寄与分の乖離

	全年齢階級	24 歳以下	25-29 歳	30-34 歳	35-39 歳	40-44 歳
1989 年～2004 年	9.51	10.27	3.80	−0.83	−0.06	0.38
1989 年～1994 年	5.68	4.59	2.74	0.05	−0.45	0.11
1994 年～1999 年	7.76	5.02	−3.24	−0.23	−0.63	0.03
1999 年～2004 年	0.87	2.34	3.95	−0.60	−0.12	0.28

注記：仮想値−現実値．
出所：付表 44(b)（仮想値）と付表 36(b)（現実値）にもとづく．

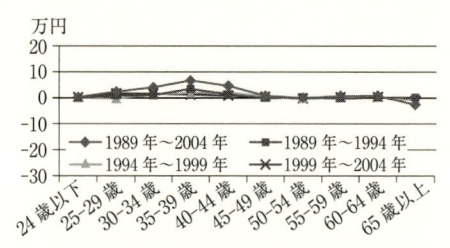

図 4-19(a) 総変動の差にたいする年齢階級別級間変動の乖離（二人以上世帯，1989 年～2004 年）

出所：表 4-11(a)

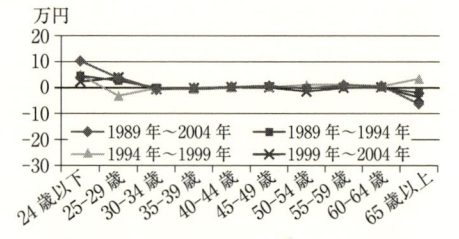

図 4-19(b) 総変動の差にたいする年齢階級別級間変動の乖離（単身世帯，1989 年～2004 年）

出所：表 4-11(a)

（図 4-14(a)(b)）と同一とした．

以下，図を用いて，期間別に現実値と仮想値を比較する（図 4-20(a)(b)～図 4-23(a)(b)）．その際，級内変動との比較対照の便宜を考慮して，前掲図（図 4-15(a)(b)～図 4-18(a)(b)）の縦軸と目盛り幅を同一にした．

これらの図 4-20(a)(b)～図 4-23(a)(b) において，特記すべきは，① 1989年～

第 4 章　所得格差変動の年齢階級別要因分解

(二人以上世帯, 1989 年～2004 年) (万円)

45-49 歳	50-54 歳	55-59 歳	60-64 歳	65 歳以上
0.91	0.05	0.78	0.88	−2.66
−0.10	0.34	−0.20	0.26	0.21
0.64	−0.02	0.53	0.35	−0.95
0.55	−0.19	0.35	0.45	−0.98

(単身世帯, 1989 年～2004 年) (万円)

45-49 歳	50-54 歳	55-59 歳	60-64 歳	65 歳以上
0.79	−0.33	1.12	0.71	−6.32
0.60	−0.15	0.14	0.07	−2.02
0.32	1.18	1.23	0.61	3.47
0.17	−1.50	−0.02	0.19	−3.82

① 1989 年～2004 年

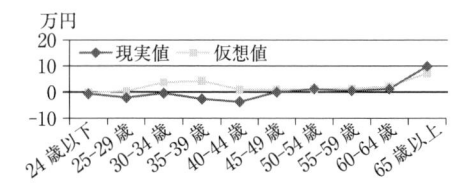

図 4-20(a)　総変動の差にたいする年齢階級別級間変動にかんする 2 つの寄与分 (二人以上世帯, 1989 年～2004 年)
出所：現実値：付表 36(a)；仮想値：付表 44(a)

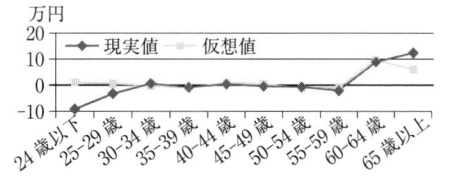

図 4-20(b)　総変動の差にたいする年齢階級別級間変動にかんする 2 つの寄与分 (単身世帯, 1989 年～2004 年)
出所：現実値：付表 36(b)；仮想値：付表 44(b)

1994 年と②1994 年～1999 年の 2 期間では 65 歳以上年齢階級 (単身世帯) の現実値が仮想値を上回っているということである．その他の期間では，世帯類型を問わず，65 歳以上年齢階級の仮想値は現実値よりも大きい．

② 1989 年～1994 年

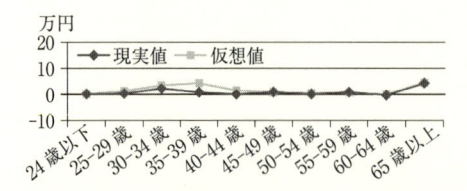

図 4-21(a) 総変動の差にたいする年齢階級別級間変動にかんする 2 つの寄与分（二人以上世帯，1989 年～1994 年）
出所：現実値：付表 36(a)；仮想値：付表 44(a)

図 4-21(b) 総変動の差にたいする年齢階級別級間変動にかんする 2 つの寄与分（単身世帯，1989 年～1994 年）
出所：現実値：付表 36(b)；仮想値：付表 44(b)

③ 1994 年～1999 年

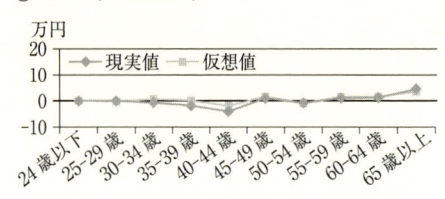

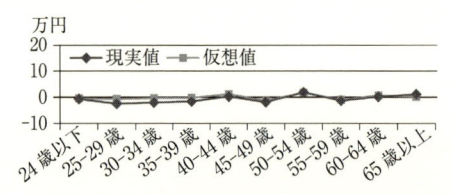

図 4-22(a) 総変動の差にたいする年齢階級別級間変動にかんする 2 つの寄与分（二人以上世帯，1994 年～1999 年）
出所：現実値：付表 36(a)；仮想値：付表 44(a)

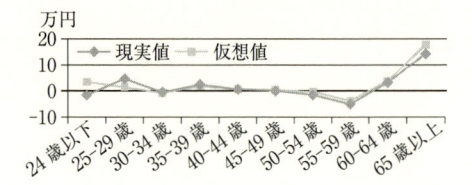

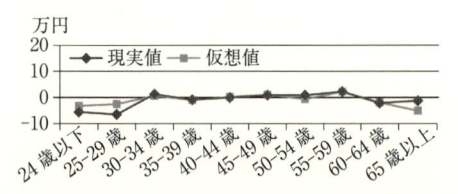

図 4-22(b) 総変動の差にたいする年齢階級別級間変動にかんする 2 つの寄与分（単身世帯，1994 年～1999 年）
出所：現実値：付表 36(b)；仮想値：付表 44(b)

④ 1999 年～2004 年

図 4-23(a) 総変動の差にたいする年齢階級別級間変動にかんする 2 つの寄与分（二人以上世帯，1999 年～2004 年）
出所：現実値：付表 36(a)；仮想値：付表 44(a)

図 4-23(b) 総変動の差にたいする年齢階級別級間変動にかんする 2 つの寄与分（単身世帯，1999 年～2004 年）
出所：現実値：付表 36(b)；仮想値：付表 44(b)

第 4 章　所得格差変動の年齢階級別要因分解

おわりに

　65 歳以上年齢階級が格差押し上げの主因であると言われている．それはその年齢階級の人口シェアが変動したことによるとも言われている．そこで，次の分解式（(2)式，(4)式，(5)式）を用いて，65 歳以上年齢階級の人口シェアの変動がその年齢階級の寄与分（現実値）にあたえる影響を計測しようとした．これが本章で措定した第 1 の課題である．

総変動の差：$\Delta^{Totus} V_i = \dfrac{{}^t k_i}{{}^t N}{}^t \sigma - \dfrac{{}^0 k_i}{{}^0 N}{}^0 \sigma$ 　　　　(2)［再掲］

級内変動の差：$\Delta^{Intra} V_i = \dfrac{{}^t k_i}{{}^t N}{}^t \sigma_i - \dfrac{{}^0 k_i}{{}^0 N}{}^0 \sigma_i$ 　　　　(4)［再掲］

級間変動の差：$\Delta^{Inter} V_i = \dfrac{{}^t k_i}{{}^t N}({}^t \sigma - {}^t \sigma_i) - \dfrac{{}^0 k_i}{{}^0 N}({}^0 \sigma - {}^0 \sigma_i)$ 　　　　(5)［再掲］

　しかし，①総変動の差にたいする年齢階級別寄与分は，その寄与分が 2 つの時点における人口シェア $\left(\dfrac{{}^0 k_i}{{}^0 N}, \dfrac{{}^t k_i}{{}^t N}\right)$ と総変動（${}^0 \sigma, {}^t \sigma$）によって規定されること（(2)式），②総変動の差に影響をあたえる総級内変動の差にたいする年齢階級別寄与分は，その寄与分が 2 つの時点における人口シェア $\left(\dfrac{{}^0 k_i}{{}^0 N}, \dfrac{{}^t k_i}{{}^t N}\right)$ と年齢階級別標準偏差（${}^0 \sigma_i, {}^t \sigma_i$）によって規定されること（(4)式），③総変動の差に影響をあたえる総級間変動の差にたいする年齢階級別寄与分は，その寄与分が 2 つの時点における人口シェア $\left(\dfrac{{}^0 k_i}{{}^0 N}, \dfrac{{}^t k_i}{{}^t N}\right)$，総標準偏差（${}^0 \sigma, {}^t \sigma$），そして年齢階級別標準偏差（${}^0 \sigma_i, {}^t \sigma_i$）によって規定されること（(5)式），以上の 3 点から，(2)式，(4)式，(5)式にもとづくグラフ（図 4-2(a)(b)（99 頁），図 4-3(a)(b)（103 頁），図 4-4(a)(b)（110 頁）は，年齢階級別寄与分を示すのではあるが，その値の大小が 2 つの時点における人口シェア $\left(\dfrac{{}^0 k_i}{{}^0 N}, \dfrac{{}^t k_i}{{}^t N}\right)$ の増減のみによってもたらされたと判定する根拠をあたえない．特定の年齢階級が格差拡大の主因であったことは示せても，それが人口シェアの変動だけに起因すると断定することはできない．

　そのようなことがあって，人口シェアの変動が格差の拡大や縮小にあたえ

る影響を計測するために，人口シェアを基準時点に固定して人口構成をコントロールした次式（(7)式，(9)式，(10)式）によって，年齢階級別の寄与分（仮想値）を計算することにした．これが本章の第2の課題である．

総変動の差： $^{hypoth}\Delta^{Totus} V_i = \frac{^0k_{i\,t}}{^0N}\sigma - \frac{^0k_{i\,0}}{^0N}\sigma$ (7)［再掲］

級内変動の差： $^{hypoth}\Delta^{Intra} V_i = \frac{^0k_{i\,t}}{^0N}\sigma_i - \frac{^0k_{i\,0}}{^0N}\sigma_i$ (9)［再掲］

級間変動の差： $^{hypoth}\Delta^{Inter} V_i = \frac{^0k_i}{^0N}(^t\sigma - {^t\sigma_i}) - \frac{^0k_i}{^0N}(^0\sigma - {^0\sigma_i})$ (10)［再掲］

上記3式によって仮想値をもとめ，それと(2)式，(4)式，(5)式によって算出した現実値とを対照した．その結果，人口シェアに変動がないという想定のもとでは，概して年齢階級別寄与分の変動は現実値よりも小さい傾向にあることが確認された．こうして，2時点間の年齢階級別寄与分の変動にかんする現実値だけでは計測できない人口シェアの変動がもたらしたと想定される効果（人口動態効果）は，仮想値と現実値とを比較対照することによって検出された．仮想値と現実値との乖離が大きいほど，人口シェアの変動効果が大きい．65歳以上年齢階級ではとくにそうである．これは，総変動の差（およびそれを分解して得られる総級内変動の差と総級間変動の差）と人口動態効果（人口シェアの変動）との間に存在する量的関連が検出され，その強度が数値的に特定されたことを意味する．ただし，65歳以上年齢階級による人口動態効果が顕著であるということは，その他の年齢階級が人口動態効果を果たしていないということを意味するものではない．検出された人口動態効果の大小にかかわらず，そのどれを取ってみても，拡差の変動にたいして実質的な影響をあたえている．高齢者層による寄与の増大が「見かけ上」，拡差を拡大させると言い難いのはそのためである．

以上に述べた手法では，現実値であろうと仮想値であろうと，いずれも分析に用いた変量が年齢階級別寄与分であり，人口シェアは，その寄与分の計算式に内在している．そうであるからこそ，(2)式，(4)式，(5)式だけでは人口シェアの変動がもたらす人口動態効果を検出することができず，(7)式，

(9)式,(10)式を併用する必要があった.

　本章における分析では,年齢階級別寄与分の変動と人口シェアの変動という2つの変量間の関係が陽表的に取り上げられてはいない.年齢階級別寄与分の変動と人口シェアの変動を示す変量を直接的に対応させる分析が次章の課題として残されている.

第5章
所得格差と人口動態効果

はじめに

本章は，前章末尾で措定した課題の考察を目的とする．それは，①年齢階級別人口シェアの2時点間変動 $\left(\varDelta P_i=\left(\frac{{}^tk_i}{{}^tN}-\frac{{}^0k_i}{{}^0N}\right)\times100\right)$ と②標準偏差で計測した年間収入（上述したミクロデータ）の総変動にかんする2時点間変動 $(\varDelta\sigma={}^t\sigma-{}^0\sigma)$ の成分としての年齢階級別寄与分 $\left(\varDelta C_i=\frac{{}^tk_i}{{}^tN}{}^t\sigma-\frac{{}^0k_i}{{}^0N}{}^0\sigma\right)$ という2つの変量を対応させて，人口動態効果を計測することである[1]．

検討に先だって，言い古されたことではあるが，人口の高齢化をグラフで確認しておく（図5-1(a)(b)）．12時の位置には24歳以下年齢階級を置き，時計回りで順に年齢階級（5歳間隔）を配置し，各年齢階級の人口シェア $\left(\frac{k_i}{N}\times100\right)$ を示した．これらの図で65歳以上年齢階級に注目すれば，世帯類型を問わず，高齢化の進行が分かる．

1. 調査年別・年齢階級別の人口シェアと総変動への年齢階級別寄与分

(1) 人口シェア（$\varDelta P$）

図5-1(a)(b)は調査年別の人口シェア（%）を示している．これにたいし

---

1) ここに，t は比較時点，0 は基準時点，i は年齢階級，k は第 i 年齢階級の世帯数，N は総世帯数，σ は総変動（全年齢階級の標準偏差）を示す．

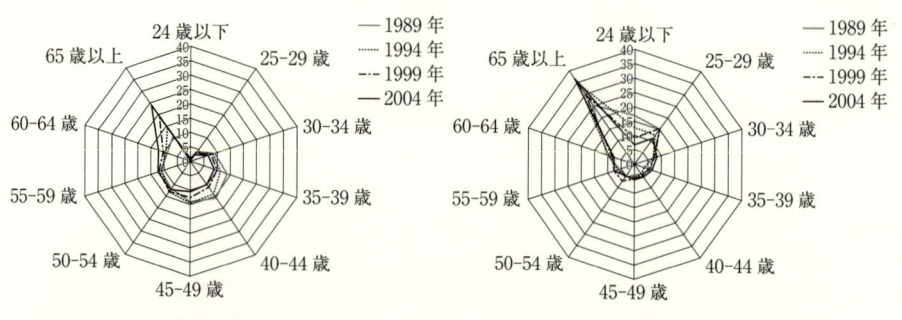

図 5-1(a) 年齢階級別人口シェア
　　　　　　（二人以上世帯，パーセント）

注記：k を年齢階級別世帯数，N を総世帯数とすると，第 i 年齢階級の人口シェア（％）は $\frac{k_i}{N} \times 100$ である.
出所：付表 52(a)

図 5-1(b) 年齢階級別人口シェア
　　　　　　（単身世帯，パーセント）

注記：k を年齢階級別世帯数，N を総世帯数とすると，第 i 年齢階級の人口シェア（％）は $\frac{k_i}{N} \times 100$ である.
出所：付表 52(b)

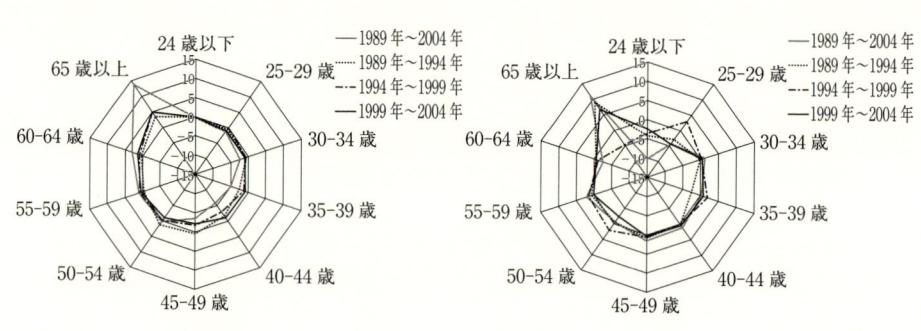

図 5-2(a) 年齢階級別人口シェアの変動
　　　　　　（二人以上世帯，パーセント・
　　　　　　ポイント）

注記：第 i 年齢階級の変動は
$\Delta P_i = \left(\frac{{}^t k_i}{{}^t N} - \frac{{}^0 k_i}{{}^0 N} \right) \times 100$ である.
出所：付表 53(a)

図 5-2(b) 年齢階級別人口シェアの変動
　　　　　　（単身世帯，パーセント・ポイント）

注記：第 i 年齢階級の変動は
$\Delta P_i = \left(\frac{{}^t k_i}{{}^t N} - \frac{{}^0 k_i}{{}^0 N} \right) \times 100$ である.
出所：付表 53(b)

て図 5-2(a)(b) は，世帯類型別人口シェアの年齢階級別変動を示す．そこでは，調査年の新しいデータ（比較時点）から古いデータ（基準時点）を減じた結果 $\left(\Delta P_i = \left(\frac{{}^t k_i}{{}^t N} - \frac{{}^0 k_i}{{}^0 N} \right) \times 100 \right)$ が示されている（以下のグラフもとくに

第5章　所得格差と人口動態効果

断らない限りそうである）．

　二人以上世帯（図5-2(a)）においては，1989年（基準時点）～2004年（比較時点）では，パーセント・ポイントで示した65歳以上年齢階級の変動幅が顕著な大きさとなっている．その他の5年ごとの期間（1989年～1994年，1994年～1999年，1999年～2004年）でも同様に，65歳以上年齢階級の変動幅が他の年齢階級に較べて大きい．

　単身世帯（図5-2(b)）においては，1989年～2004年，1989年～1994年，1999年～2004年の3期間における65歳以上年齢階級の変動が顕著であることは二人以上世帯と同じである．しかし，1994年～1999年における65歳以上年齢階級の人口シェアは，1999年（比較時点）のほうが1994年（基準時点）よりも5パーセント・ポイント小さくなっていて（－5パーセント・ポイント），高齢化とは反対の動きを示している（付表52(b)）．

(2) 年齢階級別寄与分（ΔC）

　本章で取り扱う所得は，これまでと同様に，全国消費実態調査の「年間収入」（ミクロデータ）である．すでに述べたように，年齢階級別寄与分の2

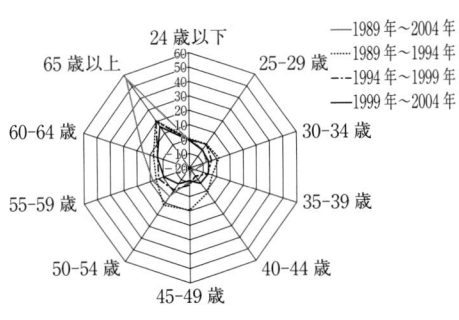

図 5-3(a)　年齢階級別寄与分の変動（二人以上世帯，万円）
注記：軸の値は $\Delta C_i = \left(\dfrac{{}^t k_i}{{}^t N} {}^t \sigma - \dfrac{{}^0 k_i}{{}^0 N} {}^0 \sigma \right)$．
出所：付表31(a)

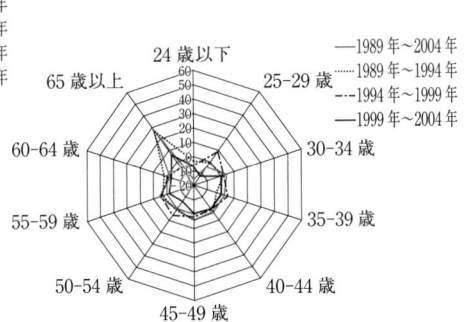

図 5-3(b)　年齢階級別寄与分の変動（単身世帯，万円）
注記：軸の値は $\Delta C_i = \left(\dfrac{{}^t k_i}{{}^t N} {}^t \sigma - \dfrac{{}^0 k_i}{{}^0 N} {}^0 \sigma \right)$．
出所：付表31(b)

時点間変動 $\left(\Delta C_i = \frac{{}^t k_i}{{}^t N}{}^t\sigma - \frac{{}^0 k_i}{{}^0 N}{}^0\sigma\right)$ は，年間収入にかんする調査年別総変動の2時点間変動 ($\Delta\sigma = {}^t\sigma - {}^0\sigma$) の成分である．前頁の図 5-3(a)(b) は，これを示す．この図では，世帯類型どうしを比較するために，軸の目盛りは -20 万円～$+60$ 万円に統一した．

また，図 5-3(a)(b) では，12 時の位置に 24 歳以下年齢階級を配置し，年齢が高くなるのに応じて時計回りに年齢階級別寄与分 ΔC_i を置いた．$\Delta C_i > 0$ のとき，比較時点の寄与分は基準時点の寄与分よりも大きい．ΔC_i は $\Delta\sigma$ の成分であり，この寄与分の総和

$$\sum_{i=1}^{m} \Delta C_i = \sum_{i=1}^{m} \left(\frac{{}^t k_i}{{}^t N}{}^t\sigma - \frac{{}^0 k_i}{{}^0 N}{}^0\sigma\right) \tag{1}$$

は $\Delta\sigma$ に等しい．すなわち，

$$\Delta\sigma = \sum_{i=1}^{m} \Delta C_i \tag{2}$$

であるから，$\Delta C_i > 0$ となる年齢階級は，総変動の差 $\Delta\sigma$ を拡大させる．これにたいして，レーダーチャート（図 5-3(a)(b)）で負値を示し，$\Delta C_i < 0$ となる年齢階級は総変動の差を縮小させる．

二人以上世帯（図 5-3(a)）では，1989 年～2004 年の 15 年間で 65 歳以上年齢階級の寄与分が卓越した大きさを示している反面で，寄与分が負値となった年齢階級もあった．また，5 年間隔のデータを見ると，1989 年～1994 年の期間では各年齢階級とも，その寄与分は正値となっている．他方で，1994 年～1999 年と 1999 年～2004 年の 2 期間では 65 歳以上年齢階級が格差を押し上げてはいるものの，格差引き下げの方向で機能した年齢階級もある（付表 31(a)）．

単身世帯（図 5-3(b)）においては，1989 年～2004 年，1989 年～1994 年，1994 年～1999 年，1999 年～2004 年の全期間で，65 歳以上年齢階級が格差を拡大させた主因であることが示されている．その他の年齢階級については，図からは傾向を読み取ることは難しい（付表 31(b)）．

2. 人口シェアの変動と年齢階級別寄与分の関係

(1) 2変量グラフ

前節では，人口シェア(ΔP)と年齢階級別寄与分(ΔC)にかんするグラフを別々に描いた．ここでは，調査期間別（1989年～2004年，1989年～1994年，1994年～1999年，1999年～2004年）・世帯類型別（二人以上世帯，単身世帯）に，これら2種類の変量を1つにまとめて描いたグラフ（次頁以降に掲載した図5-4(a)(b)と152頁以降の図5-6(a)(b)～図5-8(a)(b)）を援用し，両者の関連を検討する．

以下，手始めに1989年～2004年にかんする図5-4(a)(b)（二人以上世帯と単身世帯）を用いて，期間別・世帯類型別に作成したこれらのグラフの見方について述べる．横軸(ΔP)は人口シェアの年齢階級別変動$\left(\left(\frac{{}^t k_i}{{}^t N} - \frac{{}^0 k_i}{{}^0 N}\right) \times 100\right)$（単位はパーセント・ポイント，これを$\Delta P_i$とおいた）であり[2]，縦軸($\Delta C$)は総変動の差($\Delta \sigma$)にたいする年齢階級別寄与分の2時点間変動$\left(\frac{{}^t k_i}{{}^t N}{}^t\sigma - \frac{{}^0 k_i}{{}^0 N}{}^0\sigma\right)$（単位は万円，これを$\Delta C_i$とおいた）である．

図5-4(a)(b)においては，65歳以上年齢階級を白抜きのマーカー（○（二人以上世帯）と△（単身世帯））で示し，その他の年齢階級については●（二人以上世帯）と▲（単身世帯）を用い，これらの関連データに最小二乗法を適用して導出した回帰直線は実線で示している．また，黒色のマーカー（■（二人以上世帯）と▼（単身世帯））は，総変動の差($\Delta \sigma$)を示す．特定調査年における全年齢階級の人口シェアは100％であり，2調査年間の$\Delta \sigma$はゼロとなるので，このマーカー（■と▼）はどの調査期間についても，縦軸上にプロットされる．上で述べた回帰直線は，各年齢階級のデータへの当てはめ直線であるために，この回帰直線を特定するにあたっては，黒色マー

---

[2] $\left(\frac{{}^t k_i}{{}^t N} - \frac{{}^0 k_i}{{}^0 N}\right)$ではなく，これを100倍してパーセント・ポイントとしたのは，比率のままではすべての点が縦軸上にプロットされ，年齢階級別人口シェアの変動の違いを陽表化できないからである（本書第2章，44頁）．

全年齢階級(二人以上世帯, 1989年～2004年)				
人口シェア	年齢階級別寄与分の合計	原点からの距離	基線からの角度	
			度	ラディアン
0.00	28.20	28.20	90	1.57

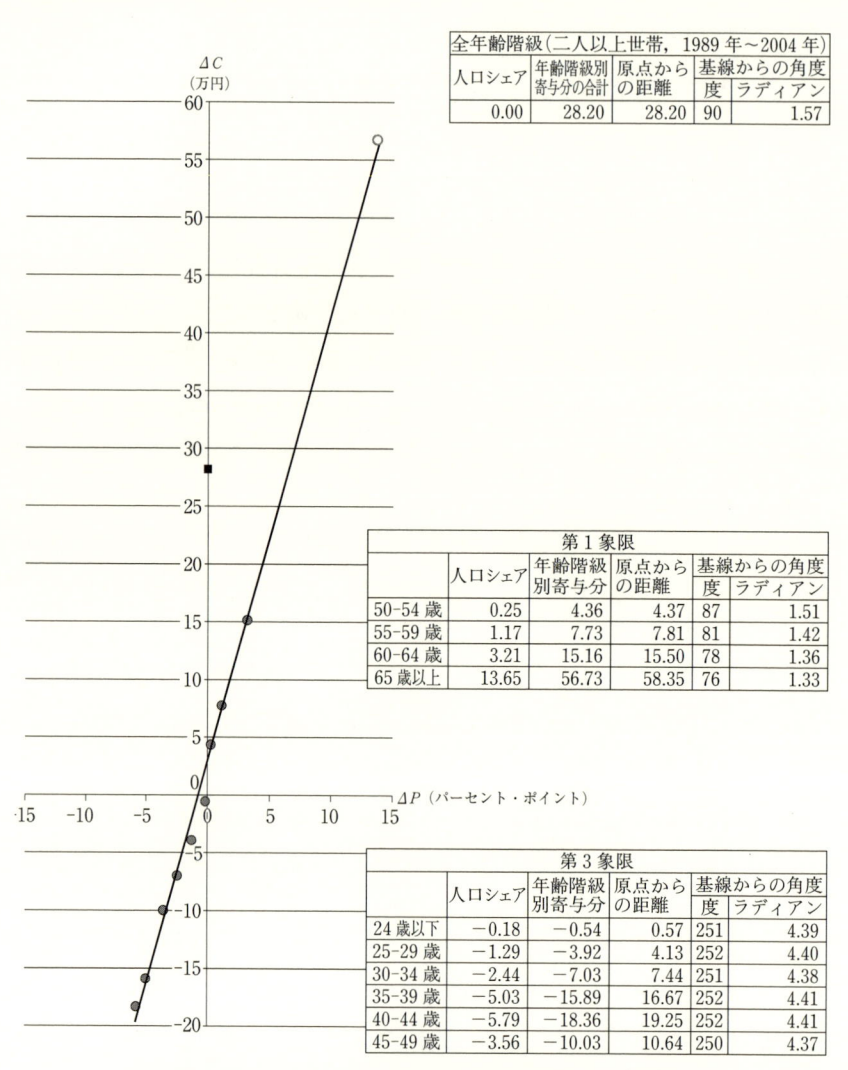

第1象限				
	人口シェア	年齢階級別寄与分	原点からの距離	基線からの角度
				度 ラディアン
50-54歳	0.25	4.36	4.37	87 1.51
55-59歳	1.17	7.73	7.81	81 1.42
60-64歳	3.21	15.16	15.50	78 1.36
65歳以上	13.65	56.73	58.35	76 1.33

第3象限				
	人口シェア	年齢階級別寄与分	原点からの距離	基線からの角度
				度 ラディアン
24歳以下	−0.18	−0.54	0.57	251 4.39
25-29歳	−1.29	−3.92	4.13	252 4.40
30-34歳	−2.44	−7.03	7.44	251 4.38
35-39歳	−5.03	−15.89	16.67	252 4.41
40-44歳	−5.79	−18.36	19.25	252 4.41
45-49歳	−3.56	−10.03	10.64	250 4.37

図5-4(a) 人口シェアの変動と年齢階級別寄与分の変動
（二人以上世帯, 1989年～2004年）

注記：○は65歳以上年齢階級, ■は全年齢階級. 全年齢階級のデータを除く回帰直線の方程式は, $\Delta C = 2.8201 + 3.8865 \Delta P$（表5-1(a)（144頁）参照）. 10個の年齢階級（24歳以下年齢階級から65歳以上年齢階級までの10階級）にかんする相関係数（r）と決定係数（R^2）は, $r = 0.9982$, $R^2 = 0.9965$である（表5-1(a)参照）. 以下のグラフ（次頁の図5-4(b), 152頁以下の図5-6(a)(b)～図5-8(a)(b)）の注記においても同様である.
出所：付表54(a)

第 5 章　所得格差と人口動態効果　　　　　　　　　　　141

全年齢階級（単身世帯，1989 年～2004 年）				
人口シェア	年齢階級別寄与分の合計	原点からの距離	基線からの角度	
			度	ラディアン
0.00	28.15	28.15	90	1.57

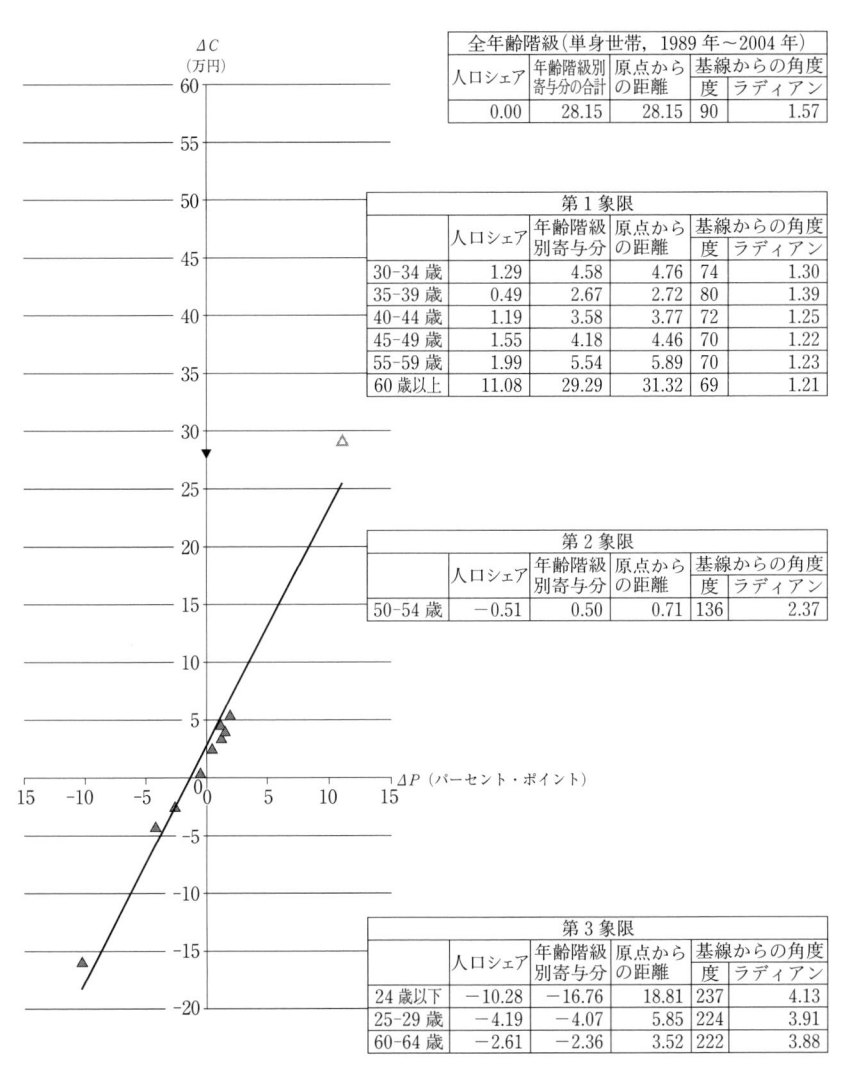

第 1 象限					
	人口シェア	年齢階級別寄与分	原点からの距離	基線からの角度	
				度	ラディアン
30-34 歳	1.29	4.58	4.76	74	1.30
35-39 歳	0.49	2.67	2.72	80	1.39
40-44 歳	1.19	3.58	3.77	72	1.25
45-49 歳	1.55	4.18	4.46	70	1.22
55-59 歳	1.99	5.54	5.89	70	1.23
60 歳以上	11.08	29.29	31.32	69	1.21

第 2 象限					
	人口シェア	年齢階級別寄与分	原点からの距離	基線からの角度	
				度	ラディアン
50-54 歳	−0.51	0.50	0.71	136	2.37

第 3 象限					
	人口シェア	年齢階級別寄与分	原点からの距離	基線からの角度	
				度	ラディアン
24 歳以下	−10.28	−16.76	18.81	237	4.13
25-29 歳	−4.19	−4.07	5.85	224	3.91
60-64 歳	−2.61	−2.36	3.52	222	3.88

図 5-4(b)　人口シェアの変動と年齢階級別寄与分の変動
（単身世帯，1989 年～2004 年）

注記：△は 65 歳以上年齢階級，▼は全年齢階級．回帰直線の方程式は，$\Delta C = 2.8154 + 2.0495 \Delta P$
（表 5-1(b) 参照）．$r = 0.9845$，$R^2 = 0.9693$（表 5-1(b)（144 頁）参照）．
出所：付表 54(b)

カー（■と▼）が示すデータは除外した．

年齢階級別にとった2変量の組$(\Delta P_i, \Delta C_i)$がプロットされる領域（象限）ごとに関連データを表にまとめて，図5-4(a)(b)に記載した（それ以外の期間別・世帯類型別の図5-6(a)(b)～図5-8(a)(b)についても同様である）．グラフに記載した象限ごとの表では，①年齢階級別の「人口シェア」が横軸の値を示し，②「年齢階級別寄与分」は縦軸の値を示す．そして，③「原点からの距離」とは上記2変量が特定する点から原点までの距離のことである．この距離l_iは三平方の定理により，$\sqrt{(\Delta P_i)^2+(\Delta C_i)^2}$であたえられる．この距離が長いほど人口シェア（$\Delta P_i$）と年齢階級別寄与分（$\Delta C_i$）の両方，またはいずれか一方が大きいことを示している．逆に，距離が短いほど，2変量の両方，またはいずれか一方の変動は小さい．ΔP_iの計測単位はパーセント・ポイント，ΔC_iは万円であり，両者の単位が異なることから，この距離を便宜的に無名数として取り扱うことにする．

次に，象限ごとに掲載した表のなかの「基線からの角度」について述べる．基線は横軸の正の部分である．原点と年齢階級別データが示す点とを結ぶ直線がこの基線となす（反時計回りに計測した）角度θが，基線からの角度である．

第1象限の年齢階級別データ（$\Delta P_i>0, \Delta C_i>0$）が基線となす角度$\theta$（六十分法）は$0°<\theta<90°$（弧度法によるラジアンでは$0<\theta<\frac{\pi}{2}$）である．距離$l_i$が同一であるとき，$\theta$が小さい年齢階級ほど，人口シェアの変動は大きい．

第2象限にプロットされるデータ（$\Delta P_i<0, \Delta C_i>0$）が基線となす角度の範囲は$90°<\theta<180°$（ラジアンでは$\frac{\pi}{2}<\theta<\pi$）である．距離$l_i$が同一であるとき，この角度が大きいほど，人口シェアの変動は大きい．しかし，第1象限のデータとは異なっていて，第2象限のデータは人口シェアの減少（$\Delta P_i<0$）と年齢階級別寄与分の増大（$\Delta C_i>0$）が共存していることを示している．

第3象限のデータは$\Delta P_i<0, \Delta C_i<0$であり，これが基線となす角度は

$180° < \theta < 270°$ $\left(\text{ラディアンでは } \pi < \theta < \frac{3}{2}\pi\right)$ である．基線から反時計回りに計測した角度が小さいほど，距離 l_i が同一のもとでは，人口シェアの変動は大きい．この点では，第1象限と同様である．しかし，2つの変量はともにマイナスを示していることが，第1象限のデータ $(\mathit{\Delta} P_i, \mathit{\Delta} C_i)$ とは異なる．

第4象限のデータが基線となす角度は $270° < \theta < 360°$ $\left(\text{ラディアンでは}\right.$ $\left.\frac{3}{2}\pi < \theta < 2\pi\right)$ である．距離 l_i が同一のとき，この角度が大きいほど，人口シェアの変動はより強く作用している．しかし，この領域のデータは $\mathit{\Delta} P_i > 0$, $\mathit{\Delta} C_i < 0$ である（第2象限にプロットされるデータとは2変量の関係が逆になっている）．

以上に述べたように，基線となす角度 θ の実質的意味は，データがプロットされる領域によって異なり，θ の大小が直ちに人口動態効果の大小を示すことにはならない．したがって，θ は $\mathit{\Delta} P_i$ が示す人口シェアの変動効果を計測する1つの指標とはなり得ても，年齢階級別寄与分の増減にたいする人口動態効果の計測指標としては，その値をそのまま採用することはできない[3]．

以上，図5-4(a)(b)が示すグラフの軸とそこにプロットされるデータについて述べた．

(2) 相関係数と回帰係数

以下では，140〜1頁の図5-4(a)(b)に記載されている当てはめ直線の関連統計量を取り上げる（次頁の表5-1(a)(b)参照）．表5-1(a)は，上に掲げた1989年〜2004年における各年齢階級（二人以上世帯）にかんしてプロットした点に最小二乗法をあてはめたときの，その回帰直線の切片と傾きの値を表章している．それとともに，年齢階級別データの組 $(\mathit{\Delta} P_i, \mathit{\Delta} C_i)$ にかんする相関係数 (r) と決定係数 (R^2) をも表章している．ただし，r と R^2 の統計量の計算にあたっては全年齢階級のデータは除外した．同様の計算を1989

---

[3] 本書第2章5．

表 5-1(a) 人口シェア（ΔP：横軸）と寄与分の変動
（ΔC：縦軸）にかんする統計量（二人以上世帯）

	回帰直線		相関係数	決定係数
	切片	傾き		
1989年～2004年	2.8201	3.8865	0.9982	0.9965
1989年～1994年	5.5354	3.9585	0.9340	0.8723
1994年～1999年	−0.4632	4.1627	0.9997	0.9994
1999年～2004年	−2.2521	3.6545	0.9912	0.9825

出所：付表54(a)～付表57(a)にもとづく．

表 5-1(b) 人口シェア（ΔP：横軸）と寄与分の変動
（ΔC：縦軸）にかんする統計量（単身世帯）

	回帰直線		相関係数	決定係数
	切片	傾き		
1989年～2004年	2.8154	2.0495	0.9845	0.9693
1989年～1994年	3.3414	2.3316	0.9688	0.9386
1994年～1999年	1.7550	1.7708	0.9700	0.9409
1999年～2004年	−2.2811	1.6930	0.9590	0.9197

出所：付表54(b)～付表57(b)にもとづく．

年～1994年，1994年～1999年，1999年～2004年の3期間についても行ったので，それらの期間にかんするグラフを示す前に，その計算結果も併せて表章した．

表5-1(b)には，表5-1(a)と同様の仕方・様式で単身世帯について計算した関連統計量を表章した．

以下，1989年～2004年の2時点間を例にして，図5-4(a)(b)に引いた回帰直線の実質的意味を，①相関係数（決定係数）と関係づけて考察することから始める．その後に，②回帰直線の傾き（回帰係数）と③その切片について考察する．

① 相関係数

表5-1(a)により，二人以上世帯（1989年～2004年）にかんする年齢階級別のデータは回帰直線

$$\Delta C = 2.8201 + 3.8865 \Delta P \tag{3}$$

の周りに散布していることが分かる．さらに，表5-1(a) には，データの散布度を相関係数 (r) で計測すれば $r=0.9882$ となり，また決定係数 (R^2) で計測すれば $R^2=0.9965$ となって，この回帰直線の当てはまりが良好であることも示されている．本書第2章5(3)で述べたように，年齢階級別人口シェアの変動 (ΔP) と年齢階級別寄与分 (ΔC) の分布にかんする数学的性質を検討した結果，2時点における総変動の大小関係 ($^t\sigma > {}^0\sigma,\ ^t\sigma = {}^0\sigma,\ ^t\sigma < {}^0\sigma$) にかかわらず，$\Delta P$ と ΔC が第2象限にプロットされる年齢階級が存在するときには，第4象限にプロットされる年齢階級は存在せず，また第4象限にプロットされる年齢階級が存在するときには，第2象限にプロットされる年齢階級は存在しない．換言すれば，2時点の総変動にかんする大小関係を3つに場合分けして ($^t\sigma > {}^0\sigma,\ ^t\sigma = {}^0\sigma,\ ^t\sigma < {}^0\sigma$)，人口シェアの変動と年齢階級別寄与分の変動という2種類のデータの散布状態を数学的に検討した結果，データの組 ($\Delta P, \Delta C$) の散布が負の相関係数を返すことはなく，関連データは（たとえ第2象限または第4象限にプロットされる年齢階級が存在しようとも），傾向としては第1象限から第3象限にかけて散布することが，数学的に証明されている[4]．したがって，1989年〜2004年において正の相関が検出されることは想定の範囲内に属し，ΔP と ΔC の相関係数が正値となることそれ自体は取り立てて云々することではない．

しかも，正の相関は，ΔP と ΔC の間に，ただ単に，ΔP が大きい年齢階級ほど ΔC が大きく，他方で，ΔP が小さい年齢階級ほど ΔC が小さくなる傾向が検出されるということを意味するに過ぎない．

むしろ，ここで注目すべきは，相関係数（決定係数）が +1 に近いということである．これは，年齢階級別人口シェアの変動 (ΔP) と年齢階級別寄与分の変動 (ΔC) が一対一の対応関係にあると言ってもよいほどの関係にあるということを意味する（このことについては次項でも言及する）．また，次

---

4) 第2章，表2-9（52頁）．

の点を特記しておく．すなわち，+1に近い値の相関係数は，1989年〜2004年（二人以上世帯）の関連データに当てはめた回帰直線

$$\varDelta C = 2.8201+3.8865\varDelta P \qquad (3)\,[再掲]$$

の周りに $\varDelta P$ と $\varDelta C$ が密集していることを示すが，(3)式における $\varDelta P$ と $\varDelta C$ のうち，$\varDelta P$ が外在的に決定される独立変数であり，これにたいして $\varDelta C$ は $\varDelta P$ によってその変動が規定される従属変数であるということに留意したい．$\varDelta C_i$ は $\left(\dfrac{{}^t k_i}{{}^t N}{}^t\sigma - \dfrac{{}^0 k_i}{{}^0 N}{}^0\sigma\right)$ で定義され，そのなかには $\varDelta P_i$ を構成する要素 $\left(\dfrac{{}^t k_i}{{}^t N}, \dfrac{{}^0 k_i}{{}^0 N}\right)$ が内在していて，そのために，$\varDelta P_i$ の要素の変動が $\varDelta C_i$ を規定しているからである．ただし，$\varDelta P$ と $\varDelta C$ の変動を規定する要因は社会構造そのものである．その意味では，$\varDelta P$ と $\varDelta C$ は互いに共変的（concomitant）な関係にあると考えることもできる．以上，二人以上世帯について述べた．

次に単身世帯（1989年〜2004年）を取り上げる（表5-1(b)）．このとき，回帰直線は

$$\varDelta C = 2.8154+2.0495\varDelta P \qquad (4)$$

である．$\varDelta P$ と $\varDelta C$ のデータの組にかんする相関係数は $r=0.9845$ となり，また決定係数は $R^2=0.9693$ である．このこともまた，二人以上世帯のときと同様に良好な当てはまりを示している．

以上，回帰直線と相関係数（決定係数）の関連を取り上げた．次に，年齢階級別人口シェアの変動（$\varDelta P$）と年齢階級別寄与分の変動（$\varDelta C$）の組から導出された回帰直線について，傾き（回帰係数），切片の順に，その実質的意味を考察する．

② 回帰直線の傾き（回帰係数）

以下，横軸に $\varDelta P$ をとり，縦軸に $\varDelta C$ をとって描いた図5-4(a)(b)上の回帰直線についてその傾きを検討するが，それに先立って，考察の対象とした

変量の組は，一般に第1象限から第3象限にかけて分布すること，したがって，算出される回帰係数の値がつねに正数となることを改めて確認しておく．ここでは，ΔP と ΔC の間の相関係数 (r) が +1 に近い値になることにも注目する．その上で，各年齢階級の動向を調べることにする．データの組 ($\Delta P, \Delta C$) が調査期間ごとに 10 個しかない場合の $r \fallingdotseq 1$ は，特記すべき外れ値が存在しないということを意味する．これに着目すると，人口シェアの総体的な変動効果は，当てはめた回帰直線の傾きによって計測されると考えることができる．すなわち，その傾きをもって，各年齢階級すべての人口シェアの変動による全社会的な人口動態効果の測度と見なすことができる．具体的には，ΔC を所与とすれば，人口シェアの変動（横軸の値 ΔP）の絶対値が大きい年齢階級が多いほど，当てはめた回帰直線の傾きはより小さくなり，横軸に接近する．これにたいして，人口シェアの変動の絶対値が小さい年齢階級が多いほど，当てはめた回帰直線の傾きは大きくなり，縦軸に接近する．これを図 5-4(a)(b) に適用すれば，回帰直線の傾きが小さい単身世帯（図 5-4(b) のほうが，二人以上世帯（図 5-4(a)）に較べて，人口動態効果は大きいと言うことができる．1989 年〜2004 年における単身世帯の回帰係数は 2.8154 であり，二人以上世帯では 2.8201 となっているからである．

ところが，人口動態効果が大きいほど，小さな回帰係数を返すことを勘案すれば，大小の回帰係数をそのまま，人口動態効果の測度と見なすには，いかにも明証性を欠く．そこで，人口動態効果が大きいほど，大きい値を返す測度として，傾きの逆数をとることにした．逆数は元の値が大きければ，小さい値となり，人口動態効果が小さいほど，小さい値を返すからである．逆数のこのような性質を応用して，人口動態効果を計測することができるのは，さしあたり比較の対象となる回帰直線の傾きがすべて正値をとることによる[5]．以上より，人口動態効果を回帰直線の傾きの逆数で計測することの妥当性が明らかになる．ただし，この逆数は特定の年齢階級による人口動態効

---

[5] 2つの負値についても，その逆数を比較すれば，大小関係が逆転する．他方，正値と負値については，その逆数を比較しても，大小関係は逆転しない．

表 5-2(a)　人口動態効果指標
（二人以上世帯）

	傾きの逆数
1989 年～2004 年	0.2573
1989 年～1994 年	0.2526
1994 年～1999 年	0.2402
1999 年～2004 年	0.2736

出所：表 5-1(a)

表 5-2(b)　人口動態効果指標
（単身世帯）

	傾きの逆数
1989 年～2004 年	0.4879
1989 年～1994 年	0.4289
1994 年～1999 年	0.5647
1999 年～2004 年	0.5907

出所：表 5-1(b)

果を示すのではないことに留意しなければならない．人口シェアが増大した年齢階級が存在する反面で，減少した年齢階級もあり，さまざまに変動した 10 個の年齢階級全体を通して検出される平均的な人口動態効果の測度が，回帰係数の逆数である．

この逆数を人口動態効果指標として，1989 年～2004 年について見ると，二人以上世帯に較べて単身世帯のほうが大きい値となっている．単身世帯においてより強く人口動態効果が働いたことが分かる．このことを示す表 5-2(a)(b) には，以下で取り上げる 3 期間 (1989 年～1994 年，1994 年～1999 年，1999 年～2004 年) についても表章してある．これらの期間の人口動態効果については，後に項を改めて考察することとして（後掲図 5-5），以下では，回帰直線の切片について取り上げる．

③　回帰直線の切片

回帰直線の切片とは，その直線と縦軸との交点の座標である．この座標 $(0, a)$ は

$$a = \overline{\varDelta C_i} - b\overline{\varDelta P_i} \tag{5}$$

ここに，b は回帰係数

であたえられる．この切片の実質的意味は，切片の値 (a) と総変動の差 $(\varDelta \sigma)$ との間の数学的関係にかんする次式によって明らかになる[6]．

---

6)　(6)式が成立することを証明するために，$\varDelta C$ とおいた総変動の差 $\varDelta \sigma$ と切片 a との間の関係を考察する．$\varDelta \sigma$ は

$$\varDelta \sigma = {}^t\sigma - {}^0\sigma$$
$$= \sum_{i=1}^{m} \frac{{}^t k_i}{{}^t N} {}^t\sigma - \sum_{i=1}^{m} \frac{{}^0 k_i}{{}^0 N} {}^0\sigma$$

第5章 所得格差と人口動態効果

$$\Delta\sigma = m \times a \qquad (6)$$

ここに m は年齢階級の個数（本書における分析では $m=10$）

(6)式は，切片 (a) と総変動の差 ($\Delta\sigma$) を別々に計算して表章した表 5-3(a)(b) に照応している．

$$= \sum_{i=1}^{m}\left(\frac{{}^{t}k_i}{{}^{t}N}{}^{t}\sigma - \frac{{}^{0}k_i}{{}^{0}N}{}^{0}\sigma\right)$$

$$= \sum_{i=1}^{m}\Delta C_i \qquad ①$$

と定義されている．①式の辺々を m ($\neq 0$) で割ると，

$$\frac{1}{m}\Delta\sigma = \frac{1}{m}\sum_{i=1}^{m}\Delta C_i \qquad ②$$

を得る．②式の右辺は m 個ある ΔC_i の相加平均 $\overline{\Delta C_i}$ であるから，②式は

$$\frac{1}{m}\Delta\sigma = \overline{\Delta C_i} \qquad ③$$

となる．

ここで切片の定義式

$$a = \overline{\Delta C_i} - b\,\overline{\Delta P_i} \qquad (5)[再掲]$$

の右辺第2項における $\overline{\Delta P_i}$（年齢階級別人口シェアの相加平均）に着目する．それは，

$$\overline{\Delta P_i} = \frac{1}{m}\times\sum_{i=1}^{m}\Delta P_i$$

$$= \frac{1}{m}\times 100\sum_{i=1}^{m}\left(\frac{{}^{t}k_i}{{}^{t}N} - \frac{{}^{0}k_i}{{}^{0}N}\right)$$

$$= \frac{1}{m}\times 100\times\left(\sum_{i=1}^{m}\frac{{}^{t}k_i}{{}^{t}N} - \sum_{i=1}^{m}\frac{{}^{0}k_i}{{}^{0}N}\right) \qquad ④$$

と変形されるが，上式右辺の $\sum_{i=1}^{m}\frac{k_i}{N}$ は比率（人口シェア）の総和であるから，つねに1である．したがって，④式は

$$\overline{\Delta P_i} = \frac{1}{m}\times 100\times(1-1) \qquad ⑤$$

となって，その値はゼロである．この⑤式の値を切片の定義式（(5)式）に代入すれば，

$$a = \overline{\Delta C_i} \qquad ⑥$$

を得る．この⑥式を③式に代入すれば，

$$\frac{1}{m}\Delta\sigma = a \qquad ⑦$$

を得る．これを変形することによって，

$$\Delta\sigma = m\times a \qquad (6)[再掲]$$

が誘導される．
$$q.\ e.\ d.$$

以上の考察により，関連データに当てはめた回帰直線の切片 (a) と総変動の差 ($\Delta\sigma$) 間には，(6)式に示される線形関係（一次式）が認められ，それは原点を通る直線となって表出する．このゆえに，a と $\Delta\sigma$ との間の相関係数は，本文における表5-3(a)(b)の注記で述べたように，正の完全相関（+1）を示す．

表 5-3(a)　回帰直線 $\Delta C = a + b\Delta P$ の切片と総変動の差（二人以上世帯）

	切片	総変動の差
1989年～2004年	2.8201	28.20
1989年～1994年	5.5354	55.35
1994年～1999年	−0.4632	−4.63
1999年～2004年	−2.2521	−22.52

注記：2変量の相関係数は 1.0000．
出所：切片：表5-1(a)；総変動の差：付表31(a)

表 5-3(b)　回帰直線 $\Delta C = a + b\Delta P$ の切片と総変動の差（単身世帯）

	切片	総変動の差
1989年～2004年	2.8154	28.15
1989年～1994年	3.3414	33.41
1994年～1999年	1.7550	17.55
1999年～2004年	−2.2811	−22.81

注記：2変量の相関係数は 1.0000．
出所：切片：表5-1(b)；総変動の差：付表31(b)

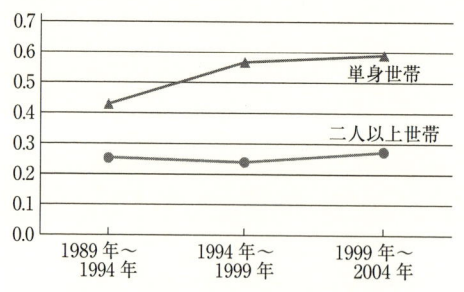

図 5-5　調査期間別人口動態効果指標
出所：表5-2(a)(b)

ここで切片の符号について考察する．そのために，(6)式を

$$\frac{1}{m}\Delta\sigma = a \qquad (7)$$

と変形する．$m>0$ であるから，$a>0$ のとき，$\Delta\sigma>0$ である．総変動の差 $\Delta\sigma$ が正であるということは，個々の年齢階級別寄与分の符号の如何にかかわらず，寄与分の総和がプラスであり，社会的には格差が拡大したことを意味する．

逆に，$a<0$ のときにも $m>0$ が成立するので，$\Delta\sigma<0$ である．総変動の差 $\Delta\sigma$ が負であるということは，個々の年齢階級別寄与分の符号の如何にかかわらず，その寄与分の総和がマイナスであり，社会的には格差が縮小したことを意味する．このような次第で，切片の符号と総変動の差の符号は同一になる．以上，(7)式の含意について述べた．

(3)　調査期間別変動分析

1989年～1994年，1994年～1999年，1999年～2004年の3期間について，表5-2(a)(b)が表章する回帰直線の傾きの逆数から折れ線グラフを描き，上

第5章　所得格差と人口動態効果　　　　　　　　　　151

に掲げる（図5-5）．上記3期間の人口動態効果指標から一般的に検出できる傾向を指摘する．それは，①人口動態効果は単身世帯のほうが二人以上世帯よりも大きいこと，および②世帯類型間の乖離は拡大傾向にあること，である．このことは前掲した表5-2(a)(b)から明らかなので，屋上屋を架することになるが，全体を概観する目的から，ここでも，あえて言及することにした．

　以下では，1989年～2004年（図5-4(a)(b)）と同様のグラフを期間別（1989年～1994年，1994年～1999年，1999年～2004年）・世帯類型別（二人以上世帯，単身世帯）に掲げる．そして，これらのグラフに前掲した1989年～2004年（図5-4(a)(b)）を加えて，どの期間にも共通して見られる全体的な特徴を述べる（年齢階級別の期間別変動については，本書に収録した付表の後に付図1(a)(b)～付図10(a)(b)として別に示す）．

　一般的な傾向としては，65歳以上年齢階級にかんする2つの変量（横軸にとった人口シェアの変動と縦軸にとった総変動の差にたいする寄与分）が，世帯類型を問わず，いずれも他の年齢階級に較べて，大きい値をとっていることが指摘できる（図5-6(a)(b)，図5-7(a)，図5-8(a)(b)参照）．ただし，1994年～1999年の単身世帯にあっては，65歳以上年齢階級のデータは第3象限にプロットされている（図5-7(b)参照）．このように一般的傾向から外れた事例もある．しかし，総じて，65歳以上年齢階級の①人口シェアの変動の規模と②総変動の差にたいする寄与分の大きさが他の年齢階級を抜いている．総変動の差が減少して，当てはめた回帰直線の切片がマイナスを示している期間（二人上世帯では1994年～1999年（図5-7(a)）と1999年～2004年（図5-8(a)），単身世帯では1999年～2004年（図5-8(b)））においてさえ，65歳以上年齢階級が（総変動の差で計測される）格差を拡大させた主因であることが確認できる．

① 1989年～1994年

全年齢階級(二人以上世帯, 1989年～1994年)				
人口シェア	年齢階級別寄与分の合計	原点からの距離	基線からの角度	
			度	ラディアン
0.00	55.35	55.35	90	1.57

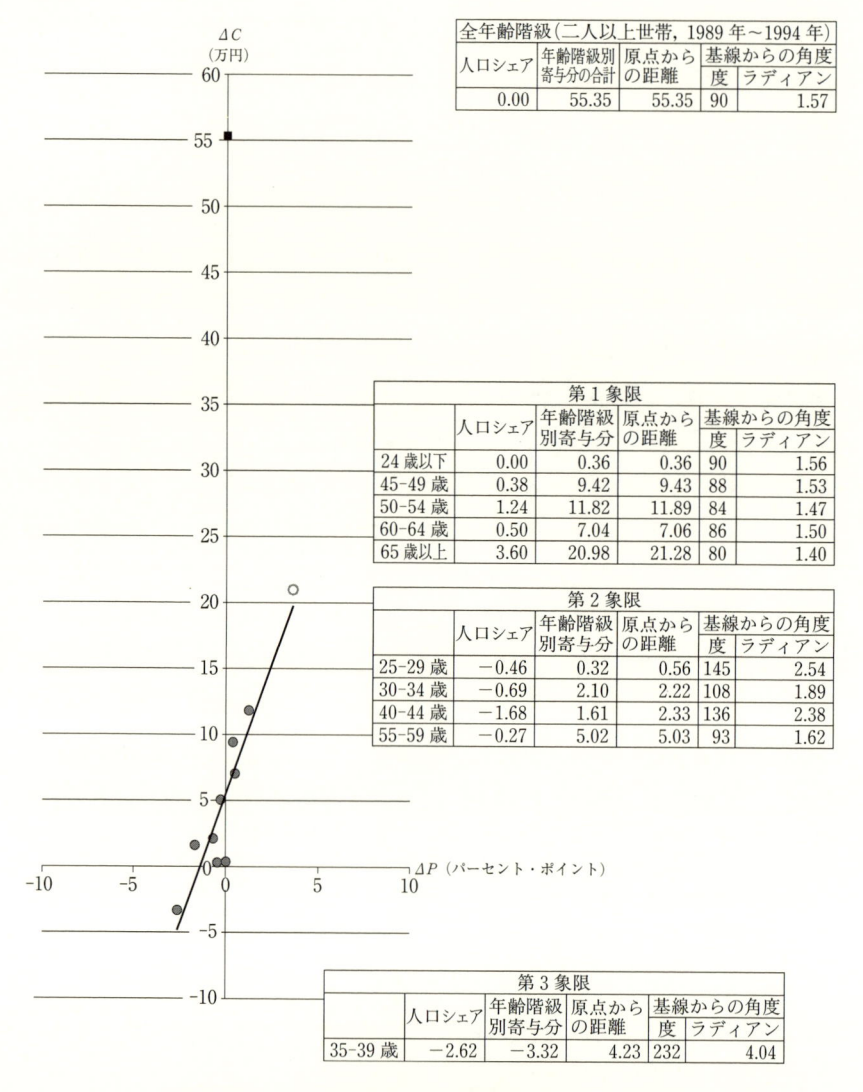

第1象限					
	人口シェア	年齢階級別寄与分	原点からの距離	基線からの角度	
				度	ラディアン
24歳以下	0.00	0.36	0.36	90	1.56
45-49歳	0.38	9.42	9.43	88	1.53
50-54歳	1.24	11.82	11.89	84	1.47
60-64歳	0.50	7.04	7.06	86	1.50
65歳以上	3.60	20.98	21.28	80	1.40

第2象限					
	人口シェア	年齢階級別寄与分	原点からの距離	基線からの角度	
				度	ラディアン
25-29歳	−0.46	0.32	0.56	145	2.54
30-34歳	−0.69	2.10	2.22	108	1.89
40-44歳	−1.68	1.61	2.33	136	2.38
55-59歳	−0.27	5.02	5.03	93	1.62

第3象限					
	人口シェア	年齢階級別寄与分	原点からの距離	基線からの角度	
				度	ラディアン
35-39歳	−2.62	−3.32	4.23	232	4.04

図 5-6(a) 人口シェアの変動と年齢階級別寄与分の変動
(二人以上世帯, 1989年～1994年)

注記：○は65歳以上年齢階級，■は全年齢階級．回帰直線の方程式は，$\Delta C = 5.5354 + 3.9585 \Delta P$
(表5-1(a))．$r = 0.9340$，$R^2 = 0.8723$ (表5-1(a)参照)．
出所：付表55(a)

第5章 所得格差と人口動態効果

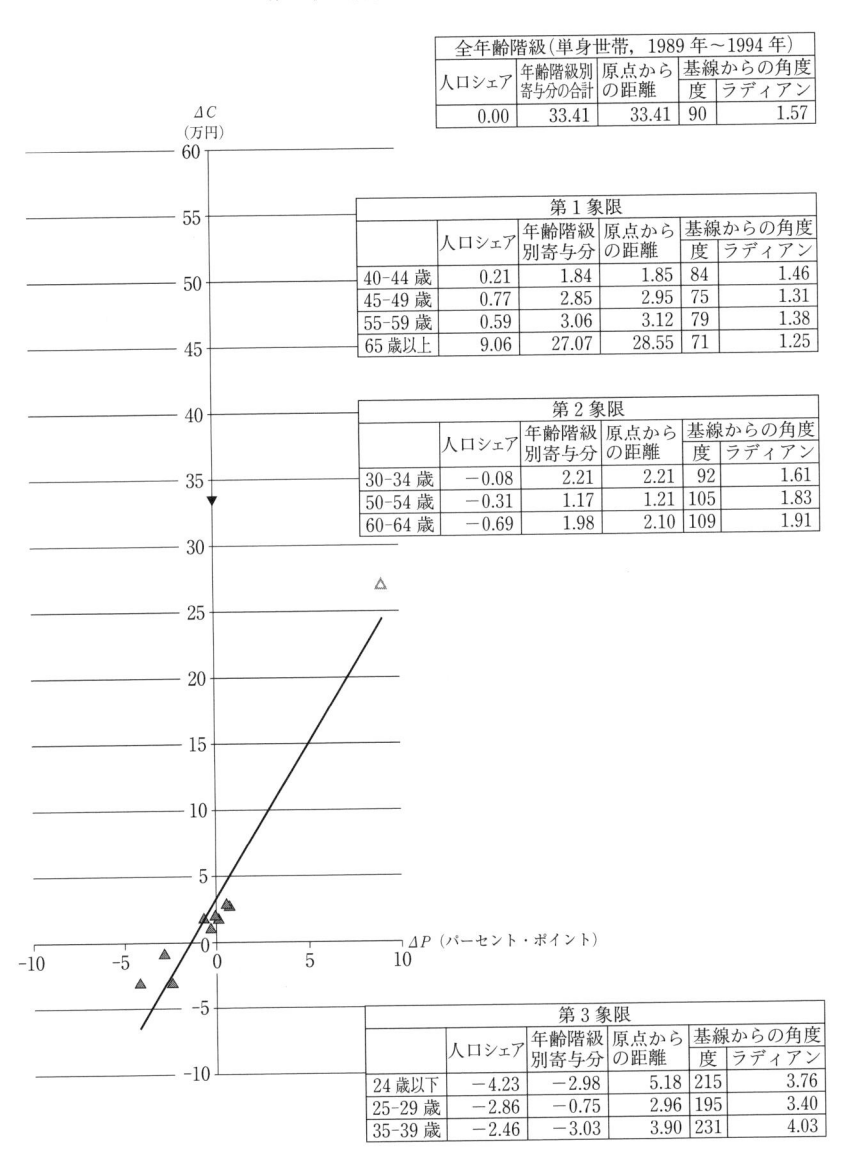

全年齢階級(単身世帯, 1989年～1994年)				
人口シェア	年齢階級別寄与分の合計	原点からの距離	基線からの角度	
			度	ラディアン
0.00	33.41	33.41	90	1.57

第1象限				
	人口シェア	年齢階級別寄与分	原点からの距離	基線からの角度
				度 ラディアン
40-44歳	0.21	1.84	1.85	84 1.46
45-49歳	0.77	2.85	2.95	75 1.31
55-59歳	0.59	3.06	3.12	79 1.38
65歳以上	9.06	27.07	28.55	71 1.25

第2象限				
	人口シェア	年齢階級別寄与分	原点からの距離	基線からの角度
				度 ラディアン
30-34歳	−0.08	2.21	2.21	92 1.61
50-54歳	−0.31	1.17	1.21	105 1.83
60-64歳	−0.69	1.98	2.10	109 1.91

第3象限				
	人口シェア	年齢階級別寄与分	原点からの距離	基線からの角度
				度 ラディアン
24歳以下	−4.23	−2.98	5.18	215 3.76
25-29歳	−2.86	−0.75	2.96	195 3.40
35-39歳	−2.46	−3.03	3.90	231 4.03

図 5-6(b)　人口シェアの変動と年齢階級別寄与分の変動
(単身世帯, 1989年～1994年)

注記：△は65歳以上年齢階級，▼は全年齢階級．回帰直線の方程式は，$\Delta C = 3.3414 + 2.3316 \Delta P$
(表5-1(b))．$r = 0.9688$, $R^2 = 0.9386$ (表5-1(b)参照).
出所：付表55(b)

② 1994年～1999年

全年齢階級(二人以上世帯, 1994年～1999年)				
人口シェア	年齢階級別寄与分の合計	原点からの距離	基線からの角度	
^	^	^	度	ラディアン
0.00	−4.63	4.63	90	1.57

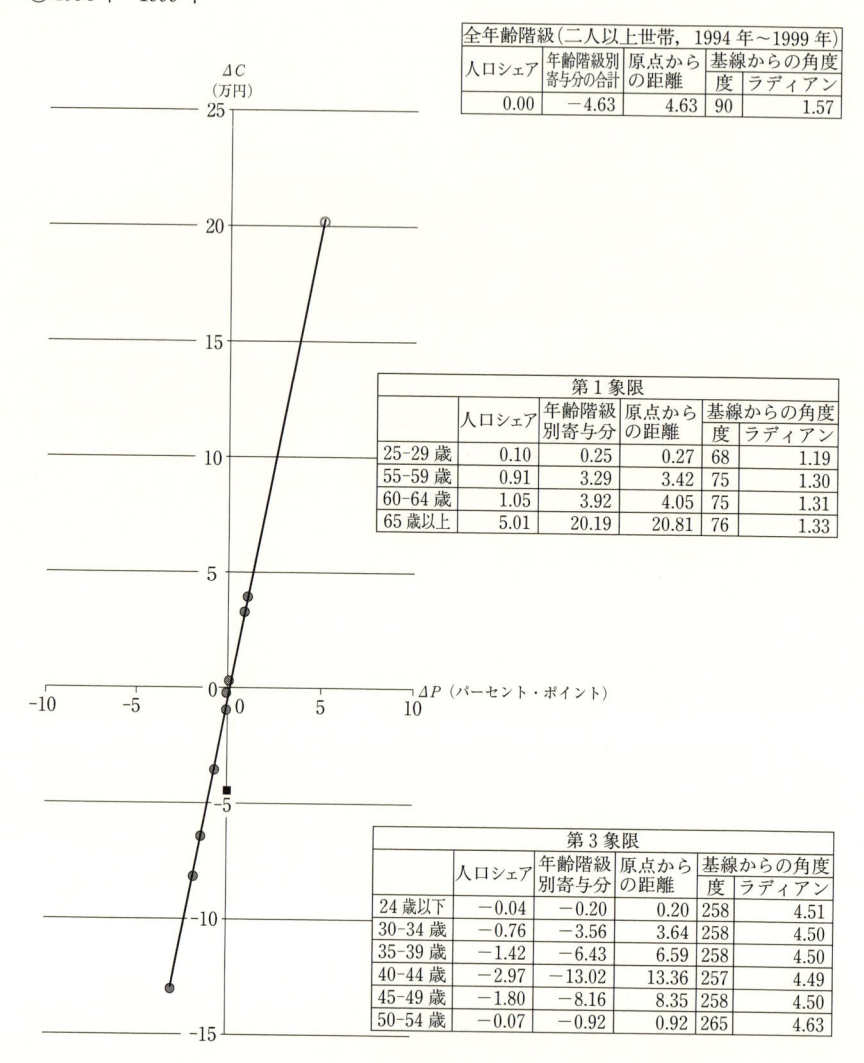

第1象限				
	人口シェア	年齢階級別寄与分	原点からの距離	基線からの角度	
^	^	^	^	度	ラディアン
25-29歳	0.10	0.25	0.27	68	1.19
55-59歳	0.91	3.29	3.42	75	1.30
60-64歳	1.05	3.92	4.05	75	1.31
65歳以上	5.01	20.19	20.81	76	1.33

第3象限				
	人口シェア	年齢階級別寄与分	原点からの距離	基線からの角度	
^	^	^	^	度	ラディアン
24歳以下	−0.04	−0.20	0.20	258	4.51
30-34歳	−0.76	−3.56	3.64	258	4.50
35-39歳	−1.42	−6.43	6.59	258	4.50
40-44歳	−2.97	−13.02	13.36	257	4.49
45-49歳	−1.80	−8.16	8.35	258	4.50
50-54歳	−0.07	−0.92	0.92	265	4.63

図5-7(a) 人口シェアの変動と年齢階級別寄与分の変動
(二人以上世帯, 1994年～1999年)

注記：○は65歳以上年齢階級, ■は全年齢階級. 回帰直線の方程式は, $\Delta C = -0.4632 + 4.1627 \Delta P$ (表5-1(a)). $r = 0.9997$, $R^2 = 0.9994$ (表5-1(a)参照).
出所：付表56(a)

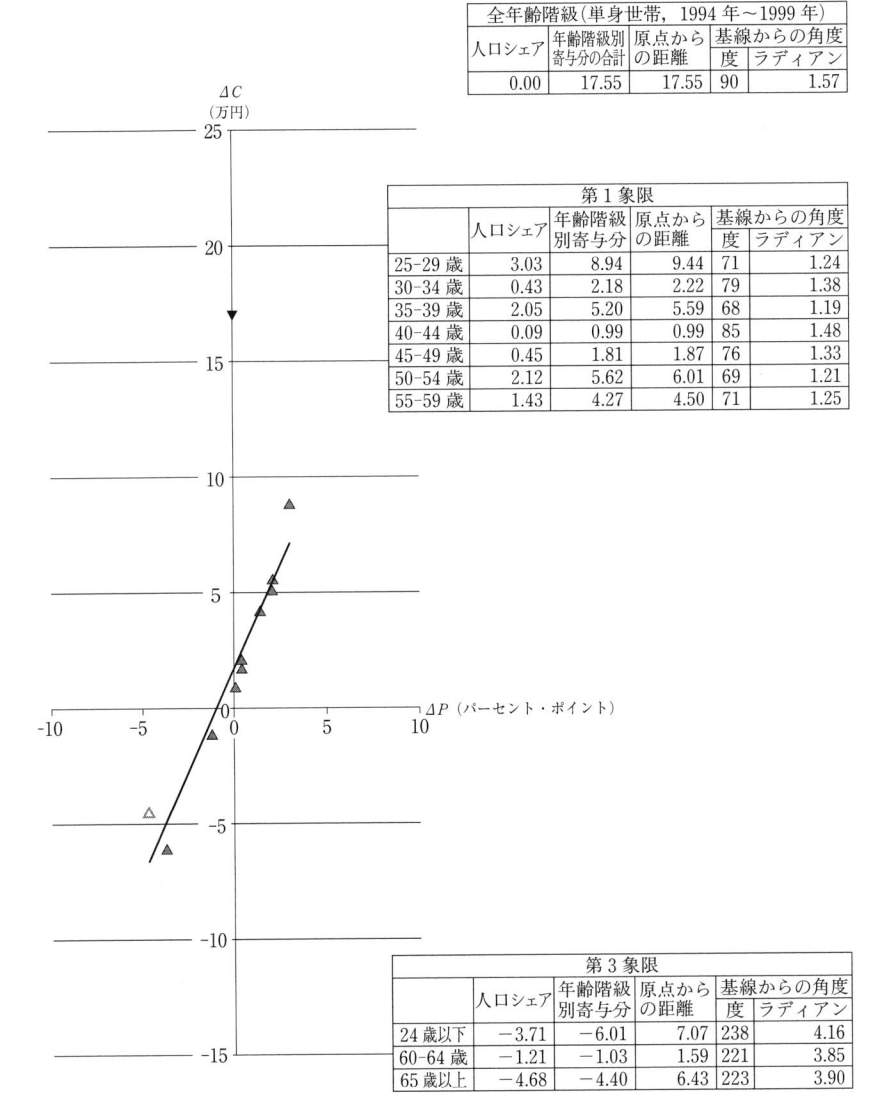

第5章 所得格差と人口動態効果　　　　　　　　　　　　　155

全年齢階級(単身世帯，1994年～1999年)				
人口シェア	年齢階級別寄与分の合計	原点からの距離	基線からの角度	
			度	ラディアン
0.00	17.55	17.55	90	1.57

第1象限					
	人口シェア	年齢階級別寄与分	原点からの距離	基線からの角度	
				度	ラディアン
25-29歳	3.03	8.94	9.44	71	1.24
30-34歳	0.43	2.18	2.22	79	1.38
35-39歳	2.05	5.20	5.59	68	1.19
40-44歳	0.09	0.99	0.99	85	1.48
45-49歳	0.45	1.81	1.87	76	1.33
50-54歳	2.12	5.62	6.01	69	1.21
55-59歳	1.43	4.27	4.50	71	1.25

第3象限					
	人口シェア	年齢階級別寄与分	原点からの距離	基線からの角度	
				度	ラディアン
24歳以下	-3.71	-6.01	7.07	238	4.16
60-64歳	-1.21	-1.03	1.59	221	3.85
65歳以上	-4.68	-4.40	6.43	223	3.90

図5-7(b) 人口シェアの変動と年齢階級別寄与分の変動
(単身世帯，1994年～1999年)

注記：△は65歳以上年齢階級，▼は全年齢階級．回帰直線の方程式は，$\Delta C = 1.7550 + 1.7708 \Delta P$
　　　(表5-1(b))．$r = 0.9700$，$R^2 = 0.9409$ (表5-1(b)参照)．
出所：付表56(b)．

③ 1999年～2004年

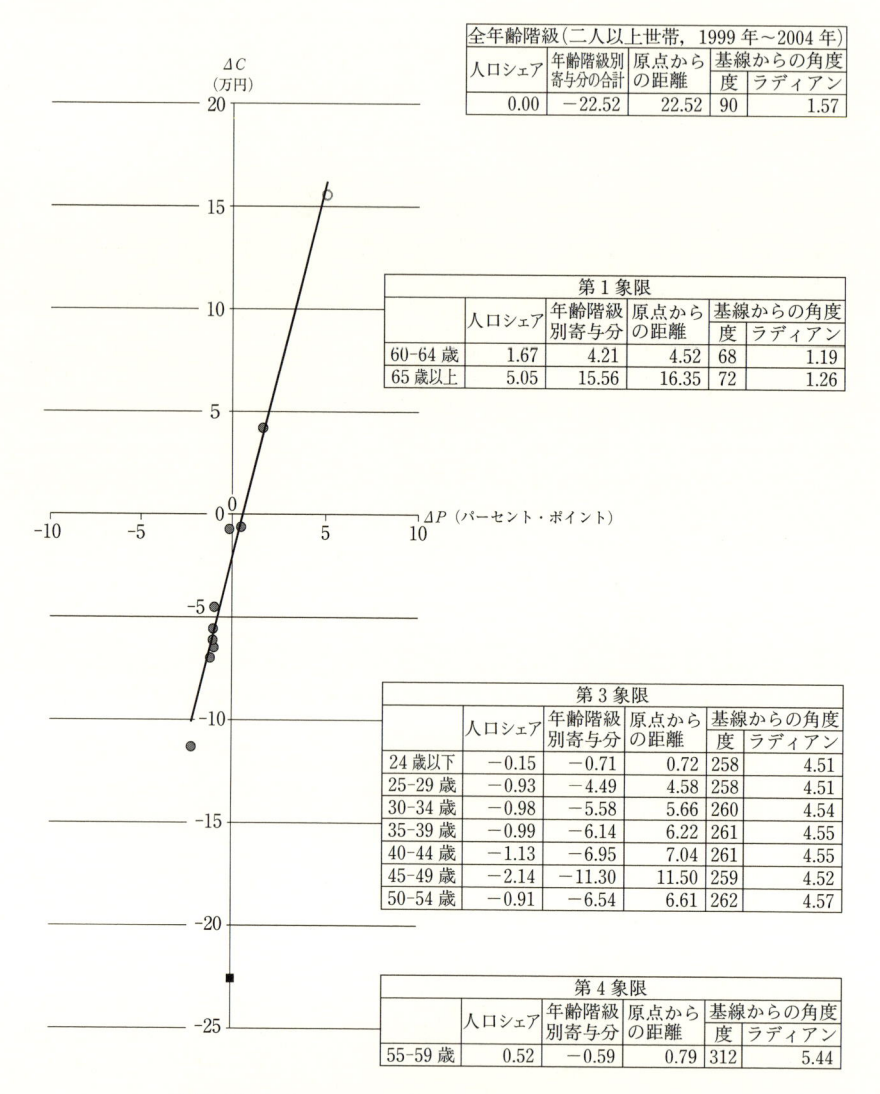

全年齢階級(二人以上世帯, 1999年～2004年)			基線からの角度	
人口シェア	年齢階級別寄与分の合計	原点からの距離	度	ラディアン
0.00	−22.52	22.52	90	1.57

第1象限			基線からの角度	
	人口シェア	年齢階級別寄与分	原点からの距離	度	ラディアン
60-64歳	1.67	4.21	4.52	68	1.19
65歳以上	5.05	15.56	16.35	72	1.26

第3象限				基線からの角度	
	人口シェア	年齢階級別寄与分	原点からの距離	度	ラディアン
24歳以下	−0.15	−0.71	0.72	258	4.51
25-29歳	−0.93	−4.49	4.58	258	4.51
30-34歳	−0.98	−5.58	5.66	260	4.54
35-39歳	−0.99	−6.14	6.22	261	4.55
40-44歳	−1.13	−6.95	7.04	261	4.55
45-49歳	−2.14	−11.30	11.50	259	4.52
50-54歳	−0.91	−6.54	6.61	262	4.57

第4象限			基線からの角度	
	人口シェア	年齢階級別寄与分	原点からの距離	度	ラディアン
55-59歳	0.52	−0.59	0.79	312	5.44

図 5-8(a) 人口シェアの変動と年齢階級別寄与分の変動
(二人以上世帯, 1999年～2004年)

注記：○は65歳以上年齢階級，■は全年齢階級．回帰直線の方程式は，$\Delta C = -2.2521 + 3.6545 \Delta P$ (表 5-1(a))． $r = 0.9912$, $R^2 = 0.9825$ (表 5-1(a) 参照)．
出所：付表 57(a)

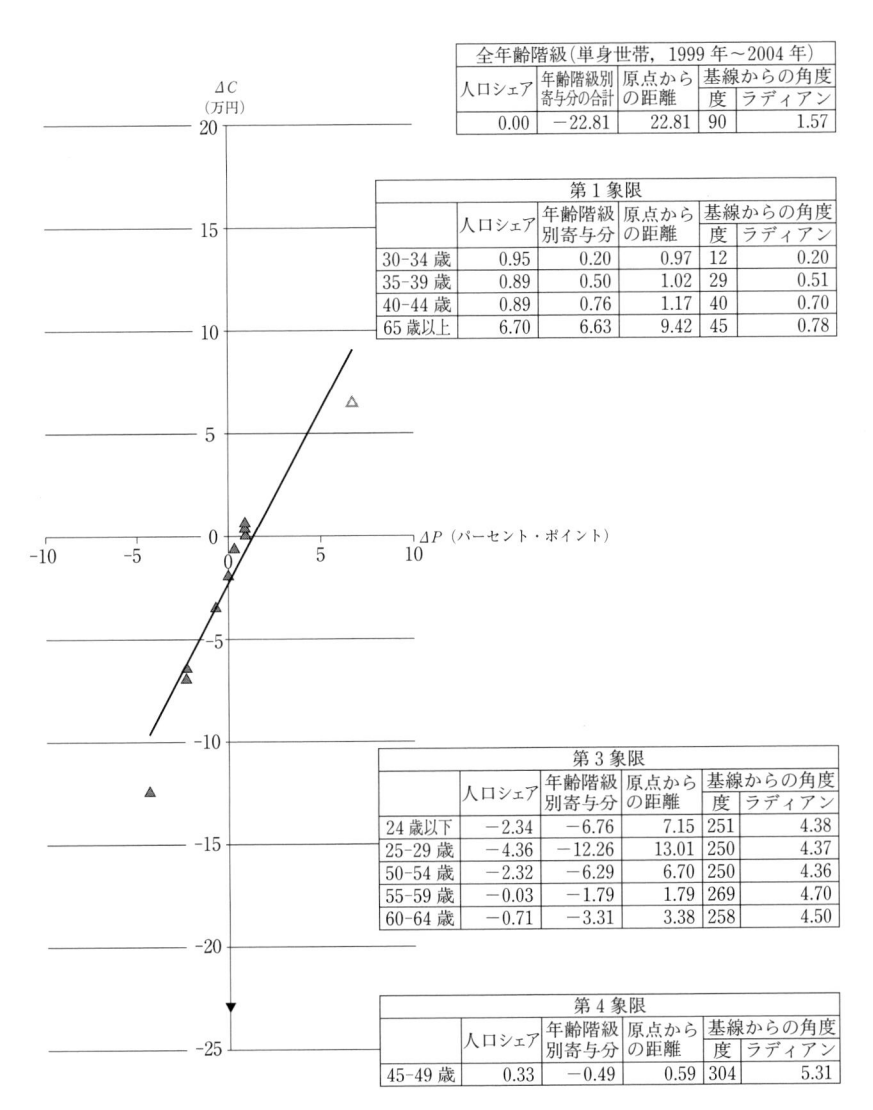

第 5 章　所得格差と人口動態効果　　　　　　　　　　　157

全年齢階級（単身世帯，1999年～2004年）				
人口シェア	年齢階級別寄与分の合計	原点からの距離	基線からの角度	
			度	ラディアン
0.00	−22.81	22.81	90	1.57

第 1 象限					
	人口シェア	年齢階級別寄与分	原点からの距離	基線からの角度	
				度	ラディアン
30-34 歳	0.95	0.20	0.97	12	0.20
35-39 歳	0.89	0.50	1.02	29	0.51
40-44 歳	0.89	0.76	1.17	40	0.70
65 歳以上	6.70	6.63	9.42	45	0.78

第 3 象限					
	人口シェア	年齢階級別寄与分	原点からの距離	基線からの角度	
				度	ラディアン
24 歳以下	−2.34	−6.76	7.15	251	4.38
25-29 歳	−4.36	−12.26	13.01	250	4.37
50-54 歳	−2.32	−6.29	6.70	250	4.36
55-59 歳	−0.03	−1.79	1.79	269	4.70
60-64 歳	−0.71	−3.31	3.38	258	4.50

第 4 象限					
	人口シェア	年齢階級別寄与分	原点からの距離	基線からの角度	
				度	ラディアン
45-49 歳	0.33	−0.49	0.59	304	5.31

図 5-8(b)　人口シェアの変動と年齢階級別寄与分の変動
（単身世帯，1999 年～2004 年）

注記：△は 65 歳以上年齢階級，▼は全年齢階級．回帰直線の方程式は，$\varDelta C=-2.2811+1.6930\varDelta P$（表 5-1(b)）．$r=0.9590$，$R^2=0.9197$（表 5-1(b) 参照）．
出所：付表 57(b)

おわりに

　人口動態効果の計測手法としては，①比較調査年にたいして基準調査年の年齢階級別人口シェアを用いて，（標準偏差で測定される）総変動にたいする年齢階級別寄与分（仮想値）を計算し，これと現実値とを比較する方法がある[7]．また，②基準調査年と比較調査年における総変動の差を，基準調査年の年齢階級別人口シェアを用いて計算した仮想値と現実値とを比較する方法[8]もある．これらの方法はいずれも，年齢階級別寄与分そのものから人口動態効果を計測するために構想された．その計算式には，人口シェアが内在化されている．

　これにたいして本章では，人口シェアの変動を独立変数として陽表的に取り扱い，①年齢階級別人口シェアの変動（ΔP）と②総変動の差にたいする年齢階級別寄与分の差（ΔC）の2つの変量によって人口動態効果を計測しようと試みた．そのために，これらの2種の変量から回帰直線の傾きと切片を計算した．この回帰直線の傾きは，各年齢階級が総体として果すとされる人口動態効果の指標として活用できるからである．しかしながら，正数となるこの傾きは，人口動態効果が大きいほど，小さい値を返す．一般に，2つの正数の逆数は，元の数の大小関係を逆転させる．逆数のこの数学的性質を応用して，導出した回帰直線の傾きの逆数をもって，人口動態効果の計測指標とした．本章における方法論上の結論の1つはこれである．

　この手法をミクロデータに応用した結果，次のことが明らかになった．
  1. 単身世帯の方が二人以上世帯に較べて人口動態効果は大きい．
  2. 二人以上世帯と単身世帯では，それぞれの人口動態効果が乖離する傾向にある．

　さらにまた，年齢階級別の ΔP_i と ΔC_i をプロットしたグラフから，総じ

---

7) 本書第3章．
8) 本書章4章．

て，65歳以上年齢階級は，人口シェアと年齢階級別寄与分のいずれにおいても大きい値となり，格差を押し上げる方向で機能したことを読み取ることができた．

なお，本章では，以上の傾向を検出する過程で，関連する2つの変量間の相関係数（決定係数）を算出して，関連変量について導出した回帰直線の適合度が高いことを確認するとともに，当該回帰直線の傾きと切片の実質的意味ならびに切片（a）と総変動の差（$\Delta\sigma$）との間にある数学的関係を誘導し，総変動の差は切片の m（年齢階級の個数）倍であること（$\Delta\sigma = m \times a$）を明らかにした．

付　表

(全国消費実態調査の匿名個票データ（ミクロデータ）はリサンプリングとトップコーディングを経て提供されたために，以下に表章する統計値は公表値とは異なる．)

付表 1(a)　人口シェア (1a)（二人

	全年齢階級	24 歳以下	25-29 歳	30-34 歳	35-39 歳
1989 年	1.00	0.01	0.04	0.09	0.14
1994 年	1.00	0.01	0.04	0.08	0.11
1999 年	1.00	0.01	0.04	0.08	0.10
2004 年	1.00	0.00	0.03	0.07	0.09

付表 1(b)　人口シェア (1b)（単

	全年齢階級	24 歳以下	25-29 歳	30-34 歳	35-39 歳
1989 年	1.00	0.17	0.15	0.07	0.06
1994 年	1.00	0.13	0.12	0.07	0.04
1999 年	1.00	0.09	0.15	0.07	0.06
2004 年	1.00	0.07	0.11	0.08	0.07

付表 2(a)　年間収入の分布の相加平

	全年齢階級	24 歳以下	25-29 歳	30-34 歳	35-39 歳
1989 年	657.52	350.87	436.26	521.31	586.46
1994 年	770.20	403.06	523.49	598.56	691.16
1999 年	750.77	378.22	495.43	586.97	685.40
2004 年	681.90	397.63	475.09	540.66	627.57

付表 2(b)　年間収入の分布の相加

	全年齢階級	24 歳以下	25-29 歳	30-34 歳	35-39 歳
1989 年	273.60	222.51	309.12	360.13	369.14
1994 年	318.98	266.15	358.88	413.29	487.76
1999 年	350.35	267.61	372.42	385.33	503.79
2004 年	333.47	260.78	349.15	435.08	484.80

付表 3(a)　年間収入の分布の標準偏

	全年齢階級	24 歳以下	25-29 歳	30-34 歳	35-39 歳
1989 年	365.52	134.92	183.12	236.17	260.52
1994 年	420.88	172.45	205.69	253.53	284.53
1999 年	416.25	151.05	206.64	241.68	278.40
2004 年	393.73	200.79	201.89	223.60	258.31

付表 3(b)　年間収入の分布の標準

	全年齢階級	24 歳以下	25-29 歳	30-34 歳	35-39 歳
1989 年	171.89	78.54	85.29	104.70	144.28
1994 年	205.31	96.76	109.47	139.23	223.58
1999 年	222.86	87.59	115.91	167.89	191.95
2004 年	200.05	100.09	109.52	136.20	186.99

以上世帯, 1989年～2004年)

(比率)

40-44歳	45-49歳	50-54歳	55-59歳	60-64歳	65歳以上
0.16	0.14	0.12	0.11	0.09	0.11
0.14	0.14	0.13	0.11	0.09	0.14
0.11	0.13	0.13	0.12	0.10	0.19
0.10	0.11	0.12	0.12	0.12	0.24

身世帯, 1989年～2004年)

(比率)

40-44歳	45-49歳	50-54歳	55-59歳	60-64歳	65歳以上
0.04	0.04	0.05	0.06	0.10	0.25
0.04	0.05	0.05	0.06	0.09	0.34
0.05	0.05	0.07	0.08	0.08	0.30
0.05	0.05	0.05	0.08	0.08	0.36

均（二人以上世帯, 1989年～2004年)

(万円)

40-44歳	45-49歳	50-54歳	55-59歳	60-64歳	65歳以上
662.36	757.68	820.44	789.99	627.75	533.10
783.04	887.01	981.06	946.79	727.50	579.36
790.02	867.87	960.98	937.47	707.16	576.33
719.78	813.47	854.80	862.43	650.81	534.00

平均（単身世帯, 1989年～2004年)

(万円)

40-44歳	45-49歳	50-54歳	55-59歳	60-64歳	65歳以上
348.81	453.57	356.20	256.24	266.42	188.86
516.90	472.64	433.59	298.31	280.40	238.76
584.35	544.56	482.67	439.85	244.46	232.31
493.88	518.96	396.87	365.12	261.35	240.34

差（二人以上世帯, 1989年～2004年)

(万円)

40-44歳	45-49歳	50-54歳	55-59歳	60-64歳	65歳以上
290.58	346.55	396.49	444.16	416.46	414.20
336.47	396.07	447.86	493.56	471.75	426.70
345.68	380.43	449.72	474.67	449.92	397.23
312.58	368.29	414.25	460.50	421.00	374.25

偏差（単身世帯, 1989年～2004年)

(万円)

40-44歳	45-49歳	50-54歳	55-59歳	60-64歳	65歳以上
223.26	233.28	218.63	211.15	239.44	138.69
256.89	283.91	254.31	229.15	194.50	183.00
259.92	294.29	278.56	308.98	172.73	148.70
231.47	250.65	264.75	256.18	172.91	143.00

付表 4(a)　年間収入の分布の擬似標準

	全年齢階級	24 歳以下	25-29 歳	30-34 歳	35-39 歳
1989 年	365.52	335.02	287.21	272.64	270.03
1994 年	420.88	405.62	321.21	306.16	295.30
1999 年	416.25	402.01	328.48	291.96	285.97
2004 年	393.73	348.03	289.02	264.47	263.97

付表 4(b)　年間収入の分布の擬似標

	全年齢階級	24 歳以下	25-29 歳	30-34 歳	35-39 歳
1989 年	171.89	93.69	92.39	135.83	173.04
1994 年	205.31	110.25	116.51	168.16	280.13
1999 年	222.86	120.49	117.99	171.49	245.74
2004 年	200.05	123.70	110.64	169.92	240.55

付表 5(a)　ジニ係数（二人

	全年齢階級	24 歳以下	25-29 歳	30-34 歳	35-39 歳
1989 年	0.2862	0.2042	0.2090	0.2195	0.2206
1994 年	0.2886	0.2189	0.2032	0.2093	0.2131
1999 年	0.2942	0.2139	0.2162	0.2113	0.2128
2004 年	0.3003	0.2585	0.2273	0.2169	0.2163

付表 5(b)　ジニ係数（単身

	全年齢階級	24 歳以下	25-29 歳	30-34 歳	35-39 歳
1989 年	0.3286	0.1977	0.1494	0.1594	0.2150
1994 年	0.3407	0.2021	0.1592	0.1852	0.2574
1999 年	0.3434	0.1800	0.1648	0.2491	0.2105
2004 年	0.3247	0.2016	0.1769	0.1690	0.2177

付表 6(a)　平均差（二人以

	全年齢階級	24 歳以下	25-29 歳	30-34 歳	35-39 歳
1989 年	376.35	143.30	182.39	228.85	258.71
1994 年	444.59	176.46	212.78	250.57	294.54
1999 年	441.73	161.84	214.20	248.10	291.73
2004 年	409.54	205.59	215.99	234.51	271.50

付表 6(b)　平均差（単身

	全年齢階級	24 歳以下	25-29 歳	30-34 歳	35-39 歳
1989 年	179.79	87.98	92.37	114.84	158.75
1994 年	217.37	107.56	114.27	153.10	251.14
1999 年	240.60	96.35	122.73	192.00	212.14
2004 年	216.54	105.14	123.56	147.10	211.05

付　表

偏差（二人以上世帯，1989年～2004年） (万円)

40-44歳	45-49歳	50-54歳	55-59歳	60-64歳	65歳以上
290.62	360.73	428.66	463.49	417.52	432.48
336.71	412.94	495.02	524.20	473.68	467.44
347.90	398.05	496.42	510.07	452.03	433.85
314.87	391.08	448.89	494.63	422.14	402.42

準偏差（単身世帯，1989年～2004年） (万円)

40-44歳	45-49歳	50-54歳	55-59歳	60-64歳	65歳以上
360.68	294.62	233.71	211.85	239.54	162.53
324.29	322.82	278.94	230.08	198.29	199.81
349.73	352.60	308.39	321.68	202.61	189.86
281.62	311.81	272.23	258.12	187.34	170.66

以上世帯，1989年～2004年）

40-44歳	45-49歳	50-54歳	55-59歳	60-64歳	65歳以上
0.2246	0.2369	0.2606	0.2981	0.3360	0.3777
0.2245	0.2386	0.2495	0.2858	0.3342	0.3553
0.2301	0.2380	0.2562	0.2786	0.3303	0.3314
0.2327	0.2415	0.2632	0.2898	0.3245	0.3227

世帯，1989年～2004年）

40-44歳	45-49歳	50-54歳	55-59歳	60-64歳	65歳以上
0.3653	0.2801	0.3372	0.4030	0.4146	0.3602
0.2860	0.3420	0.3246	0.3972	0.3606	0.3635
0.2548	0.3107	0.3268	0.3971	0.3498	0.3238
0.2678	0.2776	0.3721	0.3750	0.3246	0.2982

上世帯，1989年～2004年） (万円)

40-44歳	45-49歳	50-54歳	55-59歳	60-64歳	65歳以上
297.58	359.05	427.54	470.94	421.79	402.73
351.62	423.32	489.53	541.15	486.20	411.67
363.57	413.10	492.40	522.41	467.18	382.03
335.01	392.96	449.98	499.91	422.44	344.69

世帯，1989年～2004年） (万円)

40-44歳	45-49歳	50-54歳	55-59歳	60-64歳	65歳以上
254.82	254.11	240.25	206.52	220.93	136.05
295.64	323.28	281.47	237.00	202.24	173.56
297.81	338.37	315.45	349.37	171.00	150.46
264.50	288.15	295.31	273.83	169.68	143.32

付表 7(a) 総平均にたいする年齢階級別

	全年齢階級	24 歳以下	25-29 歳	30-34 歳	35-39 歳
1989 年	657.52	2.23	17.78	47.35	81.61
1994 年	770.20	2.57	18.92	50.21	78.07
1999 年	750.77	2.26	18.41	44.76	67.69
2004 年	681.90	1.80	13.24	35.94	55.75

出所: 付表 1(a), 付表 2(a)

付表 7(b) 総平均にたいする年齢階級

	全年齢階級	24 歳以下	25-29 歳	30-34 歳	35-39 歳
1989 年	273.60	37.94	47.39	25.55	22.25
1994 年	318.98	34.13	44.75	29.00	17.42
1999 年	350.35	24.39	57.72	28.68	28.33
2004 年	333.47	17.67	38.88	36.50	31.58

出所: 付表 1(b), 付表 2(b)

付表 8(a) 総平均にたいする年齢階級別

	全年齢階級	24 歳以下	25-29 歳	30-34 歳	35-39 歳
1989 年	100.00	0.34	2.70	7.20	12.41
1994 年	100.00	0.33	2.46	6.52	10.14
1999 年	100.00	0.30	2.45	5.96	9.02
2004 年	100.00	0.26	1.94	5.27	8.17

出所: 付表 7(a)

付表 8(b) 総平均にたいする年齢階級

	全年齢階級	24 歳以下	25-29 歳	30-34 歳	35-39 歳
1989 年	100.00	13.87	17.32	9.34	8.13
1994 年	100.00	10.70	14.03	9.09	5.46
1999 年	100.00	6.96	16.47	8.18	8.09
2004 年	100.00	5.30	11.66	10.94	9.47

出所: 付表 7(b)

付　表

寄与分（二人以上世帯，1989年～2004年） (万円)

40-44歳	45-49歳	50-54歳	55-59歳	60-64歳	65歳以上
104.11	106.81	97.66	87.89	55.78	56.30
109.89	128.45	128.98	102.77	68.31	82.01
87.39	110.07	125.63	110.31	73.80	110.45
71.47	85.74	103.93	106.00	78.75	129.29

別寄与分（単身世帯，1989年～2004年） (万円)

40-44歳	45-49歳	50-54歳	55-59歳	60-64歳	65歳以上
14.77	17.29	19.28	14.22	27.09	47.82
22.95	21.65	22.11	18.31	26.58	82.09
26.49	27.41	34.84	33.30	20.21	68.99
26.81	27.83	19.44	27.54	19.75	87.48

寄与率（二人以上世帯，1989年～2004年） (%)

40-44歳	45-49歳	50-54歳	55-59歳	60-64歳	65歳以上
15.83	16.24	14.85	13.37	8.48	8.56
14.27	16.68	16.75	13.34	8.87	10.65
11.64	14.66	16.73	14.69	9.83	14.71
10.48	12.57	15.24	15.54	11.55	18.96

別寄与率（単身世帯，1989年～2004年） (%)

40-44歳	45-49歳	50-54歳	55-59歳	60-64歳	65歳以上
5.40	6.32	7.05	5.20	9.90	17.48
7.19	6.79	6.93	5.74	8.33	25.74
7.56	7.82	9.94	9.51	5.77	19.69
8.04	8.35	5.83	8.26	5.92	26.23

付表 9(a)　総平均にたいする年齢階級別の仮

	全年齢階級	24 歳以下	25-29 歳	30-34 歳	35-39 歳
1989 年	657.52	2.23	17.78	47.35	81.61
1994 年	770.51	2.56	21.33	54.37	96.18
1999 年	760.20	2.40	20.19	53.31	95.37
2004 年	698.06	2.53	19.36	49.11	87.33

注記：1994 年～2004 年の値は 1989 年の人口シェアにもとづく仮想値である．全年齢階級の総平均は年
出所：付表 1(a)，付表 2(a)

付表 9(b)　総平均にたいする年齢階級別の

	全年齢階級	24 歳以下	25-29 歳	30-34 歳	35-39 歳
1989 年	273.60	37.94	47.39	25.55	22.25
1994 年	328.01	45.38	55.02	29.32	29.40
1999 年	340.14	45.63	57.09	27.34	30.36
2004 年	327.94	44.47	53.52	30.87	29.22

注記：1994 年～2004 年の値は 1989 年の人口シェアにもとづく仮想値である．全年齢階級の総平均は年
出所：付表 1(b)，付表 2(b)

付表 10(a)　総平均にたいする年齢階級別の仮

	全年齢階級	24 歳以下	25-29 歳	30-34 歳	35-39 歳
1989 年	100.00	0.34	2.70	7.20	12.41
1994 年	100.00	0.33	2.77	7.06	12.48
1999 年	100.00	0.32	2.66	7.01	12.55
2004 年	100.00	0.36	2.77	7.03	12.51

出所：付表 9(a)

付表 10(b)　総平均にたいする年齢階級別の

	全年齢階級	24 歳以下	25-29 歳	30-34 歳	35-39 歳
1989 年	100.00	13.87	17.32	9.34	8.13
1994 年	100.00	13.84	16.77	8.94	8.96
1999 年	100.00	13.42	16.79	8.04	8.93
2004 年	100.00	13.56	16.32	9.41	8.91

出所：付表 9(b)

付 表

想的寄与分（二人以上世帯，1989年～2004年） (万円)

40-44歳	45-49歳	50-54歳	55-59歳	60-64歳	65歳以上
104.11	106.81	97.66	87.89	55.78	56.30
123.08	125.04	116.78	105.33	64.65	61.18
124.18	122.35	114.39	104.30	62.84	60.86
113.14	114.68	101.75	95.95	57.83	56.39

齢階級別寄与分の合計であり，付表7(a)とは異なる．

仮想的寄与分（単身世帯，1989年～2004年） (万円)

40-44歳	45-49歳	50-54歳	55-59歳	60-64歳	65歳以上
14.77	17.29	19.28	14.22	27.09	47.82
21.88	18.01	23.47	16.56	28.52	60.45
24.74	20.75	26.12	24.42	24.86	58.82
20.91	19.78	21.48	20.27	26.58	60.85

齢階級別寄与分の合計であり，付表7(a)とは異なる．

想的寄与率（二人以上世帯，1989年～2004年） (%)

40-44歳	45-49歳	50-54歳	55-59歳	60-64歳	65歳以上
15.83	16.24	14.85	13.37	8.48	8.56
15.97	16.23	15.16	13.67	8.39	7.94
16.34	16.09	15.05	13.72	8.27	8.01
16.21	16.43	14.58	13.74	8.28	8.08

仮想的寄与率（単身世帯，1989年～2004年） (%)

40-44歳	45-49歳	50-54歳	55-59歳	60-64歳	65歳以上
5.40	6.32	7.05	5.20	9.90	17.48
6.67	5.49	7.15	5.05	8.69	18.43
7.27	6.10	7.68	7.18	7.31	17.29
6.38	6.03	6.55	6.18	8.10	18.56

付表 11(a) 総変動（全年齢階級の標準偏差）にたいする

	全年齢階級	24歳以下	25-29歳	30-34歳	35-39歳
1989年	365.52	2.32	14.90	33.20	50.86
1994年	420.88	2.69	15.21	35.30	47.54
1999年	416.25	2.49	15.46	31.74	41.11
2004年	393.73	1.78	10.97	26.17	34.97

出所：付表1(a)，付表3(a)

付表 11(b) 総変動（全年齢階級の標準偏差）にたいす

	全年齢階級	24歳以下	25-29歳	30-34歳	35-39歳
1989年	171.89	29.31	26.35	12.20	10.36
1994年	205.31	26.33	25.60	14.41	7.33
1999年	222.86	20.31	34.54	16.59	12.53
2004年	200.05	13.55	22.28	16.78	13.03

出所：付表1(b)，付表3(b)

付表 12(a) 総変動にたいする年齢階級別寄与率（二

	全年齢階級	24歳以下	25-29歳	30-34歳	35-39歳
1989年	100.0	0.6	4.1	9.1	13.9
1994年	100.0	0.6	3.6	8.4	11.3
1999年	100.0	0.6	3.7	7.6	9.9
2004年	100.0	0.5	2.8	6.6	8.9

出所：付表11(a)

付表 12(b) 総変動にたいする年齢階級別寄与率

	全年齢階級	24歳以下	25-29歳	30-34歳	35-39歳
1989年	100.0	17.1	15.3	7.1	6.0
1994年	100.0	12.8	12.5	7.0	3.6
1999年	100.0	9.1	15.5	7.4	5.6
2004年	100.0	6.8	11.1	8.4	6.5

出所：付表11(b)

付　表

年齢階級別寄与分（二人以上世帯，1989年〜2004年）

(万円)

40-44歳	45-49歳	50-54歳	55-59歳	60-64歳	65歳以上
57.46	51.53	43.51	40.67	32.48	38.60
59.07	60.95	55.33	45.68	39.52	59.58
46.05	52.79	54.41	48.98	43.44	79.77
39.10	41.50	47.87	48.39	47.64	95.33

る年齢階級別寄与分（単身世帯，1989年〜2004年）

(万円)

40-44歳	45-49歳	50-54歳	55-59歳	60-64歳	65歳以上
7.28	6.55	9.30	9.54	17.48	43.52
9.11	9.40	10.47	12.60	19.46	70.59
10.10	11.22	16.09	16.87	18.43	66.19
10.86	10.73	9.80	15.09	15.12	72.82

人以上世帯，1989年〜2004年，全年齢階級＝100）

(%)

40-44歳	45-49歳	50-54歳	55-59歳	60-64歳	65歳以上
15.7	14.1	11.9	11.1	8.9	10.6
14.0	14.5	13.1	10.9	9.4	14.2
11.1	12.7	13.1	11.8	10.4	19.2
9.9	10.5	12.2	12.3	12.1	24.2

（単身世帯，1989年〜2004年，全年齢階級＝100）

(%)

40-44歳	45-49歳	50-54歳	55-59歳	60-64歳	65歳以上
4.2	3.8	5.4	5.6	10.2	25.3
4.4	4.6	5.1	6.1	9.5	34.4
4.5	5.0	7.2	7.6	8.3	29.7
5.4	5.4	4.9	7.5	7.6	36.4

付表 13(a) 総変動にたいする2つの年齢

	全年齢階級	24 歳以下	25-29 歳	30-34 歳	35-39 歳
2004 年（現実値）	393.73	1.78	10.97	26.17	34.97
2004 年（仮想値）	393.73	2.50	16.05	35.76	54.79

出所：上段：付表 11(a)；下段：付表 1(a)，付表 3(a)

付表 13(b) 総変動にたいする2つの年

	全年齢階級	24 歳以下	25-29 歳	30-34 歳	35-39 歳
2004 年（現実値）	200.05	13.55	22.28	16.78	13.03
2004 年（仮想値）	200.05	34.11	30.67	14.19	12.06

出所：上段：付表 11(b)；下段：付表 1(b)，付表 3(b)

付表 14(a) 総変動にたいする2つの年齢

	全年齢階級	24 歳以下	25-29 歳	30-34 歳	35-39 歳
2004 年（現実値）	100.00	0.45	2.79	6.65	8.88
2004 年（仮想値）	100.00	0.64	4.08	9.08	13.92

出所：付表 13(a)

付表 14(b) 総変動にたいする2つの年

	全年齢階級	24 歳以下	25-29 歳	30-34 歳	35-39 歳
2004 年（現実値）	100.00	6.77	11.14	8.39	6.52
2004 年（仮想値）	100.00	17.05	15.33	7.10	6.03

出所：付表 13(b)

付表 15(a) 総級内変動（全年齢階級の級内変動）にかん

	全年齢階級	24 歳以下	25-29 歳	30-34 歳	35-39 歳
1989 年	337.91	0.86	7.46	21.45	36.25
1994 年	383.68	1.10	7.43	21.27	32.14
1999 年	378.72	0.90	7.68	18.43	27.50
2004 年	362.72	0.91	5.63	14.86	22.95

出所：付表 1(a)，付表 3(a)

付表 15(b) 総級内変動（全年齢階級の級内変動）にか

	全年齢階級	24 歳以下	25-29 歳	30-34 歳	35-39 歳
1989 年	143.95	13.39	13.07	7.43	8.70
1994 年	176.61	12.41	13.65	9.77	7.98
1999 年	177.77	7.98	17.96	12.49	10.79
2004 年	166.00	6.78	12.20	11.42	12.18

出所：付表 1(b)，付表 3(b)

付　表

階級別寄与分（二人以上世帯，2004年） (万円)

40-44歳	45-49歳	50-54歳	55-59歳	60-64歳	65歳以上
39.10	41.50	47.87	48.39	47.64	95.33
61.89	55.50	46.87	43.80	34.99	41.58

齢階級別寄与分（単身世帯，2004年） (万円)

40-44歳	45-49歳	50-54歳	55-59歳	60-64歳	65歳以上
10.86	10.73	9.80	15.09	15.12	72.82
8.47	7.62	10.83	11.10	20.34	50.65

階級別寄与率（二人以上世帯，2004年） (%)

40-44歳	45-49歳	50-54歳	55-59歳	60-64歳	65歳以上
9.93	10.54	12.16	12.29	12.10	24.21
15.72	14.10	11.90	11.13	8.89	10.56

齢階級別寄与率（単身世帯，2004年） (%)

40-44歳	45-49歳	50-54歳	55-59歳	60-64歳	65歳以上
5.43	5.36	4.90	7.54	7.56	36.40
4.23	3.81	5.41	5.55	10.17	25.32

する年齢階級別寄与分（二人以上世帯，1989年～2004年） (万円)

40-44歳	45-49歳	50-54歳	55-59歳	60-64歳	65歳以上
45.68	48.85	47.20	49.41	37.01	43.74
47.22	57.36	58.88	53.57	44.30	60.40
38.24	48.25	58.79	55.85	46.95	76.13
31.04	38.82	50.37	56.60	50.94	90.61

んする年齢階級別寄与分（単身世帯，1989年～2004年） (万円)

40-44歳	45-49歳	50-54歳	55-59歳	60-64歳	65歳以上
9.45	8.89	11.83	11.72	24.35	35.12
11.40	13.00	12.97	14.07	18.44	62.92
11.78	14.81	20.11	23.39	14.28	44.16
12.56	13.44	12.97	19.32	13.07	52.05

付表 16(a)　総級間変動（全年齢階級の級間変動）にかん

	全年齢階級	24 歳以下	25-29 歳	30-34 歳	35-39 歳
1989 年	27.61	1.46	7.43	11.75	14.61
1994 年	37.20	1.59	7.78	14.04	15.40
1999 年	37.53	1.58	7.79	13.31	13.61
2004 年	31.01	0.87	5.35	11.31	12.03

出所：付表 1(a)，付表 3(a)

付表 16(b)　総級間変動（全年齢階級の級間変動）にか

	全年齢階級	24 歳以下	25-29 歳	30-34 歳	35-39 歳
1989 年	27.94	15.92	13.28	4.77	1.66
1994 年	28.70	13.92	11.95	4.64	−0.65
1999 年	45.08	12.33	16.57	4.09	1.74
2004 年	34.05	6.77	10.08	5.36	0.85

出所：付表 1(b)，付表 3(b)

付表 17(a)　総変動の要因分解（1a）（二人以上世帯）

	総変動	総級内変動		総級間変動	
1989 年	365.52	337.91	(92.4)	27.61	(7.6)
1994 年	420.88	383.68	(91.2)	37.20	(8.8)
1999 年	416.25	378.72	(91.0)	37.53	(9.0)
2004 年	393.73	362.72	(92.1)	31.01	(7.9)

注：（　）内数字は総変動にたいする百分率（寄与率）．
出所：総変動：付表 11(a)；総級内変動：付表 15(a)；総級間変動：付表 16(a)

付表 18(a)　総変動にたいする級内変動の年齢階

	全年齢階級	24 歳以下	25-29 歳	30-34 歳	35-39 歳
1989 年	92.4	0.2	2.0	5.9	9.9
1994 年	92.2	0.3	1.8	5.1	7.6
1999 年	90.0	0.2	1.8	4.4	6.5
2004 年	92.1	0.2	1.4	3.8	5.8

注：付表 17(a) の総変動に占める付表 15(a) が表章する数値の百分率．

付表 18(b)　総変動にたいする級内変動の年

	全年齢階級	24 歳以下	25-29 歳	30-34 歳	35-39 歳
1989 年	83.7	7.8	7.6	4.3	5.1
1994 年	79.2	6.0	6.6	4.8	3.9
1999 年	86.6	3.9	8.7	6.1	5.3
2004 年	83.0	3.4	6.1	5.7	6.1

注：付表 17(b) の総変動に占める付表 15(b) が表章する数値の百分率．

付　表

する年齢階級別寄与分（二人以上世帯，1989 年～2004 年） (万円)

40-44 歳	45-49 歳	50-54 歳	55-59 歳	60-64 歳	65 歳以上
11.78	2.68	−3.69	−8.75	−4.53	−5.14
11.85	3.59	−3.55	−7.89	−4.78	−0.82
7.81	4.54	−4.38	−6.87	−3.51	3.64
8.06	2.68	−2.50	−8.21	−3.30	4.72

んする年齢階級別寄与分（単身世帯，1989 年～2004 年） (万円)

40-44 歳	45-49 歳	50-54 歳	55-59 歳	60-64 歳	65 歳以上
−2.17	−2.34	−2.53	−2.18	−6.87	8.41
−2.29	−3.60	−2.50	−1.46	1.02	7.67
−1.68	−3.60	−4.02	−6.52	4.14	22.02
−1.71	−2.71	−3.17	−4.23	2.05	20.76

付表 17(b)　総変動の要因分解（1b）（単身世帯）

	総変動	総級内変動		総級間変動	
1989 年	171.89	143.95	(83.7)	27.94	(16.3)
1994 年	205.31	176.61	(86.0)	28.70	(14.0)
1999 年	222.86	177.77	(79.8)	45.08	(20.2)
2004 年	200.05	166.00	(83.0)	34.05	(17.0)

注：（　）内数字は総変動にたいする百分率（寄与率）．
出所：総変動：付表 11(b)；総級内変動：付表 15(b)；総級間変動；付表 16(b)

級別寄与率（二人以上世帯，1989 年～2004 年） (%)

40-44 歳	45-49 歳	50-54 歳	55-59 歳	60-64 歳	65 歳以上
12.5	13.4	12.9	13.5	10.1	12.0
11.2	13.6	14.0	12.7	10.5	14.4
9.1	11.5	14.0	13.3	11.2	18.1
7.9	9.9	12.8	14.4	12.9	23.0

齢階級別寄与率（単身世帯，1989 年～2004 年） (%)

40-44 歳	45-49 歳	50-54 歳	55-59 歳	60-64 歳	65 歳以上
5.5	5.2	6.9	6.8	14.2	20.4
5.6	6.3	6.3	6.9	9.0	30.6
5.7	7.2	9.8	11.4	7.0	21.5
6.3	6.7	6.5	9.7	6.5	26.0

付表 19(a)　総変動にたいする級間変動の年齢階

	全年齢階級	24 歳以下	25-29 歳	30-34 歳	35-39 歳
1989 年	7.6	0.4	2.0	3.2	4.0
1994 年	8.8	0.4	1.8	3.3	3.7
1999 年	9.0	0.4	1.9	3.2	3.3
2004 年	7.9	0.2	1.4	2.9	3.1

注：付表 17(a) の総変動に占める付表 16(a) が表章する数値の百分率．

付表 19(b)　総変動にたいする級間変動の年齢

	全年齢階級	24 歳以下	25-29 歳	30-34 歳	35-39 歳
1989 年	16.3	9.3	7.7	2.8	1.0
1994 年	14.0	6.8	5.8	2.3	−0.3
1999 年	20.2	5.5	7.4	1.8	0.8
2004 年	17.0	3.4	5.0	2.7	0.4

注：付表 17(b) の総変動に占める付表 16(b) が表章する数値の百分率．

付表 20(a)　総変動の要因分解（2a）（二人以上世帯）

(万円)

		総変動	総級内変動		総級間変動	
1989 年 (仮想値)		365.52	337.91	(92.4)	27.61	(7.6)
1994 年	（現実値）	420.88	376.03	(89.3)	44.85	(10.7)
1999 年		416.25	366.31	(88.0)	49.94	(12.0)
2004 年		393.73	344.29	(87.4)	49.44	(12.6)

注記：1994 年〜2004 年は 1989 年の人口シェアを用いた仮想値である．（　）内数字は総変動にたいする百分率（寄与率）．
出所：付表 21(a)，付表 22(a)，付表 23(a)，付表 24(a)

付表 21(a)　総変動の年別要因分解（1a）

	全年齢階級	24 歳以下	25-29 歳	30-34 歳	35-39 歳
級内変動	337.91	0.86	7.46	21.45	36.25
級間変動	27.61	1.46	7.43	11.75	14.61

出所：級内変動：付表 15(a)；級間変動：付表 16(a)

付表 21(b)　総変動の年別要因分解

	全年齢階級	24 歳以下	25-29 歳	30-34 歳	35-39 歳
級内変動	143.95	13.39	13.07	7.43	8.70
級間変動	27.94	15.92	13.28	4.77	1.66

出所：級内変動：付表 15(b)；級間変動：付表 16(b)

級別寄与率（二人以上世帯，1989年～2004年） (%)

40-44歳	45-49歳	50-54歳	55-59歳	60-64歳	65歳以上
3.2	0.7	−1.0	−2.4	−1.2	−1.4
2.8	0.9	−0.8	−1.9	−1.1	−0.2
1.9	1.1	−1.1	−1.7	−0.8	0.9
2.0	0.7	−0.6	−2.1	−0.8	1.2

階級別寄与率（単身世帯，1989年～2004年） (%)

40-44歳	45-49歳	50-54歳	55-59歳	60-64歳	65歳以上
−1.3	−1.4	−1.5	−1.3	−4.0	4.9
−1.1	−1.8	−1.2	−0.7	0.5	3.7
−0.8	−1.6	−1.8	−2.9	1.9	9.9
−0.9	−1.4	−1.6	−2.1	1.0	10.4

付表 20(b)　総変動の要因分解（2b）（単身世帯） (万円)

	総変動	総級内変動		総級間変動	
1989年（現実値）	171.89	143.95	(83.7)	27.94	(16.3)
1994年 （仮想値）	205.31	170.93	(83.3)	34.38	(16.7)
1999年	222.86	165.85	(74.4)	57.01	(25.6)
2004年	200.05	156.48	(78.2)	43.56	(21.8)

注記：1994年～2004年は1989年の人口シェアを用いた仮想値である．（　）内数字は総変動にたいする百分率（寄与率）．
出所：付表21(b)，付表22(b)，付表23(b)，付表24(b)

(二人以上世帯，1989年（現実値）) (万円)

40-44歳	45-49歳	50-54歳	55-59歳	60-64歳	65歳以上
45.68	48.85	47.20	49.41	37.01	43.74
11.78	2.68	−3.69	−8.75	−4.53	−5.14

(1b)（単身世帯，1989年（現実値）) (万円)

40-44歳	45-49歳	50-54歳	55-59歳	60-64歳	65歳以上
9.45	8.89	11.83	11.72	24.35	35.12
−2.17	−2.34	−2.53	−2.18	−6.87	8.41

付表 22(a)　総変動の年別要因分解 (2a)

	全年齢階級	24 歳以下	25-29 歳	30-34 歳	35-39 歳
級内変動	376.03	1.10	8.38	23.03	39.59
級間変動	44.85	1.58	8.77	15.20	18.97

注記：級内変動は付表 1(a) と付表 15(a) にもとづき，級間変動は付表 1(a) と付表 16(a) にもとづく．

付表 22(b)　総変動の年別要因分解 (2b)

	全年齢階級	24 歳以下	25-29 歳	30-34 歳	35-39 歳
級内変動	170.93	16.50	16.78	9.88	13.47
級間変動	34.38	18.51	14.69	4.69	−1.10

注記：級内変動は付表 1(b) と付表 15(b) にもとづき，級間変動は付表 1(b) と付表 16(b) にもとづく．

付表 23(a)　総変動の年別要因分解 (3a)

	全年齢階級	24 歳以下	25-29 歳	30-34 歳	35-39 歳
級内変動	366.31	0.96	8.42	21.95	38.74
級間変動	49.94	1.68	8.54	15.86	19.18

注記：級内変動は付表 1(a) と付表 15(a) にもとづき，級間変動は付表 1(a) と付表 16(a) にもとづく．

付表 23(b)　総変動の年別要因分解 (3b)

	全年齢階級	24 歳以下	25-29 歳	30-34 歳	35-39 歳
級内変動	165.85	14.94	17.77	11.91	11.57
級間変動	57.01	23.06	16.40	3.90	1.86

注記：級内変動は付表 1(b) と付表 15(b) にもとづき，級間変動は付表 1(b) と付表 16(b) にもとづく．

付表 24(a)　総変動の年別要因分解 (4a)

	全年齢階級	24 歳以下	25-29 歳	30-34 歳	35-39 歳
級内変動	344.29	1.28	8.23	20.31	35.94
級間変動	49.44	1.23	7.82	15.45	18.84

注記：級内変動は付表 1(a) と付表 15(a) にもとづき，級間変動は付表 1(a) と付表 16(a) にもとづく．

付表 24(b)　総変動の年別要因分解 (4b)

	全年齢階級	24 歳以下	25-29 歳	30-34 歳	35-39 歳
級内変動	156.48	17.07	16.79	9.66	11.27
級間変動	43.56	17.04	13.88	4.53	0.79

注記：級内変動は付表 1(b) と付表 15(b) にもとづき，級間変動は付表 1(b) と付表 16(b) にもとづく．

付　表

(二人以上世帯，1994 年：1989 年基準)　　　　　　　　　　　　　　　　　　　(万円)

40-44 歳	45-49 歳	50-54 歳	55-59 歳	60-64 歳	65 歳以上
52.89	55.84	53.31	54.91	41.92	45.06
13.27	3.50	−3.21	−8.09	−4.52	−0.62

(単身世帯，1994 年：1989 年基準)　　　　　　　　　　　　　　　　　　　　(万円)

40-44 歳	45-49 歳	50-54 歳	55-59 歳	60-64 歳	65 歳以上
10.88	10.82	13.76	12.72	19.78	46.33
−2.18	−3.00	−2.65	−1.32	1.10	5.65

(二人以上世帯，1999 年：1989 年基準)　　　　　　　　　　　　　　　　　　　(万円)

40-44 歳	45-49 歳	50-54 歳	55-59 歳	60-64 歳	65 歳以上
54.34	53.63	53.53	52.81	39.98	41.95
11.09	5.05	−3.98	−6.50	−2.99	2.01

(単身世帯，1999 年：1989 年基準)　　　　　　　　　　　　　　　　　　　　(万円)

40-44 歳	45-49 歳	50-54 歳	55-59 歳	60-64 歳	65 歳以上
11.00	11.22	15.08	17.15	17.57	37.65
−1.57	−2.72	−3.01	−4.78	5.10	18.78

(二人以上世帯，2004 年：1989 年基準)　　　　　　　　　　　　　　　　　　　(万円)

40-44 歳	45-49 歳	50-54 歳	55-59 歳	60-64 歳	65 歳以上
49.13	51.92	49.31	51.23	37.41	39.52
12.75	3.59	−2.44	−7.43	−2.42	2.06

(単身世帯，2004 年：1989 年基準)　　　　　　　　　　　　　　　　　　　　(万円)

40-44 歳	45-49 歳	50-54 歳	55-59 歳	60-64 歳	65 歳以上
9.80	9.55	14.33	14.22	17.58	36.21
−1.33	−1.93	−3.50	−3.12	2.76	14.44

付表 25(a) 総級内変動にたいする年齢階級別寄与分

		全年齢階級	24 歳以下	25-29 歳	30-34 歳	35-39 歳
1989 年(現実値)		337.91	0.86	7.46	21.45	36.25
1994 年	(仮想値)	376.03	1.10	8.38	23.03	39.59
1999 年		366.31	0.96	8.42	21.95	38.74
2004 年		344.29	1.28	8.23	20.31	35.94

注記：1994 年, 1999 年, 2004 年の値は, 1989 年の人口シェア (付表 1(a)) にもとづく.
出所：付表 21(a)～付表 24(a)

付表 25(b) 総級内変動にたいする年齢階級別寄与

		全年齢階級	24 歳以下	25-29 歳	30-34 歳	35-39 歳
1989 年(現実値)		143.95	13.39	13.07	7.43	8.70
1994 年	(仮想値)	170.93	16.50	16.78	9.88	13.47
1999 年		165.85	14.94	17.77	11.91	11.57
2004 年		156.48	17.07	16.79	9.66	11.27

注記：1994 年, 1999 年, 2004 年の値は, 1989 年の人口シェア (付表 1(b)) にもとづく.
出所：付表 21(b)～付表 24(b)

付表 26(a) 総級間変動にたいする年齢階級別寄与分

		全年齢階級	24 歳以下	25-29 歳	30-34 歳	35-39 歳
1989 年(現実値)		27.61	1.46	7.43	11.75	14.61
1994 年	(仮想値)	44.85	1.58	8.77	15.20	18.97
1999 年		49.94	1.68	8.54	15.86	19.18
2004 年		49.44	1.23	7.82	15.45	18.84

注記：1994 年, 1999 年, 2004 年の値は, 1989 年の人口シェア (付表 1(a)) にもとづく.
出所：付表 21(a)～付表 24(a)

付表 26(b) 総級間変動にたいする年齢階級別寄与

		全年齢階級	24 歳以下	25-29 歳	30-34 歳	35-39 歳
1989 年(現実値)		27.94	15.92	13.28	4.77	1.66
1994 年	(仮想値)	34.38	18.51	14.69	4.69	−1.10
1999 年		57.01	23.06	16.40	3.90	1.86
2004 年		43.56	17.04	13.88	4.53	0.79

注記：1994 年, 1999 年, 2004 年の値は, 1989 年の人口シェア (付表 1(b)) にもとづく.
出所：付表 21(b)～付表 24(b)

(二人以上世帯, 1989年～2004年：1989年基準)　　　　　　　　　　　　　(万円)

40-44歳	45-49歳	50-54歳	55-59歳	60-64歳	65歳以上
45.68	48.85	47.20	49.41	37.01	43.74
52.89	55.84	53.31	54.91	41.92	45.06
54.34	53.63	53.53	52.81	39.98	41.95
49.13	51.92	49.31	51.23	37.41	39.52

分 (単身世帯, 1989年～2004年：1989年基準)　　　　　　　　　　　　　(万円)

40-44歳	45-49歳	50-54歳	55-59歳	60-64歳	65歳以上
9.45	8.89	11.83	11.72	24.35	35.12
10.88	10.82	13.76	12.72	19.78	46.33
11.00	11.22	15.08	17.15	17.57	37.65
9.80	9.55	14.33	14.22	17.58	36.21

(二人以上世帯, 1989年～2004年：1989年基準)　　　　　　　　　　　　　(万円)

40-44歳	45-49歳	50-54歳	55-59歳	60-64歳	65歳以上
11.78	2.68	−3.69	−8.75	−4.53	−5.14
13.27	3.50	−3.21	−8.09	−4.52	−0.62
11.09	5.05	−3.98	−6.50	−2.99	2.01
12.75	3.59	−2.44	−7.43	−2.42	2.06

分 (単身世帯, 1989年～2004年：1989年基準)　　　　　　　　　　　　　(万円)

40-44歳	45-49歳	50-54歳	55-59歳	60-64歳	65歳以上
−2.17	−2.34	−2.53	−2.18	−6.87	8.41
−2.18	−3.00	−2.65	−1.32	1.10	5.65
−1.57	−2.72	−3.01	−4.78	5.10	18.78
−1.33	−1.93	−3.50	−3.12	2.76	14.44

付表 27(a)　総変動にたいする年齢階級別級内変動寄

		全年齢階級	24 歳以下	25-29 歳	30-34 歳	35-39 歳
1989 年(現実値)		92.45	0.23	2.04	5.87	9.92
1994 年	(仮想値)	89.34	0.26	1.99	5.47	9.41
1999 年		88.00	0.23	2.02	5.27	9.31
2004 年		87.44	0.32	2.09	5.16	9.13

注記：1994 年，1999 年，2004 年の値は，1989 年の人口シェア（付表 1(a)）にもとづく．
出所：付表 20(a) と付表 25(a) にもとづく．

付表 27(b)　総変動にたいする年齢階級別級内変動

		全年齢階級	24 歳以下	25-29 歳	30-34 歳	35-39 歳
1989 年(現実値)		83.75	7.79	7.61	4.32	5.06
1994 年	(仮想値)	83.25	8.04	8.17	4.81	6.56
1999 年		74.42	6.70	7.97	5.35	5.19
2004 年		78.22	8.53	8.39	4.83	5.63

注記：1994 年，1999 年，2004 年の値は，1989 年の人口シェア（付表 1(b)）にもとづく．
出所：付表 20(b) と付表 25(b) にもとづく．

付表 28(a)　総変動にたいする年齢階級別級間変動寄

		全年齢階級	24 歳以下	25-29 歳	30-34 歳	35-39 歳
1989 年(現実値)		7.55	0.40	2.03	3.21	4.00
1994 年	(仮想値)	10.66	0.37	2.08	3.61	4.51
1999 年		12.00	0.40	2.05	3.81	4.61
2004 年		12.56	0.31	1.99	3.92	4.79

注記：1994 年，1999 年，2004 年の値は，1989 年の人口シェア（付表 1(a)）にもとづく．
出所：付表 20(a) と付表 26(a) にもとづく．

付表 28(b)　総変動にたいする年齢階級別級間変動

		全年齢階級	24 歳以下	25-29 歳	30-34 歳	35-39 歳
1989 年(現実値)		16.25	9.26	7.72	2.77	0.97
1994 年	(仮想値)	16.75	9.01	7.16	2.28	−0.54
1999 年		25.58	10.35	7.36	1.75	0.84
2004 年		21.78	8.52	6.94	2.26	0.39

注記：1994 年，1999 年，2004 年の値は，1989 年の人口シェア（付表 1(b)）にもとづく．
出所：付表 20(b) と付表 26(b) にもとづく．

付　表

与率（二人以上世帯，1989年～2004年：1989年基準） (%)

40-44歳	45-49歳	50-54歳	55-59歳	60-64歳	65歳以上
12.50	13.37	12.61	13.52	10.12	11.97
12.57	13.27	12.67	13.05	9.96	10.71
13.05	12.88	12.86	12.69	9.61	10.08
12.48	13.19	12.52	13.01	9.50	10.04

寄与率（単身世帯，1989年～2004年：1989年基準） (%)

40-44歳	45-49歳	50-54歳	55-59歳	60-64歳	65歳以上
5.50	5.17	6.88	6.82	14.17	20.43
5.30	5.27	6.70	6.20	9.63	22.57
4.94	5.03	6.76	7.70	7.88	16.89
4.90	4.77	7.16	7.11	8.79	18.10

与率（二人以上世帯，1989年～2004年：1989年基準） (%)

40-44歳	45-49歳	50-54歳	55-59歳	60-64歳	65歳以上
3.22	0.73	−1.01	−2.39	−1.24	−1.41
3.15	0.83	−0.76	−1.92	−1.07	−0.15
2.66	1.21	−0.96	−1.56	−0.72	0.48
3.24	0.91	−0.62	−1.89	−0.62	0.52

寄与率（単身世帯，1989年～2004年：1989年基準） (%)

40-44歳	45-49歳	50-54歳	55-59歳	60-64歳	65歳以上
−1.27	−1.36	−1.47	−1.27	−4.00	4.89
−1.06	−1.46	−1.29	−0.64	0.54	2.75
−0.70	−1.22	−1.35	−2.15	2.29	8.43
−0.67	−0.96	−1.75	−1.56	1.38	7.22

付表 29(a)　総変動にたいする年齢階級別級内変動寄与率

	全年齢階級	24 歳以下	25-29 歳	30-34 歳	35-39 歳
1994 年	−2.83	0.00	0.23	0.42	1.77
1999 年	−1.98	0.02	0.20	0.89	2.77
2004 年	−4.68	0.09	0.66	1.38	3.30

注記：表中の数字は（仮想値−現実値）による．
出所：仮想値：付表 27(a)；現実値：付表 18(a)

付表 29(b)　総変動にたいする年齢階級別級内変動寄与

	全年齢階級	24 歳以下	25-29 歳	30-34 歳	35-39 歳
1994 年	4.01	1.99	1.53	0.05	2.67
1999 年	−12.17	2.81	−0.78	−0.74	−0.07
2004 年	−4.76	5.14	2.30	−0.88	−0.46

注記：表中の数字は（仮想値−現実値）による．
出所：仮想値：付表 27(b)；現実値：付表 18(b)

付表 30(a)　総変動にたいする年齢階級別級間変動寄与

	全年齢階級	24 歳以下	25-29 歳	30-34 歳	35-39 歳
1994 年	1.82	0.00	0.24	0.28	0.85
1999 年	2.98	0.02	0.18	0.61	1.34
2004 年	4.68	0.09	0.63	1.05	1.73

注記：表中の数字は（仮想値−現実値）による．
出所：仮想値：付表 28(a)；現実値：付表 19(a)

付表 30(b)　総変動にたいする年齢階級別級間変動寄

	全年齢階級	24 歳以下	25-29 歳	30-34 歳	35-39 歳
1994 年	2.77	2.24	1.34	0.03	−0.22
1999 年	5.35	4.82	−0.08	−0.09	0.06
2004 年	4.76	5.13	1.90	−0.41	−0.03

注記：表中の数字は（仮想値−現実値）による．
出所：仮想値：付表 28(b)；現実値：付表 19(b)

付　表

の差（二人以上世帯，1994年～2004年：1989年基準）　　　　　　　　（パーセント・ポイント）

40-44歳	45-49歳	50-54歳	55-59歳	60-64歳	65歳以上
1.35	−0.36	−1.32	0.32	−0.56	−3.65
3.97	1.42	−1.11	−0.58	−1.55	−8.01
4.60	3.33	−0.27	−1.36	−3.44	−12.98

率の差（単身世帯，1994年～2004年：1989年基準）　　　　　　　　（パーセント・ポイント）

40-44歳	45-49歳	50-54歳	55-59歳	60-64歳	65歳以上
−0.26	−1.06	0.39	−0.66	0.65	−8.08
−0.80	−2.18	−3.03	−3.70	0.93	−4.62
−1.38	−1.94	0.68	−2.55	2.26	−7.92

率の差（二人以上世帯，1994～2004年：1989年基準）　　　　　　　　（パーセント・ポイント）

40-44歳	45-49歳	50-54歳	55-59歳	60-64歳	65歳以上
0.34	−0.02	0.08	−0.05	0.06	0.05
0.79	0.12	0.09	0.09	0.13	−0.39
1.19	0.23	0.01	0.20	0.22	−0.68

与率の差（単身世帯，1994～2004年：1989年基準）　　　　　　　　（パーセント・ポイント）

40-44歳	45-49歳	50-54歳	55-59歳	60-64歳	65歳以上
0.05	0.29	−0.07	0.07	0.04	−0.99
0.05	0.39	0.45	0.78	0.43	−1.46
0.19	0.39	−0.17	0.56	0.35	−3.16

付表 31(a) 総変動の差にかんする年齢階級別要因分

	全年齢階級	24 歳以下	25-29 歳	30-34 歳	35-39 歳
1989 年～2004 年	28.20	−0.54	−3.92	−7.03	−15.89
1989 年～1994 年	55.35	0.36	0.32	2.10	−3.32
1994 年～1999 年	−4.63	−0.20	0.25	−3.56	−6.43
1999 年～2004 年	−22.52	−0.71	−4.49	−5.58	−6.14

注記：前回調査結果からの増減．1989 年～2004 年は 1989 年調査からの増減（以下同様）．
出所：付表 11(a)

付表 31(b) 総変動の差にかんする年齢階級別要因

	全年齢階級	24 歳以下	25-29 歳	30-34 歳	35-39 歳
1989 年～2004 年	28.15	−15.76	−4.07	4.58	2.67
1989 年～1994 年	33.41	−2.98	−0.75	2.21	−3.03
1994 年～1999 年	17.55	−6.01	8.94	2.18	5.20
1999 年～2004 年	−22.81	−6.76	−12.26	0.20	0.50

注記：前回調査結果からの増減．1989 年～2004 年は 1989 年調査からの増減（以下同様）．
出所：付表 11(b)

付表 32(a) 総変動の差にかんする年齢階級別要因分解 (2a)

	全年齢階級	24 歳以下	25-29 歳	30-34 歳	35-39 歳
1989 年～2004 年	100.00	−1.93	−13.91	−24.93	−56.34
1989 年～1994 年	100.00	0.66	0.57	3.80	−6.00
1994 年～1999 年	100.00	4.32	−5.41	76.82	138.84
1999 年～2004 年	100.00	3.14	19.93	24.76	27.24

出所：付表 31(a)

付表 32(b) 総変動の差にかんする年齢階級別要因分解 (2b)

	全年齢階級	24 歳以下	25-29 歳	30-34 歳	35-39 歳
1989 年～2004 年	100.00	−55.97	−14.47	16.28	9.50
1989 年～1994 年	100.00	−8.93	−2.25	6.61	−9.06
1994 年～1999 年	100.00	−34.27	50.92	12.42	29.62
1999 年～2004 年	100.00	29.63	53.75	−0.86	−2.20

出所：付表 31(b)

付　表

解 (1a)（二人以上世帯，1989年〜2004年，寄与分） (万円)

40-44歳	45-49歳	50-54歳	55-59歳	60-64歳	65歳以上
−18.36	−10.03	4.36	7.73	15.16	56.73
1.61	9.42	11.82	5.02	7.04	20.98
−13.02	−8.16	−0.92	3.29	3.92	20.19
−6.95	−11.30	−6.54	−0.59	4.21	15.56

分解 (1b)（単身世帯，1989年〜2004年，寄与分） (万円)

40-44歳	45-49歳	50-54歳	55-59歳	60-64歳	65歳以上
3.58	4.18	0.50	5.54	−2.36	29.29
1.84	2.85	1.17	3.06	1.98	27.07
0.99	1.81	5.62	4.27	−1.03	−4.40
0.76	−0.49	−6.29	−1.79	−3.31	6.63

（二人以上世帯，1989年〜2004年，寄与率，総変動の差＝100） (％)

40-44歳	45-49歳	50-54歳	55-59歳	60-64歳	65歳以上
−65.10	−35.57	15.46	27.40	53.77	201.15
2.91	17.02	21.36	9.07	12.71	37.90
281.10	176.07	19.86	−71.12	−84.56	−435.92
30.85	50.15	29.06	2.61	−18.68	−69.07

（単身世帯，1989年〜2004年，寄与率，総変動の差＝100） (％)

40-44歳	45-49歳	50-54歳	55-59歳	60-64歳	65歳以上
12.72	14.84	1.76	19.70	−8.39	104.05
5.50	8.54	3.49	9.16	5.93	81.02
5.63	10.32	32.01	24.33	−5.90	−25.10
−3.32	2.14	27.57	7.83	14.51	−29.05

付表 33(a)　総級内変動の差にかんする年齢階級別要因

	全年齢階級	24 歳以下	25-29 歳	30-34 歳	35-39 歳
1989 年〜2004 年	24.81	0.05	−1.84	−6.59	−13.31
1989 年〜1994 年	45.76	0.24	−0.03	−0.19	−4.11
1994 年〜1999 年	−4.95	−0.20	0.24	−2.83	−4.64
1999 年〜2004 年	−16.00	0.00	−2.05	−3.57	−4.55

出所：付表 15(a)

付表 33(b)　総級内変動の差にかんする年齢階級別要

	全年齢階級	24 歳以下	25-29 歳	30-34 歳	35-39 歳
1989 年〜2004 年	22.04	−6.61	−0.88	4.00	3.49
1989 年〜1994 年	32.66	−0.98	0.58	2.34	−0.71
1994 年〜1999 年	1.16	−4.42	4.31	2.72	2.81
1999 年〜2004 年	−11.78	−1.20	−5.77	−1.07	1.39

出所：付表 15(b)

付表 34(a)　総級内変動の差にかんする年齢階級別要因分解（2a）

	全年齢階級	24 歳以下	25-29 歳	30-34 歳	35-39 歳
1989 年〜2004 年	87.97	0.18	−6.51	−23.37	−47.18
1989 年〜1994 年	82.67	0.44	−0.05	−0.34	−7.43
1994 年〜1999 年	106.93	4.28	−5.22	61.18	100.25
1999 年〜2004 年	71.05	−0.02	9.10	15.85	20.20

出所：付表 31(a) と付表 33(a) にもとづく．

付表 34(b)　総級内変動の差にかんする年齢階級別要因分解（2b）

	全年齢階級	24 歳以下	25-29 歳	30-34 歳	35-39 歳
1989 年〜2004 年	78.30	−23.48	−3.12	14.19	12.39
1989 年〜1994 年	97.74	−2.95	1.72	7.00	−2.13
1994 年〜1999 年	6.62	−25.21	24.57	15.53	16.00
1999 年〜2004 年	51.63	5.27	25.28	4.69	−6.09

出所：付表 31(b) と付表 33(b) にもとづく．

付 表

分解 (1a) (二人以上世帯, 1989年～2004年, 寄与分) (万円)

40-44歳	45-49歳	50-54歳	55-59歳	60-64歳	65歳以上
−14.64	−10.04	3.17	7.19	13.94	46.87
1.54	8.50	11.68	4.16	7.29	16.66
−8.98	−9.11	−0.09	2.28	2.65	15.72
−7.20	−9.43	−8.42	0.75	3.99	14.48

因分解 (1b) (単身世帯, 1989年～2004年, 寄与分) (万円)

40-44歳	45-49歳	50-54歳	55-59歳	60-64歳	65歳以上
3.11	4.55	1.13	7.60	−11.28	16.94
1.95	4.11	1.13	2.35	−5.91	27.81
0.38	1.81	7.14	9.33	−4.16	−18.76
0.78	−1.37	−7.14	−4.07	−1.22	7.89

(二人以上世帯, 1989年～2004年, 寄与率, その1：総変動の差＝100) (%)

40-44歳	45-49歳	50-54歳	55-59歳	60-64歳	65歳以上
−51.90	−35.59	11.24	25.48	49.42	166.20
2.79	15.36	21.11	7.52	13.17	30.10
193.88	196.58	1.96	−49.21	−57.31	−339.46
31.97	41.89	37.41	−3.31	−17.73	−64.31

(単身世帯, 1989年～2004年, 寄与率, その1：総変動の差＝100) (%)

40-44歳	45-49歳	50-54歳	55-59歳	60-64歳	65歳以上
11.05	16.17	4.03	26.99	−40.08	60.16
5.84	12.31	3.39	7.02	−17.69	83.21
2.15	10.30	40.69	53.15	−23.68	−106.88
−3.43	6.00	31.30	17.86	5.33	−34.58

付表 35(a)　総級内変動の差にかんする年齢階級別要因分解 (3a)（二人以

	全年齢階級	24 歳以下	25-29 歳	30-34 歳	35-39 歳
1989 年~2004 年	100.00	0.20	−7.40	−26.56	−53.64
1989 年~1994 年	100.00	0.53	−0.06	−0.41	−8.99
1994 年~1999 年	100.00	4.01	−4.88	57.21	93.75
1999 年~2004 年	100.00	−0.03	12.81	22.31	28.43

出所：付表 33(a)

付表 35(b)　総級内変動の差にかんする年齢階級別要因分解 (3b)（単身

	全年齢階級	24 歳以下	25-29 歳	30-34 歳	35-39 歳
1989 年~2004 年	100.00	−29.99	−3.98	18.13	15.82
1989 年~1994 年	100.00	−3.01	1.76	7.17	−2.18
1994 年~1999 年	100.00	−380.68	371.09	234.47	241.66
1999 年~2004 年	100.00	10.21	48.96	9.08	−11.80

出所：付表 33(b)

付表 36(a)　総級間変動の差にかんする年齢階級別要因

	全年齢階級	24 歳以下	25-29 歳	30-34 歳	35-39 歳
1989 年~2004 年	3.39	−0.59	−2.09	−0.44	−2.58
1989 年~1994 年	9.59	0.12	0.35	2.29	0.79
1994 年~1999 年	0.32	0.00	0.01	−0.72	−1.79
1999 年~2004 年	−6.52	−0.71	−2.44	−2.01	−1.59

出所：付表 16(a)

付表 36(b)　総級間変動の差にかんする年齢階級別要

	全年齢階級	24 歳以下	25-29 歳	30-34 歳	35-39 歳
1989 年~2004 年	6.11	−9.15	−3.20	0.59	−0.81
1989 年~1994 年	0.76	−2.00	−1.33	−0.13	−2.32
1994 年~1999 年	16.39	−1.59	4.62	−0.55	2.39
1999 年~2004 年	−11.03	−5.56	−6.49	1.26	−0.89

出所：付表 16(b)

上世帯，1989年〜2004年，寄与率，その2：総級内変動の差＝100) (%)

40-44歳	45-49歳	50-54歳	55-59歳	60-64歳	65歳以上
−59.00	−40.46	12.78	28.97	56.18	188.93
3.38	18.58	25.53	9.09	15.93	36.41
181.31	183.83	1.83	−46.02	−53.60	−317.45
44.99	58.96	52.65	−4.66	−24.95	−90.51

世帯，1989年〜2004年，寄与率，その2：総級内変動の差＝100) (%)

40-44歳	45-49歳	50-54歳	55-59歳	60-64歳	65歳以上
14.12	20.65	5.15	34.47	−51.19	76.83
5.98	12.60	3.47	7.18	−18.10	85.14
32.51	155.47	614.42	802.59	−357.53	−1613.99
−6.64	11.62	60.63	34.60	10.32	−66.98

分解 (1a) (二人以上世帯，1989年〜2004年，寄与分) (万円)

40-44歳	45-49歳	50-54歳	55-59歳	60-64歳	65歳以上
−3.72	0.01	1.19	0.54	1.23	9.86
0.07	0.92	0.14	0.86	−0.25	4.32
−4.04	0.95	−0.83	1.01	1.26	4.47
0.25	−1.86	1.88	−1.33	0.21	1.07

因分解 (1b) (単身世帯，1989年〜2004年，寄与分) (万円)

40-44歳	45-49歳	50-54歳	55-59歳	60-64歳	65歳以上
0.47	−0.37	−0.64	−2.05	8.92	12.36
−0.12	−1.26	0.03	0.72	7.89	−0.73
0.61	0.00	−1.52	−5.06	3.12	14.35
−0.03	0.88	0.85	2.29	−2.09	−1.26

付表 37(a)　総級間変動の差にかんする年齢階級別要因分解 (2a)（二

	全年齢階級	24 歳以下	25-29 歳	30-34 歳	35-39 歳
1989 年～2004 年	12.03	−2.10	−7.40	−1.56	−9.16
1989 年～1994 年	17.33	0.22	0.62	4.13	1.43
1994 年～1999 年	−6.93	0.03	−0.19	15.65	38.59
1999 年～2004 年	28.95	3.16	10.83	8.90	7.04

出所：付表 31(a) と付表 36(a) にもとづく．

付表 37(b)　総級間変動の差にかんする年齢階級別要因分解 (2b)

	全年齢階級	24 歳以下	25-29 歳	30-34 歳	35-39 歳
1989 年～2004 年	21.70	−32.49	−11.35	2.09	−2.89
1989 年～1994 年	2.26	−5.98	−3.97	−0.39	−6.93
1994 年～1999 年	93.38	−9.06	26.35	−3.11	13.62
1999 年～2004 年	48.37	24.36	28.47	−5.55	3.89

出所：付表 31(b) と付表 36(b) にもとづく．

付表 38(a)　総級間変動の差にかんする年齢階級別要因分解 (3a)（二人

	全年齢階級	24 歳以下	25-29 歳	30-34 歳	35-39 歳
1989 年～2004 年	100.00	−17.49	−61.48	−13.01	−76.14
1989 年～1994 年	100.00	1.26	3.60	23.86	8.23
1994 年～1999 年	100.00	−0.50	2.73	−225.65	−556.48
1999 年～2004 年	100.00	10.93	37.42	30.76	24.32

出所：付表 36(a)

付表 38(b)　総級間変動の差にかんする年齢階級別要因分解 (3b)（単

	全年齢階級	24 歳以下	25-29 歳	30-34 歳	35-39 歳
1989 年～2004 年	100.00	−149.69	−52.31	9.63	−13.32
1989 年～1994 年	100.00	−264.78	−175.65	−17.35	−306.74
1994 年～1999 年	100.00	−9.70	28.22	−3.33	14.58
1999 年～2004 年	100.00	50.37	58.86	−11.47	8.04

出所：付表 36(b)

付　表

(人以上世帯，1989年〜2004年，寄与率，その1：総変動の差＝100) (%)

40-44歳	45-49歳	50-54歳	55-59歳	60-64歳	65歳以上
−13.20	0.02	4.22	1.92	4.35	34.95
0.12	1.66	0.25	1.55	−0.45	7.80
87.22	−20.51	17.90	−21.91	−27.25	−96.46
−1.12	8.26	−8.35	5.92	−0.95	−4.76

(単身世帯，1989年〜2004年，寄与率，その1：総変動の差＝100) (%)

40-44歳	45-49歳	50-54歳	55-59歳	60-64歳	65歳以上
1.67	−1.33	−2.27	−7.30	31.68	43.89
−0.34	−3.77	0.09	2.14	23.62	−2.20
3.47	0.03	−8.67	−28.82	17.78	81.78
0.11	−3.86	−3.73	−10.03	9.18	5.53

(以上世帯，1989年〜2004年，寄与率，その2：総級間変動の差＝100) (%)

40-44歳	45-49歳	50-54歳	55-59歳	60-64歳	65歳以上
−109.72	0.17	35.09	15.93	36.15	290.51
0.69	9.56	1.45	8.95	−2.61	45.00
−1257.89	295.76	−258.09	315.98	393.01	1391.14
−3.86	28.55	−28.84	20.44	−3.29	−16.45

(単身世帯，1989年〜2004年，寄与率，その2：総級間変動の差＝100) (%)

40-44歳	45-49歳	50-54歳	55-59歳	60-64歳	65歳以上
7.67	−6.12	−10.46	−33.61	145.98	202.23
−15.23	−166.92	4.10	94.74	1045.06	−97.23
3.72	0.03	−9.29	−30.86	19.04	87.58
0.23	−7.99	−7.72	−20.74	18.97	11.43

付表 39(a) 総変動の差にかんする年齢階級別仮想的要因

	全年齢階級	24歳以下	25-29歳	30-34歳	35-39歳
1989年～2004年	28.20	0.18	1.15	2.56	3.92
1989年～1994年	55.35	0.35	2.26	5.03	7.70
1994年～1999年	−4.63	−0.03	−0.17	−0.39	−0.52
1999年～2004年	−22.52	−0.13	−0.84	−1.72	−2.22

注記：左側に記載した年の人口シェアが右側の年においても維持されると想定して計算した．
出所：付表1(a)と付表11(a)にもとづく．

付表 39(b) 総変動の差にかんする年齢階級別仮想的要

	全年齢階級	24歳以下	25-29歳	30-34歳	35-39歳
1989年～2004年	28.15	4.80	4.32	2.00	1.70
1989年～1994年	33.41	5.70	5.12	2.37	2.01
1994年～1999年	17.55	2.25	2.19	1.23	0.63
1999年～2004年	−22.81	−2.08	−3.54	−1.70	−1.28

注記：左側に記載した年の人口シェアが右側の年においても維持されると想定して計算した．
出所：付表1(b)と付表11(b)にもとづく．

付表 40(a) 総級内変動の差にかんする年齢階級別仮想的要因分解（1a）（二

	全年齢階級	24歳以下	25-29歳	30-34歳	35-39歳
1989年～2004年	100.00	0.64	4.08	9.08	13.92
1989年～1994年	100.00	0.64	4.08	9.08	13.92
1994年～1999年	100.00	0.64	3.61	8.39	11.30
1999年～2004年	100.00	0.60	3.72	7.63	9.88

出所：付表39(a)

付表 40(b) 総級内変動の差にかんする年齢階級別仮想的要因分解（1b）

	全年齢階級	24歳以下	25-29歳	30-34歳	35-39歳
1989年～2004年	100.00	17.05	15.33	7.10	6.03
1989年～1994年	100.00	17.05	15.33	7.10	6.03
1994年～1999年	100.00	12.82	12.47	7.02	3.57
1999年～2004年	100.00	9.11	15.50	7.44	5.62

出所：付表39(b)

分解（二人以上世帯, 1989年～2004年, 仮想的寄与分） (万円)

40-44歳	45-49歳	50-54歳	55-59歳	60-64歳	65歳以上
4.43	3.98	3.36	3.14	2.51	2.98
8.70	7.80	6.59	6.16	4.92	5.85
−0.65	−0.67	−0.61	−0.50	−0.43	−0.66
−2.49	−2.86	−2.94	−2.65	−2.35	−4.32

因分解（単身世帯, 1989年～2004年, 仮想的寄与分） (万円)

40-44歳	45-49歳	50-54歳	55-59歳	60-64歳	65歳以上
1.19	1.07	1.52	1.56	2.86	7.13
1.41	1.27	1.81	1.85	3.40	8.46
0.78	0.80	0.89	1.08	1.66	6.03
−1.03	−1.15	−1.65	−1.73	−1.89	−6.77

人以上世帯, 1989年～2004年, 仮想的寄与率, 総変動の差（仮想値）＝100) (%)

40-44歳	45-49歳	50-54歳	55-59歳	60-64歳	65歳以上
15.72	14.10	11.90	11.13	8.89	10.56
15.72	14.10	11.90	11.13	8.89	10.56
14.03	14.48	13.15	10.85	9.39	14.16
11.06	12.68	13.07	11.77	10.44	19.16

(単身世帯, 1989年～2004年, 仮想的寄与率, 総変動の差（仮想値）＝100) (%)

40-44歳	45-49歳	50-54歳	55-59歳	60-64歳	65歳以上
4.23	3.81	5.41	5.55	10.17	25.32
4.23	3.81	5.41	5.55	10.17	25.32
4.44	4.58	5.10	6.14	9.48	34.38
4.53	5.03	7.22	7.57	8.27	29.70

付表 41(a)　総級内変動の差にかんする年齢階級別仮想的要因

	全年齢階級	24 歳以下	25-29 歳	30-34 歳	35-39 歳
1989 年～2004 年	6.37	0.42	0.76	−1.14	−0.31
1989 年～1994 年	38.11	0.24	0.92	1.58	3.34
1994 年～1999 年	−10.79	−0.14	0.03	−0.99	−0.69
1999 年～2004 年	−22.17	0.30	−0.18	−1.38	−1.98

注記：左側に記載した年の人口シェアが右側の年においても維持されると想定して計算した．
出所：付表 1(a) と付表 15(a) にもとづく．

付表 41(b)　総級内変動の差にかんする年齢階級別仮想的要因

	全年齢階級	24 歳以下	25-29 歳	30-34 歳	35-39 歳
1989 年～2004 年	12.53	3.67	3.72	2.23	2.57
1989 年～1994 年	26.97	3.11	3.71	2.45	4.78
1994 年～1999 年	−6.60	−1.18	0.80	2.01	−1.13
1999 年～2004 年	−12.65	1.14	−0.99	−2.36	−0.28

注記：左側に記載した年の人口シェアが右側の年においても維持されると想定して計算した．
出所：付表 1(b) と付表 15(b) にもとづく．

付表 42(a)　総級内変動の差にかんする年齢階級別仮想的要因分解（3a）（二人以

	全年齢階級	24 歳以下	25-29 歳	30-34 歳	35-39 歳
1989 年～2004 年	22.60	1.48	2.71	−4.05	−1.09
1989 年～1994 年	68.85	0.43	1.66	2.85	6.04
1994 年～1999 年	232.86	2.95	−0.74	21.44	14.95
1999 年～2004 年	98.45	−1.32	0.78	6.12	8.81

出所：付表 39(a) と付表 41(a) にもとづく．

付表 42(b)　総級内変動の差にかんする年齢階級別仮想的要因分解（3b）（単身

	全年齢階級	24 歳以下	25-29 歳	30-34 歳	35-39 歳
1989 年～2004 年	44.50	13.05	13.20	7.94	9.14
1989 年～1994 年	80.73	9.30	11.09	7.33	14.30
1994 年～1999 年	−37.61	−6.70	4.57	11.46	−6.43
1999 年～2004 年	55.44	−4.99	4.34	10.34	1.22

出所：付表 39(b) と付表 41(b) にもとづく．

付　表

分解（2a）（二人以上世帯，1989年～2004年，仮想的寄与分） (万円)

40-44歳	45-49歳	50-54歳	55-59歳	60-64歳	65歳以上
3.46	3.06	2.11	1.82	0.40	−4.22
7.21	6.98	6.11	5.50	4.91	1.32
1.29	−2.26	0.24	−2.05	−2.05	−4.17
−3.66	−1.54	−4.64	−1.67	−3.02	−4.41

因分解（2b）（単身世帯，1989年～2004年，仮想的寄与分） (万円)

40-44歳	45-49歳	50-54歳	55-59歳	60-64歳	65歳以上
0.35	0.66	2.50	2.50	−6.77	1.09
1.42	1.93	1.93	1.00	−4.57	11.22
0.13	0.48	1.24	4.90	−2.06	−11.79
−1.29	−2.20	−1.00	−4.00	0.01	−1.69

上世帯，1989年～2004年，仮想的寄与率，その1：総変動の差（仮想値）＝100） (％)

40-44歳	45-49歳	50-54歳	55-59歳	60-64歳	65歳以上
12.26	10.87	7.50	6.45	1.43	−14.96
13.03	12.61	11.05	9.93	8.88	2.39
−27.91	48.89	−5.29	44.27	44.24	90.06
16.26	6.84	20.59	7.40	13.40	19.56

世帯，1989年～2004年，仮想的寄与率，その1：総変動の差（仮想値）＝100） (％)

40-44歳	45-49歳	50-54歳	55-59歳	60-64歳	65歳以上
1.24	2.35	8.86	8.88	−24.03	3.88
4.26	5.77	5.78	2.99	−13.68	33.57
0.77	2.71	7.04	27.93	−11.76	−67.19
5.65	9.63	4.37	17.53	−0.06	7.42

付表 43(a) 総級内変動の差にかんする年齢階級別仮想的要因分解（4a）（二人以上

	全年齢階級	24 歳以下	25-29 歳	30-34 歳	35-39 歳
1989 年～2004 年	100.00	6.56	12.00	−17.91	−4.81
1989 年～1994 年	100.00	0.63	2.41	4.14	8.77
1994 年～1999 年	100.00	1.27	−0.32	9.21	6.42
1999 年～2004 年	100.00	−1.34	0.80	6.22	8.95

出所：付表 42(a)

付表 43(b) 総級内変動の差にかんする年齢階級別仮想的要因分解（4b）（単身世

	全年齢階級	24 歳以下	25-29 歳	30-34 歳	35-39 歳
1989 年～2004 年	100.00	29.33	29.65	17.83	20.55
1989 年～1994 年	100.00	11.52	13.74	9.08	17.72
1994 年～1999 年	100.00	17.82	−12.16	−30.46	17.11
1999 年～2004 年	100.00	−9.01	7.82	18.65	2.21

出所：付表 42(b)

付表 44(a) 総級間変動の差にかんする年齢階級別仮想的要因

	全年齢階級	24 歳以下	25-29 歳	30-34 歳	35-39 歳
1989 年～2004 年	21.83	−0.24	0.38	3.70	4.23
1989 年～1994 年	17.24	0.11	1.34	3.45	4.36
1994 年～1999 年	6.15	0.11	−0.20	0.60	0.17
1999 年～2004 年	−0.35	−0.43	−0.66	−0.34	−0.24

注記：左側に記載した年の人口シェアが右側の年においても維持されると想定して計算した．
出所：付表 1(a) と付表 16(a) にもとづく．

付表 44(b) 総級間変動の差にかんする年齢階級別仮想的要

	全年齢階級	24 歳以下	25-29 歳	30-34 歳	35-39 歳
1989 年～2004 年	15.62	1.13	0.60	−0.24	−0.88
1989 年～1994 年	6.44	2.59	1.42	−0.08	−2.77
1994 年～1999 年	24.15	3.43	1.39	−0.78	1.76
1999 年～2004 年	−10.16	−3.22	−2.55	0.66	−1.00

注記：左側に記載した年の人口シェアが右側の年においても維持されると想定して計算した．
出所：付表 1(b) と付表 16(b) にもとづく．

付 表

世帯, 1989年〜2004年, 仮想的寄与率, その2：総級内変動の差（仮想値）=100) (%)

40-44歳	45-49歳	50-54歳	55-59歳	60-64歳	65歳以上
54.26	48.08	33.17	28.53	6.32	−66.20
18.92	18.32	16.04	14.42	12.89	3.46
−11.99	21.00	−2.27	19.01	19.00	38.67
16.51	6.95	20.91	7.52	13.61	19.87

帯, 1989年〜2004年, 仮想的寄与率, その2：総級内変動の差（仮想値）=100) (%)

40-44歳	45-49歳	50-54歳	55-59歳	60-64歳	65歳以上
2.78	5.28	19.92	19.95	−54.00	8.71
5.28	7.15	7.16	3.70	−16.94	41.58
−2.04	−7.21	−18.73	−74.26	31.27	178.67
10.20	17.37	7.89	31.62	−0.11	13.38

分解（1a）（二人以上世帯, 1989年〜2004年, 仮想的寄与分） (万円)

40-44歳	45-49歳	50-54歳	55-59歳	60-64歳	65歳以上
0.97	0.91	1.24	1.32	2.10	7.20
1.49	0.82	0.47	0.66	0.01	4.53
−1.94	1.59	−0.85	1.55	1.61	3.52
1.17	−1.32	1.69	−0.98	0.67	0.09

因分解（1b）（単身世帯, 1989年〜2004年, 仮想的寄与分） (万円)

40-44歳	45-49歳	50-54歳	55-59歳	60-64歳	65歳以上
0.84	0.41	−0.97	−0.94	9.63	6.04
−0.01	−0.66	−0.12	0.86	7.97	−2.76
0.64	0.33	−0.34	−3.82	3.73	17.83
0.26	1.05	−0.65	2.27	−1.90	−5.08

付表 45(a)　総級間変動の差にかんする年齢階級別仮想的要因分解（2a）（二人以上

	全年齢階級	24 歳以下	25-29 歳	30-34 歳	35-39 歳
1989 年～2004 年	77.40	−0.85	1.36	13.13	15.00
1989 年～1994 年	31.15	0.20	2.41	6.24	7.88
1994 年～1999 年	−132.86	−2.31	4.35	−13.05	−3.65
1999 年～2004 年	1.55	1.92	2.93	1.50	1.07

出所：付表 39(a) と付表 44(a) にもとづく．

付表 45(b)　総級間変動の差にかんする年齢階級別仮想的要因分解（2b）（単身世

	全年齢階級	24 歳以下	25-29 歳	30-34 歳	35-39 歳
1989 年～2004 年	55.50	4.00	2.13	−0.84	−3.12
1989 年～1994 年	19.27	7.75	4.24	−0.24	−8.28
1994 年～1999 年	137.61	19.52	7.90	−4.44	10.01
1999 年～2004 年	44.56	14.11	11.16	−2.90	4.40

出所：付表 39(b) と付表 44(b) にもとづく．

付表 46(a)　総級間変動の差にかんする年齢階級別仮想的要因分解（3a）（二人以上

	全年齢階級	24 歳以下	25-29 歳	30-34 歳	35-39 歳
1989 年～2004 年	100.00	−1.10	1.76	16.97	19.38
1989 年～1994 年	100.00	0.66	7.75	20.02	25.30
1994 年～1999 年	100.00	1.74	−3.28	9.83	2.75
1999 年～2004 年	100.00	123.37	188.74	96.77	68.79

出所：付表 45(a)

付表 46(b)　総級間変動の差にかんする年齢階級別仮想的要因分解（3b）（単身世

	全年齢階級	24 歳以下	25-29 歳	30-34 歳	35-39 歳
1989 年～2004 年	100.00	7.21	3.84	−1.52	−5.62
1989 年～1994 年	100.00	40.22	21.98	−1.23	−42.94
1994 年～1999 年	100.00	14.19	5.74	−3.23	7.27
1999 年～2004 年	100.00	31.66	25.05	−6.50	9.87

出所：付表 45(b)

付　表

世帯，1989年～2004年，仮想的寄与率，その1：総変動の差（仮想値）＝100　(％)

40-44歳	45-49歳	50-54歳	55-59歳	60-64歳	65歳以上
3.45	3.23	4.41	4.68	7.46	25.52
2.69	1.48	0.86	1.20	0.01	8.18
41.94	−34.41	18.44	−33.42	−34.85	−75.90
−5.19	5.84	−7.51	4.36	−2.97	−0.40

帯，1989年～2004年，仮想的寄与率，その1：総変動の差（仮想値）＝100　(％)

40-44歳	45-49歳	50-54歳	55-59歳	60-64歳	65歳以上
3.00	1.46	−3.45	−3.33	34.20	21.44
−0.03	−1.96	−0.37	2.56	23.85	−8.25
3.67	1.87	−1.95	−21.79	21.24	101.57
−1.12	−4.60	2.85	−9.96	8.33	22.28

世帯，1989年～2004年，仮想的寄与率，その2：総級間変動の差（仮想値）＝100　(％)

40-44歳	45-49歳	50-54歳	55-59歳	60-64歳	65歳以上
4.46	4.17	5.69	6.04	9.64	32.98
8.63	4.77	2.75	3.84	0.03	26.25
−31.57	25.90	−13.88	25.15	26.23	57.13
−334.43	376.15	−483.80	281.01	−191.08	−25.52

帯，1989年～2004年，仮想的寄与率，その2：総級間変動の差（仮想値）＝100　(％)

40-44歳	45-49歳	50-54歳	55-59歳	60-64歳	65歳以上
5.40	2.63	−6.22	−6.00	61.63	38.64
−0.14	−10.19	−1.90	13.29	123.72	−42.81
2.67	1.36	−1.41	−15.83	15.43	73.82
−2.51	−10.32	6.39	−22.34	18.70	50.01

付表 47(a) 総変動の差にかんする年齢

	全年齢階級	24 歳以下	25-29 歳	30-34 歳	35-39 歳
1989 年～2004 年	0.00	2.56	17.98	34.01	70.26
1989 年～1994 年	0.00	−0.02	3.50	5.28	19.92
1994 年～1999 年	0.00	−3.68	9.02	−68.44	−127.54
1999 年～2004 年	0.00	−2.55	−16.22	−17.13	−17.37

注記：仮想値−現実値
出所：仮想値：付表 40(a)；現実値：付表 32(a)

付表 47(b) 総変動の差にかんする年

	全年齢階級	24 歳以下	25-29 歳	30-34 歳	35-39 歳
1989 年～2004 年	0.00	73.02	29.80	−9.19	−3.47
1989 年～1994 年	0.00	25.98	17.58	0.48	15.09
1994 年～1999 年	0.00	47.09	−38.46	−5.40	−26.05
1999 年～2004 年	0.00	−20.52	−38.25	8.30	7.83

注記：仮想値−現実値
出所：仮想値：付表 40(b)；現実値：付表 32(b)

付表 48(a) 総級内変動の差にかんする年齢階級別寄与率の

	全年齢階級	24 歳以下	25-29 歳	30-34 歳	35-39 歳
1989 年～2004 年	−65.37	1.31	9.22	19.32	46.09
1989 年～1994 年	−13.82	−0.01	1.71	3.18	13.46
1994 年～1999 年	125.93	−1.34	4.48	−39.74	−85.30
1999 年～2004 年	27.40	−1.30	−8.32	−9.73	−11.39

注記：仮想値−現実値
出所：仮想値：付表 42(a)；現実値：付表 34(a)

付表 48(b) 総級内変動の差にかんする年齢階級別寄与率

	全年齢階級	24 歳以下	25-29 歳	30-34 歳	35-39 歳
1989 年～2004 年	−33.79	36.54	16.32	−6.25	−3.24
1989 年～1994 年	−17.01	12.25	9.37	0.33	16.43
1994 年～1999 年	−44.23	18.51	−20.00	−4.07	−22.44
1999 年～2004 年	3.81	−10.27	−20.94	5.65	7.32

注記：仮想値−現実値
出所：仮想値：付表 42(b)；現実値：付表 34(b)

付　表

階級別寄与率の乖離（二人以上世帯）　　（パーセント・ポイント）

40-44 歳	45-49 歳	50-54 歳	55-59 歳	60-64 歳	65 歳以上
80.82	49.67	−3.56	−16.27	−44.88	−190.59
12.81	−2.92	−9.46	2.06	−3.83	−27.34
−267.07	−161.59	−6.71	81.98	93.95	450.07
−19.79	−37.47	−15.99	9.16	29.12	88.23

齢階級別寄与率の乖離（単身世帯）　　（パーセント・ポイント）

40-44 歳	45-49 歳	50-54 歳	55-59 歳	60-64 歳	65 歳以上
−8.48	−11.03	3.65	−14.14	18.56	−78.73
−1.26	−4.73	1.93	−3.61	4.24	−55.70
−1.19	−5.74	−26.92	−18.19	15.38	59.48
7.85	2.90	−20.35	−0.26	−6.24	58.75

乖離（1a）（二人以上世帯，その1：総変動の差＝100）　　（パーセント・ポイント）

40-44 歳	45-49 歳	50-54 歳	55-59 歳	60-64 歳	65 歳以上
64.16	46.46	−3.74	−19.03	−47.99	−181.16
10.24	−2.75	−10.06	2.41	−4.29	−27.72
−221.79	−147.68	−7.25	93.48	101.56	429.51
−15.71	−35.05	−16.82	10.71	31.13	83.87

の乖離（1b）（単身世帯，その1：総変動の差＝100）　　（パーセント・ポイント）

40-44 歳	45-49 歳	50-54 歳	55-59 歳	60-64 歳	65 歳以上
−9.82	−13.82	4.83	−18.11	16.04	−56.28
−1.58	−6.54	2.38	−4.03	4.02	−49.65
−1.39	−7.58	−33.64	−25.22	11.92	39.69
9.08	3.63	−26.93	−0.34	−5.39	42.00

付表 49(a) 総級内変動の差にかんする年齢階級別寄与率の乖

	全年齢階級	24 歳以下	25-29 歳	30-34 歳	35-39 歳
1989 年～2004 年	0.00	6.36	19.40	8.65	48.82
1989 年～1994 年	0.00	0.09	2.47	4.54	17.75
1994 年～1999 年	0.00	−2.74	4.56	−48.00	−87.33
1999 年～2004 年	0.00	−1.31	−12.01	−16.09	−19.49

注記：仮想値−現実値
出所：仮想値：付表 43(a)；現実値：付表 35(a)

付表 49(b) 総級内変動の差にかんする年齢階級別寄与率の

	全年齢階級	24 歳以下	25-29 歳	30-34 歳	35-39 歳
1989 年～2004 年	0.00	59.32	33.64	−0.29	4.73
1989 年～1994 年	0.00	14.53	11.98	1.92	19.89
1994 年～1999 年	0.00	398.50	−383.25	−264.93	−224.55
1999 年～2004 年	0.00	−19.22	−41.14	9.57	14.01

注記：仮想値−現実値
出所：仮想値：付表 43(b)；現実値：付表 35(b)

付表 50(a) 総級間変動の差にかんする年齢階級別寄与率の

	全年齢階級	24 歳以下	25-29 歳	30-34 歳	35-39 歳
1989 年～2004 年	65.37	1.26	8.76	14.70	24.16
1989 年～1994 年	−2.86	−0.22	1.19	−1.88	5.08
1994 年～1999 年	−134.00	−2.31	4.32	−10.48	2.68
1999 年～2004 年	24.67	4.44	11.58	8.61	6.69

注記：仮想値−現実値
出所：仮想値：付表 45(a)；現実値：付表 37(a)

付表 50(b) 総級間変動の差にかんする年齢階級別寄与

	全年齢階級	24 歳以下	25-29 歳	30-34 歳	35-39 歳
1989 年～2004 年	33.79	36.49	13.49	−2.93	−0.23
1989 年～1994 年	16.59	14.85	8.95	0.23	−0.05
1994 年～1999 年	79.40	25.17	−8.53	−2.50	1.52
1999 年～2004 年	83.75	33.85	34.23	−7.39	7.55

注記：仮想値−現実値
出所：仮想値：付表 45(b)；現実値：付表 37(b)

離 (2a)（二人以上世帯，その2：総級内変動の差＝100） (パーセント・ポイント)

40-44歳	45-49歳	50-54歳	55-59歳	60-64歳	65歳以上
113.26	88.54	20.39	−0.43	−49.85	−255.13
15.55	−0.26	−9.49	5.33	−3.04	−32.95
−193.30	−162.83	−4.10	65.03	72.60	356.12
−28.48	−52.01	−31.74	12.18	38.57	110.38

乖離 (2b)（単身世帯，その2：総級内変動の差＝100） (パーセント・ポイント)

40-44歳	45-49歳	50-54歳	55-59歳	60-64歳	65歳以上
−11.34	−15.37	14.77	−14.52	−2.81	−68.12
−0.70	−5.44	3.69	−3.48	1.16	−43.55
−34.55	−162.68	−633.16	−876.85	388.80	1792.66
16.84	5.75	−52.74	−2.98	−10.43	80.36

乖離 (1a)（二人以上世帯，その1：総変動の差＝100） (パーセント・ポイント)

40-44歳	45-49歳	50-54歳	55-59歳	60-64歳	65歳以上
16.66	3.21	0.19	2.76	3.11	−9.43
2.45	−1.77	0.36	−1.85	0.90	−7.13
56.27	−37.78	21.37	−37.01	−39.33	−91.75
−6.09	12.44	−14.18	9.09	−3.73	−4.20

率の乖離 (1b)（単身世帯，その1：総変動の差＝100） (パーセント・ポイント)

40-44歳	45-49歳	50-54歳	55-59歳	60-64歳	65歳以上
1.33	2.79	−1.18	3.97	2.52	−22.45
0.38	2.51	−0.48	0.02	−4.19	−5.64
1.51	1.85	3.46	−3.82	10.15	50.59
−1.03	−7.73	−0.18	−18.08	15.77	26.76

付表 51(a)　総級間変動の差にかんする年齢階級別寄与率の乖

	全年齢階級	24 歳以下	25-29 歳	30-34 歳	35-39 歳
1989 年～2004 年	0.00	16.39	63.24	29.97	95.53
1989 年～1994 年	0.00	−0.60	4.15	−3.84	17.06
1994 年～1999 年	0.00	2.24	−6.00	235.47	559.23
1999 年～2004 年	0.00	112.44	151.32	66.01	44.46

注記：仮想値－現実値
出所：仮想値：付表 46(a)；現実値：付表 38(a)

付表 51(b)　総級間変動の差にかんする年齢階級別寄与率の

	全年齢階級	24 歳以下	25-29 歳	30-34 歳	35-39 歳
1989 年～2004 年	0.00	156.89	56.15	−11.15	7.70
1989 年～1994 年	0.00	305.00	197.62	16.12	263.80
1994 年～1999 年	0.00	23.89	−22.48	0.10	−7.31
1999 年～2004 年	0.00	−18.71	−33.82	4.96	1.83

注記：仮想値－現実値
出所：仮想値：付表 46(b)；現実値：付表 38(b)

付表 52(a)　人口シェア（2a）（二

	全年齢階級	24 歳以下	25-29 歳	30-34 歳	35-39 歳
1989 年	100.00	0.64	4.08	9.08	13.92
1994 年	100.00	0.64	3.61	8.39	11.30
1999 年	100.00	0.60	3.72	7.63	9.88
2004 年	100.00	0.45	2.79	6.65	8.88

出所：付表 1(a)

付表 52(b)　人口シェア（2b）（単

	全年齢階級	24 歳以下	25-29 歳	30-34 歳	35-39 歳
1989 年	100.00	17.05	15.33	7.10	6.03
1994 年	100.00	12.82	12.47	7.02	3.57
1999 年	100.00	9.11	15.50	7.44	5.62
2004 年	100.00	6.77	11.14	8.39	6.52

出所：付表 1(b)

付　表

乖離 (2a)（二人以上世帯，その 2：総級間変動の差＝100）　　　（パーセント・ポイント）

40-44 歳	45-49 歳	50-54 歳	55-59 歳	60-64 歳	65 歳以上
114.18	4.00	−29.39	−9.89	−26.51	−257.53
7.94	−4.79	1.30	−5.11	2.64	−18.75
1226.32	−269.86	244.22	−290.83	−366.77	−1334.01
−330.57	347.61	−454.97	260.57	−187.79	−9.07

乖離 (2b)（単身世帯，その 2：総級間変動の差＝100）　　　（パーセント・ポイント）

40-44 歳	45-49 歳	50-54 歳	55-59 歳	60-64 歳	65 歳以上
−2.27	8.75	4.24	27.62	−84.35	−163.59
15.09	156.74	−6.01	−81.45	−921.33	54.42
−1.05	1.33	7.87	15.03	−3.61	−13.77
−2.75	−2.33	14.11	−1.61	−0.28	38.57

人以上世帯，1989 年～2004 年）　　　（%）

40-44 歳	45-49 歳	50-54 歳	55-59 歳	60-64 歳	65 歳以上
15.72	14.10	11.90	11.13	8.89	10.56
14.03	14.48	13.15	10.85	9.39	14.16
11.06	12.68	13.07	11.77	10.44	19.16
9.93	10.54	12.16	12.29	12.10	24.21

身世帯，1989 年～2004 年）　　　（%）

40-44 歳	45-49 歳	50-54 歳	55-59 歳	60-64 歳	65 歳以上
4.23	3.81	5.41	5.55	10.17	25.32
4.44	4.58	5.10	6.14	9.48	34.38
4.53	5.03	7.22	7.57	8.27	29.70
5.43	5.36	4.90	7.54	7.56	36.40

付表 53(a)　人口シェアの差（二人

	全年齢階級	24 歳以下	25-29 歳	30-34 歳	35-39 歳
1989 年～2004 年	0.00	−0.18	−1.29	−2.44	−5.03
1989 年～1994 年	0.00	0.00	−0.46	−0.69	−2.62
1994 年～1999 年	0.00	−0.04	0.10	−0.76	−1.42
1999 年～2004 年	0.00	−0.15	−0.93	−0.98	−0.99

出所：付表52(a)にもとづく．

付表 53(b)　人口シェアの差（単

	全年齢階級	24 歳以下	25-29 歳	30-34 歳	35-39 歳
1989 年～2004 年	0.00	−10.28	−4.19	1.29	0.49
1989 年～1994 年	0.00	−4.23	−2.86	−0.08	−2.46
1994 年～1999 年	0.00	−3.71	3.03	0.43	2.05
1999 年～2004 年	0.00	−2.34	−4.36	0.95	0.89

出所：付表52(b)にもとづく．

付表 54(a)　2時点間における人口シェアの変動と総変動の差への年齢

	全年齢階級	24 歳以下	25-29 歳	30-34 歳	35-39 歳
人口シェア[1]	0.00	−0.18	−1.29	−2.44	−5.03
年齢階級別寄与分[2]	28.20	−0.54	−3.92	−7.03	−15.89
原点からの距離	28.20	0.57	4.13	7.44	16.67
基線からの角度 (deg)	90.00	251.34	251.82	250.89	252.43
基線からの角度 (rad)	1.57	4.39	4.40	4.38	4.41
象限	―	3	3	3	3

出所：(1)付表53(a)，(2)付表31(a)

付表 54(b)　2時点間における人口シェアの変動と総変動の差への年

	全年齢階級	24 歳以下	25-29 歳	30-34 歳	35-39 歳
人口シェア[1]	0.00	−10.28	−4.19	1.29	0.49
年齢階級別寄与分[2]	28.15	−15.76	−4.07	4.58	2.67
原点からの距離	28.15	18.81	5.85	4.76	2.72
基線からの角度 (deg)	90.00	236.89	224.17	74.25	79.65
基線からの角度 (rad)	1.57	4.13	3.91	1.30	1.39
象限	―	3	3	1	1

出所：(1)付表53(b)，(2)付表31(b)

付　表

以上世帯, 1989年～2004年)　　　　　　　　　　　　　　　　　　　　（パーセント・ポイント）

40-44歳	45-49歳	50-54歳	55-59歳	60-64歳	65歳以上
−5.79	−3.56	0.25	1.17	3.21	13.65
−2.97	−1.80	−0.07	0.91	1.05	5.01
−1.13	−2.14	−0.91	0.52	1.67	5.05
−1.68	0.38	1.24	−0.27	0.50	3.60

身世帯, 1989年～2004年)　　　　　　　　　　　　　　　　　　　　　　（パーセント・ポイント）

40-44歳	45-49歳	50-54歳	55-59歳	60-64歳	65歳以上
1.19	1.55	−0.51	1.99	−2.61	11.08
0.21	0.77	−0.31	0.59	−0.69	9.06
0.09	0.45	2.12	1.43	−1.21	−4.68
0.89	0.33	−2.32	−0.03	−0.71	6.70

階級別寄与分の変動（1a）（二人以上世帯, 1989年～2004年）

40-44歳	45-49歳	50-54歳	55-59歳	60-64歳	65歳以上
−5.79	−3.56	0.25	1.17	3.21	13.65
−18.36	−10.03	4.36	7.73	15.16	56.73
19.25	10.64	4.37	7.81	15.50	58.35
252.50	250.47	86.66	81.42	78.03	76.47
4.41	4.37	1.51	1.42	1.36	1.33
3	3	1	1	1	1

齢階級別寄与分の変動（1b）（単身世帯, 1989年～2004年）

40-44歳	45-49歳	50-54歳	55-59歳	60-64歳	65歳以上
1.19	1.55	−0.51	1.99	−2.61	11.08
3.58	4.18	0.50	5.54	−2.36	29.29
3.77	4.46	0.71	5.89	3.52	31.32
71.56	69.62	136.07	70.25	222.13	69.28
1.25	1.22	2.37	1.23	3.88	1.21
1	1	2	1	3	1

付表 55(a)　2時点間における人口シェアの変動と総変動の差への年

	全年齢階級	24歳以下	25-29歳	30-34歳	35-39歳
人口シェア[1]	0.00	0.00	−0.46	−0.69	−2.62
年齢階級別寄与分[2]	55.35	0.36	0.32	2.10	−3.32
原点からの距離	55.35	0.36	0.56	2.22	4.23
基線からの角度 (deg)	90.00	89.52	145.44	108.28	231.75
基線からの角度 (rad)	1.57	1.56	2.54	1.89	4.04
象限	—	1	2	2	3

出所：(1)付表53(a)，(2)付表31(a)

付表 55(b)　2時点間における人口シェアの変動と総変動の差への

	全年齢階級	24歳以下	25-29歳	30-34歳	35-39歳
人口シェア[1]	0.00	−4.23	−2.86	−0.08	−2.46
年齢階級別寄与分[2]	33.41	−2.98	−0.75	2.21	−3.03
原点からの距離	33.41	5.18	2.96	2.21	3.90
基線からの角度 (deg)	90.00	215.21	194.72	92.04	230.96
基線からの角度 (rad)	1.57	3.76	3.40	1.61	4.03
象限	—	3	3	2	3

出所：(1)付表53(b)，(2)付表31(b)

付表 56(a)　2時点間における人口シェアの変動と総変動の差への年

	全年齢階級	24歳以下	25-29歳	30-34歳	35-39歳
人口シェア[1]	0.00	−0.04	0.10	−0.76	−1.42
年齢階級別寄与分[2]	−4.63	−0.20	0.25	−3.56	−6.43
原点からの距離	4.63	0.20	0.27	3.64	6.59
基線からの角度 (deg)	90.00	258.43	68.16	257.92	257.55
基線からの角度 (rad)	1.57	4.51	1.19	4.50	4.50
象限	—	3	1	3	3

出所：(1)付表53(a)，(2)付表31(a)

付表 56(b)　2時点間における人口シェアの変動と総変動の差への

	全年齢階級	24歳以下	25-29歳	30-34歳	35-39歳
人口シェア[1]	0.00	−3.71	3.03	0.43	2.05
年齢階級別寄与分[2]	17.55	−6.01	8.94	2.18	5.20
原点からの距離	17.55	7.07	9.44	2.22	5.59
基線からの角度 (deg)	90.00	238.34	71.28	78.95	68.46
基線からの角度 (rad)	1.57	4.16	1.24	1.38	1.19
象限	—	3	1	1	1

出所：(1)付表53(b)，(2)付表31(b)

付　表

年齢階級別寄与分の変動 (2a)（二人以上世帯，1989 年～1994 年）

40-44 歳	45-49 歳	50-54 歳	55-59 歳	60-64 歳	65 歳以上
−1.68	0.38	1.24	−0.27	0.50	3.60
1.61	9.42	11.82	5.02	7.04	20.98
2.33	9.43	11.89	5.03	7.06	21.28
136.28	87.67	83.99	93.09	85.91	80.27
2.38	1.53	1.47	1.62	1.50	1.40
2	1	1	2	1	1

年齢階級別寄与分の変動 (2b)（単身世帯，1989 年～1994 年）

40-44 歳	45-49 歳	50-54 歳	55-59 歳	60-64 歳	65 歳以上
0.21	0.77	−0.31	0.59	−0.69	9.06
1.84	2.85	1.17	3.06	1.98	27.07
1.85	2.95	1.21	3.12	2.10	28.55
83.61	74.91	105.05	79.13	109.22	71.49
1.46	1.31	1.83	1.38	1.91	1.25
1	1	2	1	2	1

年齢階級別寄与分の変動 (3a)（二人以上世帯，1994 年～1999 年）

40-44 歳	45-49 歳	50-54 歳	55-59 歳	60-64 歳	65 歳以上
−2.97	−1.80	−0.07	0.91	1.05	5.01
−13.02	−8.16	−0.92	3.29	3.92	20.19
13.36	8.35	0.92	3.42	4.05	20.81
257.14	257.57	265.36	74.52	75.06	76.07
4.49	4.50	4.63	1.30	1.31	1.33
3	3	3	1	1	1

年齢階級別寄与分の変動 (3b)（単身世帯，1994 年～1999 年）

40-44 歳	45-49 歳	50-54 歳	55-59 歳	60-64 歳	65 歳以上
0.09	0.45	2.12	1.43	−1.21	−4.68
0.99	1.81	5.62	4.27	−1.03	−4.40
0.99	1.87	6.01	4.50	1.59	6.43
84.59	75.98	69.33	71.45	220.52	223.24
1.48	1.33	1.21	1.25	3.85	3.90
1	1	1	1	3	3

付表57(a)　2時点間における人口シェアの変動と総変動の差への年

	全年齢階級	24歳以下	25-29歳	30-34歳	35-39歳
人口シェア[1]	0.00	−0.15	−0.93	−0.98	−0.99
年齢階級別寄与分[2]	−22.52	−0.71	−4.49	−5.58	−6.14
原点からの距離	22.52	0.72	4.58	5.66	6.22
基線からの角度（deg）	90.00	258.37	258.32	260.03	260.80
基線からの角度（rad）	1.57	4.51	4.51	4.54	4.55
象限	—	3	3	3	3

出所：(1)付表53(a)，(2)付表31(a)

付表57(b)　2時点間における人口シェアの変動と総変動の差への

	全年齢階級	24歳以下	25-29歳	30-34歳	35-39歳
人口シェア[1]	0.00	−2.34	−4.36	0.95	0.89
年齢階級別寄与分[2]	−22.81	−6.76	−12.26	0.20	0.50
原点からの距離	22.81	7.15	13.01	0.97	1.02
基線からの角度（deg）	90.00	250.91	250.42	11.66	29.39
基線からの角度（rad）	1.57	4.38	4.37	0.20	0.51
象限	—	3	3	1	1

出所：(1)付表53(b)，(2)付表31(b)

付表58(a)　人口シェアの変動（ΔP）と総変動の差への年齢階級別寄与分の変動（ΔC）（1a）（二人以上世帯，全年齢）

	1989年～1994年	1994年～1999年	1999年～2004年
人口シェア（ΔP）	0.00	0.00	0.00
年齢階級別寄与分（ΔC）	55.35	−4.63	−22.52

出所：1989年～1994年：付表55(a)；1994年～1999年：付表56(a)；1999年～2004年：付表57(a)

付表59(a)　人口シェアの変動（ΔP）と総変動の差への年齢階級別寄与分の変動（ΔC）（2a）（二人以上世帯，24歳以下）

	1989年～1994年	1994年～1999年	1999年～2004年
人口シェア（ΔP）	0.00	−0.04	−0.15
年齢階級別寄与分（ΔC）	0.36	−0.20	−0.71

出所：1989年～1994年：付表55(a)；1994年～1999年：付表56(a)；1999年～2004年：付表57(a)

齢階級別寄与分の変動（4a）（二人以上世帯，1999年～2004年）

40-44歳	45-49歳	50-54歳	55-59歳	60-64歳	65歳以上
−1.13	−2.14	−0.91	0.52	1.67	5.05
−6.95	−11.30	−6.54	−0.59	4.21	15.56
7.04	11.50	6.61	0.79	4.52	16.35
260.75	259.26	262.05	311.72	68.40	72.02
4.55	4.52	4.57	5.44	1.19	1.26
3	3	3	4	1	1

年齢階級別寄与分の変動（4b）（単身世帯，1999年～2004年）

40-44歳	45-49歳	50-54歳	55-59歳	60-64歳	65歳以上
0.89	0.33	−2.32	−0.03	−0.71	6.70
0.76	−0.49	−6.29	−1.79	−3.31	6.63
1.17	0.59	6.70	1.79	3.38	9.42
40.20	304.12	249.75	269.04	257.87	44.69
0.70	5.31	4.36	4.70	4.50	0.78
1	4	3	3	3	1

付表58(b) 人口シェアの変動（ΔP）と総変動の差への年齢階級別寄与分の変動（ΔC）（1b）（単身世帯，全年齢）

	1989年～1994年	1994年～1999年	1999年～2004年
人口シェア（ΔP）	0.00	0.00	0.00
年齢階級別寄与分（ΔC）	33.41	17.55	−22.81

出所：1989年～1994年：付表55(b)；1994年～1999年：付表56(b)；1999年～2004年：付表57(b)

付表59(b) 人口シェアの変動（ΔP）と総変動の差への年齢階級別寄与分の変動（ΔC）（2b）（単身世帯，24歳以下）

	1989年～1994年	1994年～1999年	1999年～2004年
人口シェア（ΔP）	−4.23	−3.71	−2.34
年齢階級別寄与分（ΔC）	−2.98	−6.01	−6.76

出所：1989年～1994年：付表55(b)；1994年～1999年：付表56(b)；1999年～2004年：付表57(b)

付表 60(a)　人口シェアの変動（ΔP）と総変動の差への年齢階級別寄与分の変動（ΔC）（3a）（二人以上世帯，25〜29歳）

	1989年〜1994年	1994年〜1999年	1999年〜2004年
人口シェア（ΔP）	−0.46	0.10	−0.93
年齢階級別寄与分（ΔC）	0.32	0.25	−4.49

出所：1989年〜1994年：付表55(a)；1994年〜1999年：付表56(a)；1999年〜2004年：付表57(a)

付表 61(a)　人口シェアの変動（ΔP）と総変動の差への年齢階級別寄与分の変動（ΔC）（4a）（二人以上世帯，30〜34歳）

	1989年〜1994年	1994年〜1999年	1999年〜2004年
人口シェア（ΔP）	−0.69	−0.76	−0.98
年齢階級別寄与分（ΔC）	2.10	−3.56	−5.58

出所：1989年〜1994年：付表55(a)；1994年〜1999年：付表56(a)；1999年〜2004年：付表57(a)

付表 62(a)　人口シェアの変動（ΔP）と総変動の差への年齢階級別寄与分の変動（ΔC）（5a）（二人以上世帯，35〜39歳）

	1989年〜1994年	1994年〜1999年	1999年〜2004年
人口シェア（ΔP）	−2.62	1.42	−0.99
年齢階級別寄与分（ΔC）	−3.32	−6.43	−6.14

出所：1989年〜1994年：付表55(a)；1994年〜1999年：付表56(a)；1999年〜2004年：付表57(a)

付表 63(a)　人口シェアの変動（ΔP）と総変動の差への年齢階級別寄与分の変動（ΔC）（6a）（二人以上世帯，40〜44歳）

	1989年〜1994年	1994年〜1999年	1999年〜2004年
人口シェア（ΔP）	1.68	−2.97	1.13
年齢階級別寄与分（ΔC）	1.61	13.02	−6.95

出所：1989年〜1994年：付表55(a)；1994年〜1999年：付表56(a)；1999年〜2004年：付表57(a)

付表 64(a)　人口シェアの変動（ΔP）と総変動の差への年齢階級別寄与分の変動（ΔC）（7a）（二人以上世帯，45〜49歳）

	1989年〜1994年	1994年〜1999年	1999年〜2004年
人口シェア（ΔP）	0.38	−1.80	−2.14
年齢階級別寄与分（ΔC）	9.42	−8.16	−11.30

出所：1989年〜1994年：付表55(a)；1994年〜1999年：付表56(a)；1999年〜2004年：付表57(a)

付　表

付表 60(b)　人口シェアの変動（ΔP）と総変動の差への年齢階級別寄与分の変動（ΔC）（3b）（単身世帯，25～29歳）

	1989年～1994年	1994年～1999年	1999年～2004年
人口シェア（ΔP）	−2.86	3.03	−4.36
年齢階級別寄与分（ΔC）	−0.75	8.94	12.26

出所：1989年～1994年：付表55(b)；1994年～1999年：付表56(b)；1999年～2004年：付表57(b)

付表 61(b)　人口シェアの変動（ΔP）と総変動の差への年齢階級別寄与分の変動（ΔC）（4b）（単身世帯，30～34歳）

	1989年～1994年	1994年～1999年	1999年～2004年
人口シェア（ΔP）	−0.08	0.43	0.95
年齢階級別寄与分（ΔC）	2.21	2.18	0.20

出所：1989年～1994年：付表55(b)；1994年～1999年：付表56(b)；1999年～2004年：付表57(b)

付表 62(b)　人口シェアの変動（ΔP）と総変動の差への年齢階級別寄与分の変動（ΔC）（5b）（単身世帯，35～39歳）

	1989年～1994年	1994年～1999年	1999年～2004年
人口シェア（ΔP）	−2.46	2.05	0.89
年齢階級別寄与分（ΔC）	−3.03	5.20	0.50

出所：1989年～1994年：付表55(b)；1994年～1999年：付表56(b)；1999年～2004年：付表57(b)

付表 63(b)　人口シェアの変動（ΔP）と総変動の差への年齢階級別寄与分の変動（ΔC）（6b）（単身世帯，40～44歳）

	1989年～1994年	1994年～1999年	1999年～2004年
人口シェア（ΔP）	0.21	0.09	0.89
年齢階級別寄与分（ΔC）	1.84	0.99	0.76

出所：1989年～1994年：付表55(b)；1994年～1999年：付表56(b)；1999年～2004年：付表57(b)

付表 64(b)　人口シェアの変動（ΔP）と総変動の差への年齢階級別寄与分の変動（ΔC）（7b）（単身世帯，45～49歳）

	1989年～1994年	1994年～1999年	1999年～2004年
人口シェア（ΔP）	0.77	0.45	0.33
年齢階級別寄与分（ΔC）	2.85	1.81	−0.49

出所：1989年～1994年：付表55(b)；1994年～1999年：付表56(b)；1999年～2004年：付表57(b)

付表 65(a)　人口シェアの変動（ΔP）と総変動の差への年齢階級別寄与分の変動（ΔC）（8a）（二人以上世帯，50～54 歳）

	1989 年～1994 年	1994 年～1999 年	1999 年～2004 年
人口シェア（ΔP）	1.24	−0.07	−0.91
年齢階級別寄与分（ΔC）	11.82	−0.92	−6.54

出所：1989 年～1994 年：付表 55(a)；1994 年～1999 年：付表 56(a)；1999 年～2004 年：付表 57(a)

付表 66(a)　人口シェアの変動（ΔP）と総変動の差への年齢階級別寄与分の変動（ΔC）（9a）（二人以上世帯，55～59 歳）

	1989 年～1994 年	1994 年～1999 年	1999 年～2004 年
人口シェア（ΔP）	−0.27	0.91	0.52
年齢階級別寄与分（ΔC）	5.02	3.29	−0.59

出所：1989 年～1994 年：付表 55(a)；1994 年～1999 年：付表 56(a)；1999 年～2004 年：付表 57(a)

付表 67(a)　人口シェアの変動（ΔP）と総変動の差への年齢階級別寄与分の変動（ΔC）（10a）（二人以上世帯，60～64 歳）

	1989 年～1994 年	1994 年～1999 年	1999 年～2004 年
人口シェア（ΔP）	0.50	1.05	1.67
年齢階級別寄与分（ΔC）	7.04	3.92	4.21

出所：1989 年～1994 年：付表 55(a)；1994 年～1999 年：付表 56(a)；1999 年～2004 年：付表 57(a)

付表 68(a)　人口シェアの変動（ΔP）と総変動の差への年齢階級別寄与分の変動（ΔC）（11a）（二人以上世帯，65 歳以上）

	1989 年～1994 年	1994 年～1999 年	1999 年～2004 年
人口シェア（ΔP）	3.60	5.01	5.05
年齢階級別寄与分（ΔC）	20.98	20.19	15.56

出所：1989 年～1994 年：付表 55(a)；1994 年～1999 年：付表 56(a)；1999 年～2004 年：付表 57(a)

付表 65(b)　人口シェアの変動（ΔP）と総変動の差への年齢階級別寄与分の変動（ΔC）（8b）（単身世帯，50～54歳）

	1989年～1994年	1994年～1999年	1999年～2004年
人口シェア（ΔP）	−0.31	2.12	−2.32
年齢階級別寄与分（ΔC）	1.17	5.62	−6.29

出所：1989年～1994年：付表55(b)；1994年～1999年：付表56(b)；1999年～2004年：付表57(b)

付表 66(b)　人口シェアの変動（ΔP）と総変動の差への年齢階級別寄与分の変動（ΔC）（9b）（単身世帯，55～59歳）

	1989年～1994年	1994年～1999年	1999年～2004年
人口シェア（ΔP）	0.59	1.43	−0.03
年齢階級別寄与分（ΔC）	3.06	4.27	1.79

出所：1989年～1994年：付表55(b)；1994年～1999年：付表56(b)；1999年～2004年：付表57(b)

付表 67(b)　人口シェアの変動（ΔP）と総変動の差への年齢階級別寄与分の変動（ΔC）（10b）（単身世帯，60～64歳）

	1989年～1994年	1994年～1999年	1999年～2004年
人口シェア（ΔP）	−0.69	1.21	−0.71
年齢階級別寄与分（ΔC）	1.98	1.03	−3.31

出所：1989年～1994年：付表55(b)；1994年～1999年：付表56(b)；1999年～2004年：付表57(b)

付表 68(b)　人口シェアの変動（ΔP）と総変動の差への年齢階級別寄与分の変動（ΔC）（11b）（単身世帯，65歳以上）

	1989年～1994年	1994年～1999年	1999年～2004年
人口シェア（ΔP）	9.06	−4.68	6.70
年齢階級別寄与分（ΔC）	27.07	−4.40	6.63

出所：1989年～1994年：付表55(b)；1994年～1999年：付表56(b)；1999年～2004年：付表57(b)

付　図

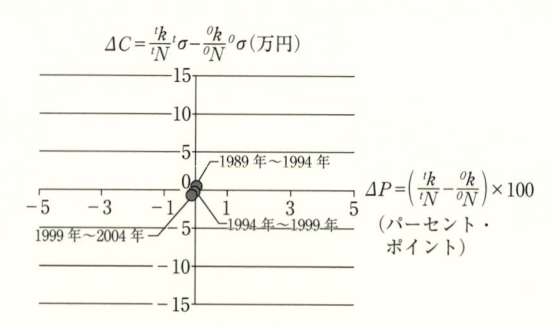

$$\Delta C = \frac{{}^t k}{{}^t N}{}^t \sigma - \frac{{}^o k}{{}^o N}{}^o \sigma (万円)$$

付図1(a) 24歳以下年齢階級（二人以上世帯）
出所：付表59(a)

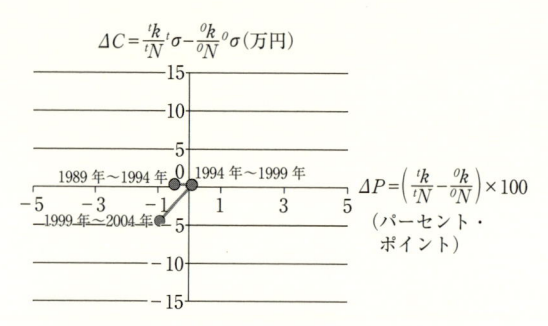

$$\Delta C = \frac{{}^t k}{{}^t N}{}^t \sigma - \frac{{}^o k}{{}^o N}{}^o \sigma (万円)$$

付図2(a) 25〜29歳年齢階級（二人以上世帯）
出所：付表60(a)

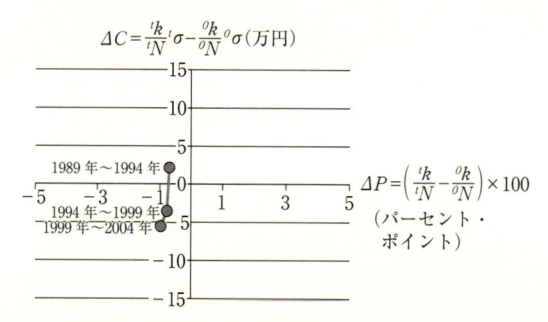

$$\Delta C = \frac{{}^t k}{{}^t N}{}^t \sigma - \frac{{}^o k}{{}^o N}{}^o \sigma (万円)$$

付図3(a) 30〜34歳年齢階級（二人以上世帯）
出所：付表61(a)

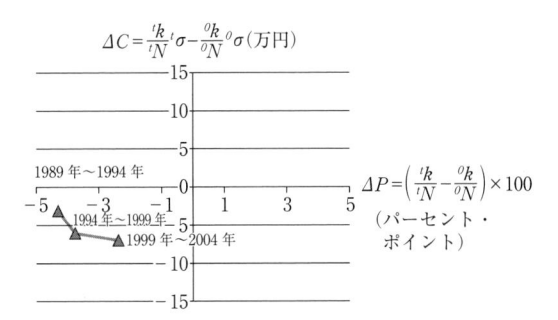

付　図

$$\Delta C = \frac{{}^t k}{{}^t N}{}^t \sigma - \frac{{}^o k}{{}^o N}{}^o \sigma (万円)$$

$$\Delta P = \left(\frac{{}^t k}{{}^t N} - \frac{{}^o k}{{}^o N} \right) \times 100 \quad (パーセント・ポイント)$$

付図 1(b)　24 歳以下年齢階級（単身世帯）
出所：付表 59(b)

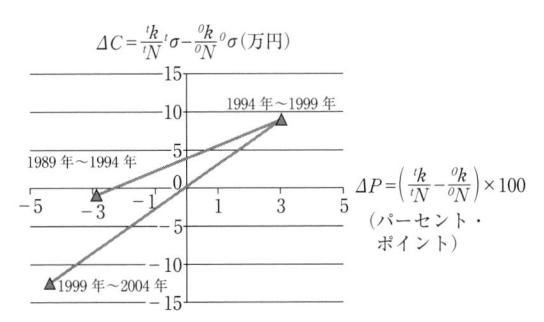

$$\Delta C = \frac{{}^t k}{{}^t N}{}^t \sigma - \frac{{}^o k}{{}^o N}{}^o \sigma (万円)$$

$$\Delta P = \left(\frac{{}^t k}{{}^t N} - \frac{{}^o k}{{}^o N} \right) \times 100 \quad (パーセント・ポイント)$$

付図 2(b)　25～29 歳年齢階級（単身世帯）
出所：付表 60(b)

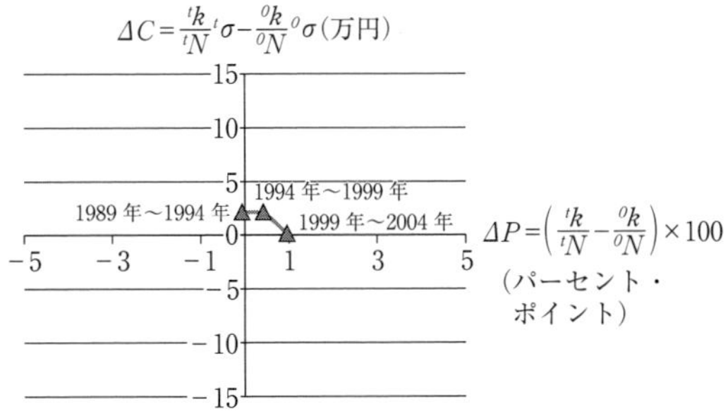

$$\Delta C = \frac{{}^t k}{{}^t N}{}^t \sigma - \frac{{}^o k}{{}^o N}{}^o \sigma (万円)$$

$$\Delta P = \left(\frac{{}^t k}{{}^t N} - \frac{{}^o k}{{}^o N} \right) \times 100 \quad (パーセント・ポイント)$$

付図 3(b)　30～34 歳年齢階級（単身世帯）
出所：付表 61(b)

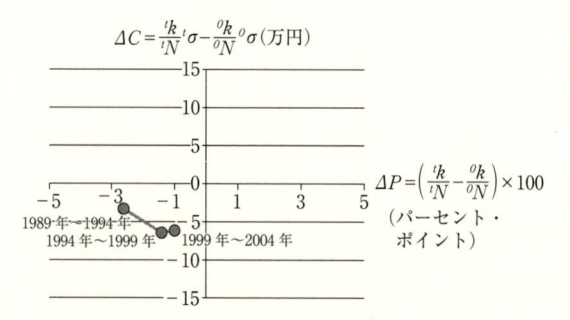

付図 4(a) 35～39 歳年齢階級（二人以上世帯）
出所：付表 62(a)

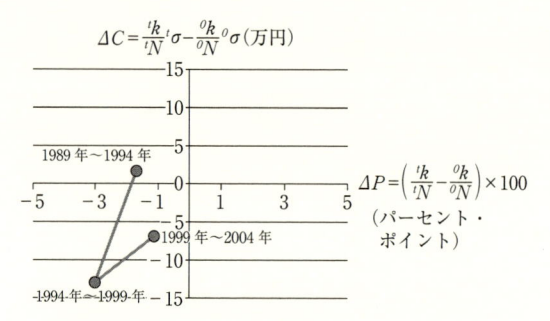

付図 5(a) 40～44 歳年齢階級（二人以上世帯）
出所：付表 63(a)

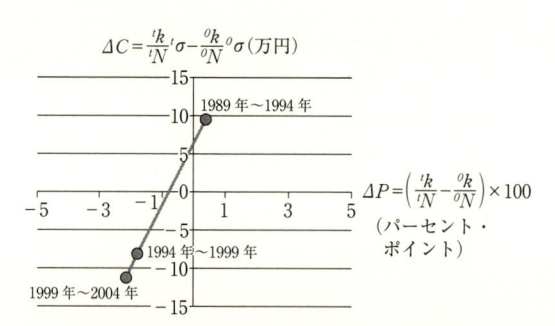

付図 6(a) 45～49 歳年齢階級（二人以上世帯）
出所：付表 64(a)

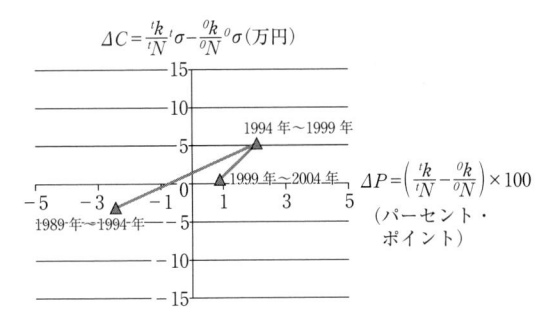

付　図

$\Delta C = \frac{{}^t k}{{}^t N} {}^t \sigma - \frac{{}^o k}{{}^o N} {}^o \sigma (万円)$

$\Delta P = \left(\frac{{}^t k}{{}^t N} - \frac{{}^o k}{{}^o N} \right) \times 100$
（パーセント・ポイント）

付図 4(b)　35～39 歳年齢階級（単身世帯）

出所：付表 62(b)

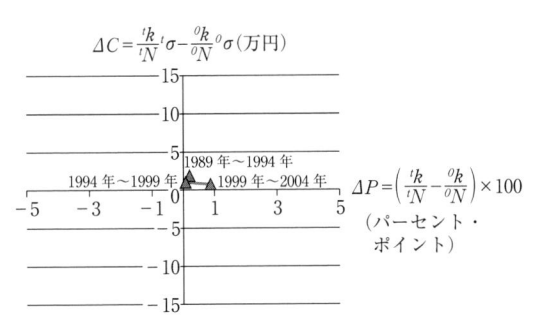

$\Delta C = \frac{{}^t k}{{}^t N} {}^t \sigma - \frac{{}^o k}{{}^o N} {}^o \sigma (万円)$

$\Delta P = \left(\frac{{}^t k}{{}^t N} - \frac{{}^o k}{{}^o N} \right) \times 100$
（パーセント・ポイント）

付図 5(b)　40～44 歳年齢階級（単身世帯）

出所：付表 63(b)

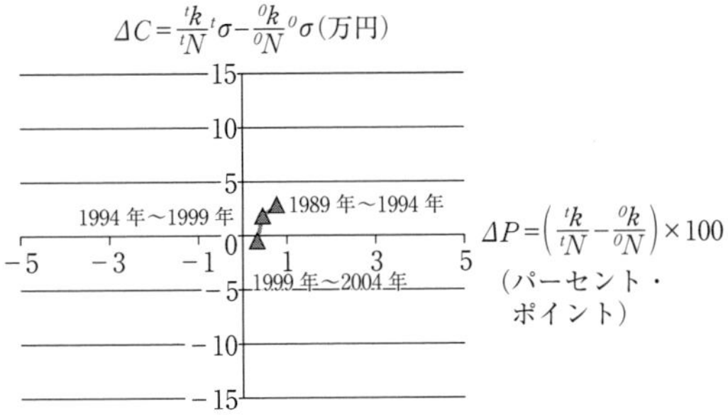

$\Delta C = \frac{{}^t k}{{}^t N} {}^t \sigma - \frac{{}^o k}{{}^o N} {}^o \sigma (万円)$

$\Delta P = \left(\frac{{}^t k}{{}^t N} - \frac{{}^o k}{{}^o N} \right) \times 100$
（パーセント・ポイント）

付図 6(b)　45～49 歳年齢階級（単身世帯）

出所：付表 64(b)

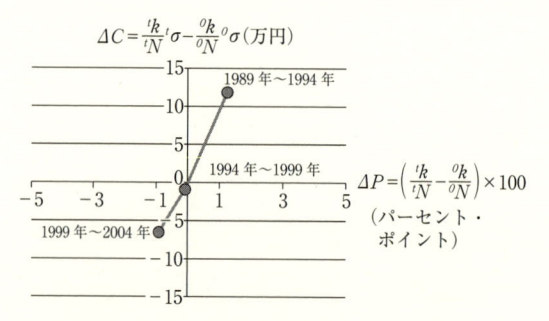

$$\Delta C = \frac{{}^t k}{{}^t N}{}^t \sigma - \frac{{}^o k}{{}^o N}{}^o \sigma (万円)$$

$$\Delta P = \left(\frac{{}^t k}{{}^t N} - \frac{{}^o k}{{}^o N}\right) \times 100$$
（パーセント・ポイント）

1989年〜1994年
1994年〜1999年
1999年〜2004年

付図 7(a) 50〜54 歳年齢階級（二人以上世帯）
出所：付表 65(a)

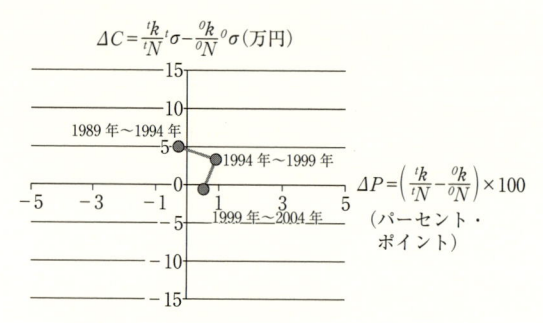

$$\Delta C = \frac{{}^t k}{{}^t N}{}^t \sigma - \frac{{}^o k}{{}^o N}{}^o \sigma (万円)$$

$$\Delta P = \left(\frac{{}^t k}{{}^t N} - \frac{{}^o k}{{}^o N}\right) \times 100$$
（パーセント・ポイント）

1989年〜1994年
1994年〜1999年
1999年〜2004年

付図 8(a) 55〜59 歳年齢階級（二人以上世帯）
出所：付表 66(a)

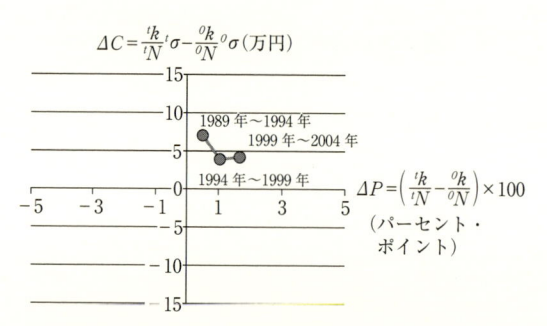

$$\Delta C = \frac{{}^t k}{{}^t N}{}^t \sigma - \frac{{}^o k}{{}^o N}{}^o \sigma (万円)$$

$$\Delta P = \left(\frac{{}^t k}{{}^t N} - \frac{{}^o k}{{}^o N}\right) \times 100$$
（パーセント・ポイント）

1989年〜1994年
1999年〜2004年
1994年〜1999年

付図 9(a) 60〜64 歳年齢階級（二人以上世帯）
出所：付表 67(a)

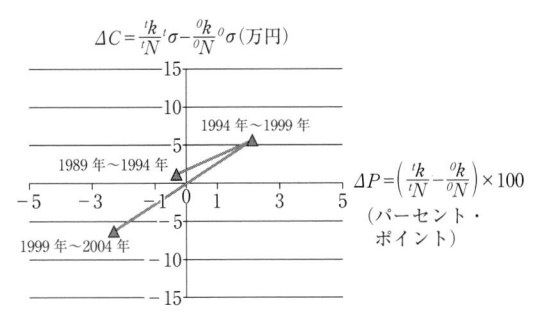

付　図

$$\Delta C = \frac{{}^t k}{{}^t N}{}^t\sigma - \frac{{}^o k}{{}^o N}{}^o\sigma (万円)$$

$$\Delta P = \left(\frac{{}^t k}{{}^t N} - \frac{{}^o k}{{}^o N}\right) \times 100$$
（パーセント・ポイント）

付図7(b)　50～54歳年齢階級　（単身世帯）
出所：付表65(b)

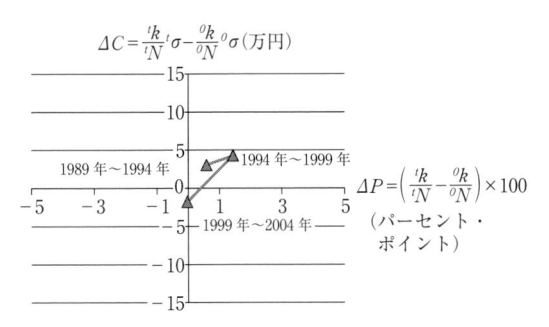

$$\Delta C = \frac{{}^t k}{{}^t N}{}^t\sigma - \frac{{}^o k}{{}^o N}{}^o\sigma (万円)$$

$$\Delta P = \left(\frac{{}^t k}{{}^t N} - \frac{{}^o k}{{}^o N}\right) \times 100$$
（パーセント・ポイント）

付図8(b)　55～59歳年齢階級　（単身世帯）
出所：付表66(b)

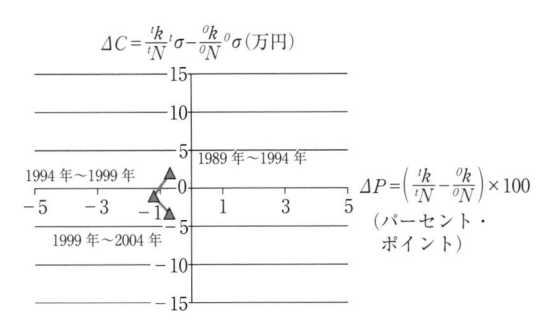

$$\Delta C = \frac{{}^t k}{{}^t N}{}^t\sigma - \frac{{}^o k}{{}^o N}{}^o\sigma (万円)$$

$$\Delta P = \left(\frac{{}^t k}{{}^t N} - \frac{{}^o k}{{}^o N}\right) \times 100$$
（パーセント・ポイント）

付図9(b)　60～64歳年齢階級　（単身世帯）
出所：付表67(b)

⑩ 65歳以上年齢階級

$$\Delta C = \frac{^t k}{^t N}{}^t\sigma - \frac{^o k}{^o N}{}^o\sigma (万円)$$

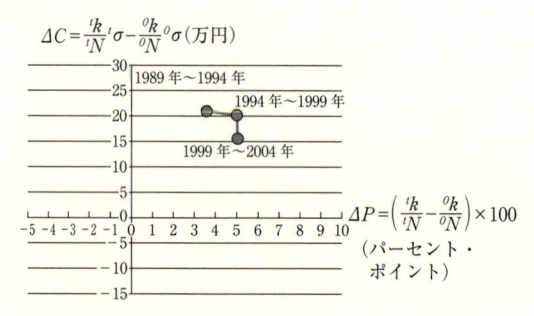

$$\Delta P = \left(\frac{^t k}{^t N} - \frac{^o k}{^o N}\right) \times 100 \quad (パーセント・ポイント)$$

1989年~1994年
1994年~1999年
1999年~2004年

付図10(a) 65歳以上年齢階級（二人以上世帯）
出所：付表68(a)

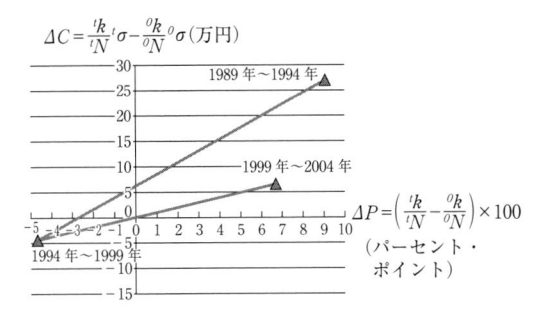

$$\Delta C = \frac{{}^t k}{{}^t N}{}^t \sigma - \frac{{}^o k}{{}^o N}{}^o \sigma (万円)$$

$$\Delta P = \left(\frac{{}^t k}{{}^t N} - \frac{{}^o k}{{}^o N}\right) \times 100 \text{（パーセント・ポイント）}$$

1989年～1994年
1999年～2004年
1994年～1999年

付図 10(b) 65歳以上年齢階級（単身世帯）

出所：付表 68(b)

あとがき

　本書刊行の主たる目的は，人口構成の変化が格差の変動にあたえる影響（人口動態効果）を検出するために果すと期待される平均対数偏差の有効性を検討し，併せてその代替指標としての標準偏差分解式の応用可能性を方法論的に考察することである．本書おける考察の概要と今後の課題を述べて擱筆する．

1. 考察の概要（その1：純方法論的考察）
①ジニ係数の有効性と平均対数偏差

　所得分布総体のジニ係数 G を分解し，G にたいして年齢階級が果たす寄与分（人口動態効果）を計測しようとしても，その程度を正確に計測することはできない．ジニ係数の数学的性質に由来するこの欠陥を回避すべく構想されたのが，平均対数偏差である．

②平均対数偏差

　時点ごとに計算される平均対数偏差を級内変動と（広義の）級間変動とに分解することによっては，人口動態効果を検出できないが，2つの時点で別々に計算される平均対数偏差の差を分解すれば，級内変動と（狭義の）級間変動の効果の他に，人口動態効果を測定することができる．ここに至る数式そのものの展開過程には，数学的な問題はない．ところが，この分解式が計測する人口動態効果は「見かけ上」の格差拡大を示すとされる．このことを方法論的に検討した結果，「見かけ上」の格差という考え方そのものとの見解の一致は期しがたいとの結論に達した．計測された格差が「見かけ上」であるということは，それが実体のない仮象（Schein）であることを意味するのではないか．実質的な格差拡大を示す測定値が数式展開を経て分解され

るや，実体的基礎をもたない数値（「見かけ上」の格差）が検出されるというのは理解しがたいからである．また，格差の拡大が「見かけ上」であれば，格差の圧縮や解消を目的とする政策は，その根拠を失うのではないかという疑問も生ずる．百歩譲って，「見かけ上」であるとすれば，それを補正して，真正の格差を計測すべきではないか．

　それでは，平均対数偏差の分解によって導出される(1)級内変動，(2)狭義の級間変動，(3)人口動態効果のすべてが実質的な格差拡大の指標であると再解釈すれば，平均対数偏差の活用は，その合理性を担保できるのであろうか．否である．このことについては，次項で述べる．

③対数変換

　平均対数偏差を格差拡大の指標として活用することは，問題なしとしない．平均対数偏差が原系列の対数変換を前提するからである．関数の対数変換は，その後の数学的操作を簡単にすることもあり，その点において有効性を発揮することは稀ではない．しかし，平均対数偏差を利用するために，統計系列を構成する数値を対数変換して，格差を計測することになれば，問題が生ずる．年収200万円（常用対数は6.3010，自然対数は14.5087）と年収1000万円（常用対数は7.0000，自然対数は16.1181）との格差は，対数変換前には5倍の開きがあるにもかかわらず，変換後には1.1倍となり，格差が圧縮される．しかも，平均対数偏差は，（真数ではなくて）対数としてあたえられるために，その値の実質的意味は読み取りにくい．平均対数偏差に代わる計測指標を構想するに至った経緯は以上のとおりである．

④標準偏差の要因分解

　対数変換による計算結果の分かりにくさを回避するには，原系列を対数変換しない指標が必要である．しかも，その指標は，総所得の分布（総変動）にたいする年齢階級別の寄与分を計測できる指標でなければならない．その指標としては，さしあたり分散と標準偏差が候補になりうる．分散は，分布の相加平均と個別値との乖離の二乗の平均（σ^2）である．これにたいして，標準偏差はσ^2の平方根（σ）であり，分散に較べて標準偏差のほうが格差

をより実体に近づけて計測する指標と考えられる．以上の理由から，本書では格差の総体を計測する指標として標準偏差を採用し，以下の分解式によって，(「見かけ上」ではなく) 実質的な格差を計測することにした．なお，(2)式右辺第1項は級内変動を示し，第2項は級間変動を示す．

$$\sigma = \sum_{i=1}^{m} \frac{k_i}{N} \sigma \tag{1}$$

$$= \sum_{i=1}^{m} \frac{k_i}{N} \sigma_i + \sum_{i=1}^{m} \frac{k_i}{N} (\sigma - \sigma_i) \tag{2}$$

ただし，σ：所得分布全体の標準偏差（総変動）
m：年齢階級の個数
N：世帯総数
k_i：第 i 年齢階級の世帯数
σ_i：第 i 年齢階級の標準偏差

2. 考察の概要（その2：より具体的な方法論的考察）

①年齢階級別所得分布と総変動にたいする年齢階級別寄与

高齢者層では，他の年齢階級に較べて所得格差が大きいと言われている．しかし，年齢階級別ミクロデータ（全国消費実態調査）から参考値としてジニ係数，平均差，標準偏差などをもとめたが，高齢者層における格差が特筆すべき大きさを示すことはなかった．他方で，標準偏差の年齢階級別分解式（(1)式，(2)式）を適用すれば，総変動にたいする高齢者層の寄与分には，他の年齢階級を抜いて，大きい値が返される．このことは(1)式が説明する．第 i 年齢階級の寄与分 $\frac{k_i}{N}\sigma$ の大きさは，人口シェア $\frac{k_i}{N}$ をウェイトとする総変動 σ によってあたえられ，σ の大小にかかわらず，$\frac{k_i}{N}$ が相対的に大きければ，σ への寄与分が大きくなるからである．高齢者層にあっては，(a)年齢階級別格差指標が相対的には特筆すべき大きさを示さないことと(b)総所得分布を年齢階級別に分解したときに，年齢階級別寄与分が顕著な大きさを示すこととは，矛盾なく両立する．

②人口動態効果の計測（その1：単一時点）

上に掲げた総変動の分解式（(1)式，(2)式）には「見かけ上」の格差は存在しない．年齢階級別寄与分のどれをとっても，実質的である．人口動態効果（人口構成の時点間変化による影響）を計測するために，(1)式と(2)式を基準時点 0 と比較時点 t にかんする分解式に表記し直す．それが次式である．

$$\text{基準時点}: {}^0\sigma = \sum_{i=1}^{m} \frac{{}^0k_i}{{}^0N} {}^0\sigma \tag{3}$$

$$= \sum_{i=1}^{m} \frac{{}^0k_i}{{}^0N} \sigma_i + \sum_{i=1}^{m} \frac{{}^0k_i}{{}^0N}({}^0\sigma - {}^0\sigma_i) \tag{4}$$

$$\text{比較時点}: {}^t\sigma = \sum_{i=1}^{m} \frac{{}^tk_i}{{}^tN} {}^t\sigma \tag{5}$$

$$= \sum_{i=1}^{m} \frac{{}^tk_i}{{}^tN} {}^t\sigma_i + \sum_{i=1}^{m} \frac{{}^tk_i}{{}^tN}({}^t\sigma - {}^t\sigma_i) \tag{6}$$

ここで，(5)式右辺と(6)式右辺の人口シェア $\frac{{}^tk_i}{{}^tN}$ を基準時点における $\frac{{}^0k_i}{{}^0N}$ に置換する．このとき，年齢階級別寄与分は次のようになる．

$$\text{級内変動と級間変動への分解前}: \frac{{}^0k_i}{{}^0N} {}^t\sigma \tag{7}$$

$$\text{分解後：級内変動}: \frac{{}^0k_i}{{}^0N} {}^t\sigma_i \tag{8}$$

$$\text{級間変動}: \frac{{}^0k_i}{{}^0N}({}^t\sigma - {}^t\sigma_i) \tag{9}$$

(7)式，(8)式，(9)式はそれぞれ，人口シェアに変化がなく，比較時点における人口シェアが基準時点と同一であると仮定した場合の年齢階級別寄与分（仮想値）をあたえる．

他方で，比較時点における人口シェアを用いて算出した寄与分（現実値）は次式であたえられる．

$$\text{分解前}: \frac{{}^tk_i}{{}^tN} {}^t\sigma \tag{10}$$

$$\text{分解後：級内変動}: \frac{{}^tk_i}{{}^tN} {}^t\sigma_i \tag{11}$$

$$\text{級間変動}: \frac{{}^tk_i}{{}^tN}({}^t\sigma - {}^t\sigma_i) \tag{12}$$

ここで，現実値と仮想値（(10)式と(7)式，(11)式と(8)式，(12)式と(9)式）を比較すると，年齢階級別寄与分にたいする人口シェアの変動効果が計測できる．

③人口動態効果の計測（その2：2時点間）

2時点間の総変動の差（$\Delta\sigma = {}^t\sigma - {}^0\sigma$）にたいする年齢階級別寄与分の変化は，以下のように，(3)式と(5)式，(4)式と(6)式を組み合わせることによって検出できる．

$$\text{分解前}: \frac{{}^tk_i}{{}^tN}{}^t\sigma - \frac{{}^0k_i}{{}^0N}{}^0\sigma \tag{13}$$

$$\text{分解後：級内変動}: \frac{{}^tk_i}{{}^tN}{}^t\sigma_i - \frac{{}^0k_i}{{}^0N}{}^0\sigma_i \tag{14}$$

$$\text{級間変動}: \frac{{}^tk_i}{{}^tN}({}^t\sigma - {}^t\sigma_i) - \frac{{}^0k_i}{{}^0N}({}^0\sigma - {}^0\sigma_i) \tag{15}$$

ここでは，上式（(13)式，(14)式，(15)式）によっては人口動態効果が検出されないことを強調しておく．上式があたえる年齢階級別寄与分（現実値）は人口シェア $\left(\frac{{}^tk_i}{N}, \frac{{}^0k_i}{N}\right)$ だけによっては決定されないからである．分解前には総変動（${}^t\sigma, {}^0\sigma$）によっても，また分解後には総変動と年齢階級別標準偏差（${}^t\sigma_i, {}^0\sigma_i$）によっても，年齢階級別寄与分の値が影響を受ける．したがって，年齢階級別寄与分の値が大きい年齢層ほど総変動の差（$\Delta\sigma$）を拡大させたと言うことはできるが，この拡大が人口シェアの変動（人口動態効果）によると即断できない．

ひるがえって，(13)式，(14)式，(15)式に立ち返えると，それらがあたえる年齢階級別寄与分は，その大きさに応じて，それぞれの年齢階級が $\Delta\sigma$ にたいして実質的に影響をあたえているのであって，「見かけ上」の影響をあたえているとは言い難い．

すでに述べたように，(13)式，(14)式，(15)式によっては総変動の差（$\Delta\sigma$）にたいする人口シェアの変動による影響（人口動態効果）を計測することはできない．しかし，(13)式，(14)式，(15)式の $\frac{{}^tk_i}{{}^tN}$ を $\frac{{}^0k_i}{{}^0N}$ に置換して

仮想値を計算し，この仮想値を(13)式，(14)式，(15)式があたえる現実値と比較することによって年齢階級別に人口動態効果を計測することができる．

ここに仮想値をあたえる計算式は以下のとおりである．

$$\text{分解前}: \frac{^0k_{i\,t}}{^0N}\sigma - \frac{^0k_{i\,0}}{^0N}\sigma \tag{15}$$

$$\text{分解後：級内変動}: \frac{^0k_{i\,t}}{^0N}\sigma_i - \frac{^0k_{i\,0}}{^0N}\sigma_i \tag{16}$$

$$\text{級間変動}: \frac{^0k_i}{^0N}(^t\sigma - {^t\sigma_i}) - \frac{^0k_i}{^0N}(^0\sigma - {^0\sigma_i}) \tag{17}$$

上式によって計測される人口動態効果による年齢階級別寄与分は「見かけ上」ではなく，基準時点の人口シェアに変化がないと想定することによって計測される変動である．

④人口動態効果の計測（その3：総合指標）

上記③④では人口シェアとして基準時点のデータを使用して仮想値を計算し，それと現実値とを比較することによって，年齢階級別に人口動態効果を計測している．人口動態効果はそれだけでなく，全年齢階級を個別の年齢階級の総和と見たときにも検出できる．本書が採用した方法は，以下のとおりである．すなわち，年齢階級別人口シェアの2時点間変動 ΔP を横軸にとり，縦軸には，総変動にたいする年齢階級別の寄与分の2時点間変動 ΔC をとった．そして，年齢階級別データの組 $(\Delta P, \Delta C)$，すなわち $\left(\left(\frac{^tk_i}{^tN} - \frac{^0k_i}{^0N}\right) \times 100, \frac{^tk_{i\,t}}{^tN}\sigma_i - \frac{^0k_{i\,0}}{^0N}\sigma\right)$ をデカルト直交座標にプロットし，それに回帰直線 $\Delta C = a + b\Delta P$ をあてはめたときの回帰係数 b を計算した．この回帰係数は，年齢階級にかんするデータの組の全体的傾向を示す指標である．回帰係数 b の値が小さいほど，すべての年齢階級を総合的に見たときの人口動態効果は大きいと考えられる．人口動態効果が大きいほど，大きい値をあたえる指標値が分かりやすいので，本書では，上述の回帰係数の逆数をとり，$\frac{1}{b}$ を人口動態効果の総合指標とした．

3. 残された課題

　ジニ係数の有効性をめぐる一連の論争のなかで，所得の決定因子は稼得者の年齢にとどまらず，学歴，職歴などさまざまであると主張した論者がいる．その主張は正鵠を射ている．本書では，所得分布（の標準偏差）を年齢階級別に分解して検討した．それは，所得の決定因子が年齢階級であると主張したいからではない．本来，所得格差の大きい高齢者層が，高齢化の進展過程で増加した結果，格差の拡大が加速されたのであるが，拡大したとされる格差は「見かけ上」にすぎないという見解の方法論的検討に論点を絞ったからである．

　所得格差に限定した検討については，年収1億円の人と1000万円の人との格差は10倍であるが，年収200万円と2000万円との格差も10倍であって，格差分析は相対性と不即不離の関係があることから，本書の課題設定そのものに疑問を抱く読者もいよう．また，分析に使用した所得データが全国消費実態調査の「年間収入」であることにたいしても異論があるかと思われる．男女別に分析していないことについてもご批判があろう．

　格差もさることながら，国民生活そのものの貧困化現象の解明とその是正策の考察が社会科学者にとって喫緊の課題ではないかという指摘は，真摯に受け止めるべきであるとも考える．

　以上に述べたように，今後に多くの課題を残して，本書を刊行することになったが，これまでの研究に一区切りを付け，次に歩を進めるための中間報告として，本書を寛い心でお受け止めくだされば幸いである．

初出一覧

第1章 「所得格差の統計的計測―平均対数偏差と「見かけ上」の格差―」杉森滉一・木村和範・金子治平・上藤一郎『社会の変化と統計情報』(現代社会と統計1) 北海道大学出版会,2009年6月,第6章.

第2章 「所得分布の要因分解」『経済論集』(北海学園大学経済学部) 第58巻第4号,2011年3月／「標準偏差要因分解式の応用可能性」『経済論集』(北海学園大学経済学部) 第59巻第1号,2011年6月.

第3章 「所得分布と所得格差―全国消費実態調査ミクロデータ(1989年～2004年)を利用して―」『経済論集』(北海学園大学経済学部) 第59巻第2号,2011年9月.

第4章 「所得格差変動の年齢階級別要因分析―全国消費実態調査ミクロデータを用いて―」『経済論集』(北海学園大学経済学部) 第59巻第4号,2012年3月.

第5章 「所得格差と人口動態効果―全国消費実態調査ミクロデータ(1989年～2004年)を用いて」『経済論集』(北海学園大学経済学部) 第60巻第1号,2012年6月.

著者紹介

木村和範（きむらかずのり）

北海学園大学長．1948年生まれ．1970年北海道大学経済学部卒業，75年同大学大学院経済学研究科博士課程単位取得満期退学．同年北海学園大学経済学部専任講師，86年同大学教授（同大学院教授併任），現在に至る．博士（経済学）［九州大学］．
著作（単著）：
『統計的推論とその応用』梓出版社，1992年
『標本調査法の生成と展開』北海道大学図書刊行会，2001年
『数量的経済分析の基礎理論』日本経済評論社，2003年
『ジニ係数の形成』北海道大学出版会，2008年
『ジニの統計理論』共同文化社，2010年

格差は「見かけ上」か
　所得分布の統計解析　　　　シリーズ　社会・経済を学ぶ

2013年3月28日　第1刷発行

定価（本体3000円＋税）

　著　者　　木　村　和　範
　発行者　　栗　原　哲　也
　発行所　　㈱日本経済評論社
〒101-0051　東京都千代田区神田神保町3-2
　　　電話 03-3230-1661／FAX 03-3265-2993
　　　E-mail: info8188@nikkeihyo.co.jp
　　　振替 00130-3-157198
装丁＊渡辺美知子　　　　　太平印刷社／根本製本

落丁本・乱丁本はお取替いたします　　Printed in Japan
Ⓒ KIMURA Kazunori 2013
ISBN978-4-8188-2264-1

・本書の複製権・翻訳権・上映権・譲渡権・公衆送信権（送信可能化権を含む）は，㈳日本経済評論社が保有します．

JCOPY〈㈳出版者著作権管理機構　委託出版物〉
本書の無断複写は著作権法上での例外を除き禁じられています．複写される場合は，そのつど事前に，㈳出版者著作権管理機構（電話 03-3513-6969，FAX 03-3513-6979，e-mail: info@jcopy.or.jp）の許諾を得てください．

シリーズ社会・経済を学ぶ
(全12冊)

価格表示は既刊

木村和範　格差は「見かけ上」か　所得分布の統計解析
所得格差の拡大を「見かけ上」とする見解の世論支持率は小さくない．この見解を考察する本書では，全国消費実態調査結果（ミクロデータ）を利用して，所得格差の統計的計測にかんする方法論の具体化を試みる．
●本体3000円

小坂直人　経済学にとって公共性とはなにか　公益事業とインフラの経済学
福島原発事故をきっかけとして加速されている電気事業の再構築が成功するかどうかは，電気事業システムを現代の地域社会における「公共空間」として内実化できるかどうかにかかっている．

古林英一　現代社会は持続可能か　基本からの環境経済学
環境問題の解決なくして人類の将来はない．環境問題の歴史と環境経済学の理論を概説し，実施されている政策と現状を環境問題の諸領域別に幅広く解説する．

小田　清　地域問題をどう解決するのか　地域開発政策概論
わが国の国土総合開発計画は，地域の均衡ある発展を目標として策定されてきたが，近年，地域間格差はますます拡大してきている．格差是正は不可能なのか．地域問題の本質解明から是正のあり方を明らかにする．

佐藤　信　明日の協同を担うのは誰か　非営利・協同組織と地域経済
非営利・協同組織は多様に存在し，そのアプローチ方法や理論も様々である．本書では「協同の担い手」に焦点をあて，資本制経済の発展と地域経済の変貌に伴う「協同の担い手」の性格変化を明らかにし，展望を示す．

奥田　仁　地域の未来を考える　北海道経済概論
日本の地方地域は先進国でも例外的に激しい過疎化が進み，北海道はとりわけ深刻な状況にある．これに対して，地域の特質を形成した歴史的経過を踏まえつつ，ポスト工業化時代に対応した地域発展の展望を試みる．

野崎久和　通貨・貿易の問題を考える　現代国際経済システム入門
国際通貨貿易システムの戦後の変遷をたどり，現在どのような通貨貿易問題が生じているのかを，特に通貨危機，通貨戦争，世界貿易機関，自由貿易協定などに焦点をあてて詳説する．

越後　修　企業はなぜ海外へ出てゆくのか　多国籍企業論への階梯
多国籍企業論は，経済学・経営学の諸分野をさらに派生させた研究領域である．それゆえ，これを学ぶためには，基礎事項の深い理解が欠かせない．企業の最新動向の紹介・解説は類書に任せ，本書は読者の基礎事項の理解促進を目指す．

板垣　暁　日本経済はどのように歩んできたのか　現代日本経済史入門
戦後の日本経済は，戦災からの復興，高度成長，バブル経済，長期不況など，波瀾万丈の歩みを進めてきた．その変化はどのようにして生じたのか．それにより日本社会はどう変化したのか．その成長要因・衰退要因に着目しながら振り返る．

笠嶋修次　貿易自由化の効果を考える　国際貿易論入門
貿易と投資の自由化は国の経済発展のため必要だが，反面，自由化は産業部門間，生産要素間および企業間で貿易利益享受の格差も生み出す．本書は主要な貿易パターンとその経済効果につき，最新の貿易理論を含む国際貿易・直接投資理論により平易に解説する．

市川大祐　歴史はくり返すか　近代日本経済史入門
幕末開港から昭和戦前期までの日本は，革新と欧米技術受容の時代であると同時に，国際競争やデフレなど様々な困難に直面しつつ成長をとげてきた．それぞれの歴史的事象について光と陰の両面にわたり，具体的に掘り下げることで考えたい．

徐　涛　中国の資本主義をどうみるのか　国家資本・国内私的資本・外資「鼎立」の実証分析
国有・私有・外資企業の成長史を整理し，鉱工業集計などのマクロ統計，ならびに延べ約1000万社規模の鉱工業・経済センサス個票データベースを用いて，国家資本，国内私的資本と外資の「攻防」を実証分析する．